BIOGRAPHIE

DE

ALFRED DE MUSSET

Imprimeries réunies, B, rue Mignon, 2.

PAUL DE MUSSET

BIOGRAPHIE

DE

ALFRED DE MUSSET

SA VIE ET SES OEUVRES

PAR

PAUL DE MUSSET

AVEC FRAGMENTS INÉDITS EN PROSE ET EN VERS

ET LETTRES INÉDITES

LE PORTRAIT DE PAUL DE MUSSET

GRAVÉ PAR M. DUBOUCHET

ET

UNE GRAVURE D'APRÈS UN DESSIN DE M. ÉMILE BAYARD

PARIS

ÉDITION CHARPENTIER

L. HÉBERT, LIBRAIRE

7, RUE PERRONET, 7

1888

INTRODUCTION

Depuis longtemps je me suis promis de livrer aux admirateurs d'Alfred de Musset l'histoire de sa vie. Bien des fois j'ai voulu entreprendre ce travail, et j'en ai été empêché par la vivacité même de mes souvenirs. Cependant ce n'est pas seulement un devoir que je prétends remplir envers l'homme que j'ai le plus aimé, dont j'ai été le plus fidèle ami et le confident le plus intime; c'est aussi un complément que je regarde comme nécessaire à l'intelligence parfaite de ses ouvrages; car son œuvre, c'est lui-même : on y sent son génie se transformer de jour en jour, comme il n'arrive qu'aux poètes privilégiés dont l'imagination est en rapports constants avec le cœur. Les créations de ces rares esprits, leurs fantaisies même n'ont pas le caractère habituel des fictions, puisqu'on y retrouve tous les mouvements de leur âme. Leur histoire devient ainsi celle du cœur humain, et rien de ce qui les fait connaître ne peut plus être indifférent ; c'est pourquoi la curiosité du public pour les particularités de leur existence est légitime et intelligente.

Non seulement Alfred de Musset avait reçu le don de sentir vivement et d'exprimer avec force, mais ses idées et ses sentiments, auxquels il a donné une forme si belle, étaient ceux d'une génération entière. Je ne vois pas quel autre poète on pourrait citer qui ait été aussi complètement que lui le représentant de son époque. Il a pu sembler aux premiers lecteurs de *Rolla* ou de *la Nuit de Mai* qu'il ne s'agissait que d'une thèse philosophique, des doutes d'un esprit inquiet ou des plaintes d'un amant malheureux ; mais on a fini par reconnaître l'expression la plus vraie d'un sentiment général. Les souffrances du poète étaient celles de tous les hommes de son âge; de là vient que ses ouvrages sont lus dans les mansardes comme dans les châteaux, et que ses vers charment les ennuis du bivouac jusque sur les frontières de la Kabylie.

On l'a dit bien des fois : la poésie et la sensibilité font le malheur et la gloire de ceux qui ont reçu ces dons si enviés. — Les sensitives ont été mises en ce monde pour y être contractées. — La perte d'une maîtresse, le départ d'un ami, une espérance déçue, une illusion qui s'envole, tous ces maux grands et petits dont la vie se compose, les exaspèrent et leur feraient souhaiter la mort s'ils ne trouvaient un soulagement à leur douleur dans l'inspiration poétique. Ainsi, ceux qui nous donnent les jouissances les plus élevées de l'esprit et les consolations les plus douces semblent fatalement condamnés à l'ennui et à la tristesse, quand ils ne sont pas molestés et persécutés, comme cela s'est vu trop souvent; et si leurs meilleurs amis les froissent parfois sans le vouloir, combien d'autres, sachant qu'un coup d'épingle suffit pour les faire saigner, les blessent volontairement! Cette biographie ne sera pas seulement une preuve de plus à l'appui de ces vérités incontestables; elle pourra servir à établir cette autre vérité moins rebattue : que les chagrins et la douleur font les grands poètes, — comme Alfred de Musset lui-même l'a dit dans *la Nuit de mai*.

N'est-il pas évident que les plus belles pages de *la Divine Comédie* sont dues à l'amertume de l'exil et au ressentiment de Dante pour l'injustice de ses concitoyens? Peut-être *le Misanthrope* de Molière n'existerait-il pas si Armande Béjart eût été une épouse honnête et fidèle. Heureux le poète qui trouve, comme Pétrarque, un éternel sujet d'émotions et de plaintes dans la vertu d'une femme douce et compatissante!

Comme ses devanciers, Alfred de Musset a puisé dans l'amour et dans la douleur ses plus belles inspirations. Un instinct secret lui faisait distinguer les êtres dangereux qui devaient soumettre son cœur aux plus dures épreuves. Mais il n'eut pas besoin de courir au-devant de la souffrance; elle vint le chercher assez souvent pour ne point laisser à sa sensibilité le temps de s'endormir. Chacun lui a donné sa part de chagrin, et c'est ainsi que les envieux eux-mêmes agissent contrairement au but qu'ils se proposent, en rendant aux poètes la gloire plus coûteuse et plus difficile.

S'il fût né dans le siècle de Louis XIV, Alfred de Musset eût été de la cour, admis dans l'intimité du roi ; il aurait eu tous les privilèges réservés alors à la noblesse et au génie : quelque charge importante et les entrées, comme Racine. Les distinctions de ce genre ne l'auraient pas trouvé indifférent. Avec le caractère le plus indépendant, il se serait plié aux exigences de l'étiquette ; il aurait pris une part active aux plaisirs délicats du seul souverain qui ait jamais connu le grand art de grouper autour de soi tous les talents et de les absorber au profit de sa gloire. Homme du monde par excellence, il serait devenu un véritable grand seigneur. L'amitié du prince de Condé, la compagnie de Molière et de Despréaux l'auraient encore plus charmé que les honneurs. Il eût vécu bien plus heureux. En serait-il plus grand aujourd'hui ? aurait-il laissé dans un siècle où la vie lui eût été si facile la trace profonde qu'il a marquée dans le nôtre? Je ne le crois pas. Ses souffrances, ses ennuis, ses dégoûts, au milieu d'une société qui se matérialise tous les jours davantage, ont fait vibrer en lui des cordes plus intimes. A chaque blessure qu'il a reçue, il s'est élevé plus haut. Sa gloire, pour être venue lentement, n'en est que plus solide et plus brillante; la mort prématurée lui donne plus d'éclat encore. Cette triste consécration était inutile : le temps avait suffi.

La famille de Musset, originaire du duché de Bar vint s'établir à Blois et à Vendôme au XVe siècle, vers l'époque du siège d'Orléans. Le premier gentilhomme de ce nom, dont parle le *Gallia christiana*, est un certain Rodolphe de Musset, qui assista, comme témoin, aux cérémonies de la fondation d'une abbaye, dans le diocèse de Paris, en 1140. J'ai parlé ailleurs de Colin de Musset, poète et musicien célèbre au XIIIe siècle, contemporain et ami de Thibaut, comte de Champagne.*

---

* Voir dans le volume de cette édition, contenant les *Œuvres posthumes d'Alfred de Musset*, la *Notice* abrégée sur la vie du poète.

On trouve d'autres Musset dans le conseil de Louis, duc d'Orléans, frère de Charles VI, dans celui de Dunois, bâtard d'Orléans, parmi les combattants de l'armée de Charles VII à la bataille de Pathay, dans la maison de la princesse de Clèves; mère de Louis XII; plusieurs ont été lieutenants-généraux de la province de Blois; deux ont commandé les compagnies d'arquebusiers et des cinquante hommes d'ordonnance du roi Henri III. François de Musset se fit tuer à Philipsbourg, le 24 janvier 1635, en voulant apaiser une sédition des troupes allemandes de la garnison. Le plus célèbre, comme militaire, a été Alexandre de Musset, chevalier de Saint-Louis, lieutenant du roi à la Rochelle, qui se distingua dans toutes les batailles de la guerre de la Succession, et devint le compagnon d'armes du comte Maurice de Saxe. Il reçut plusieurs blessures, et ne se reposa qu'après soixante ans de services. Le ministre d'Argenson, les maréchaux de Saxe, de Lowendal, de Belle-Isle et d'Estrées, lui écrivirent des lettres flatteuses que ses héritiers ont conservées.

On peut remarquer encore dans la famille

de Musset des alliances de quelque intérêt : l'une indirecte avec Jeanne d'Arc, par sa nièce Catherine du Lys, que Charles VII voulut marier et doter; d'autres avec les Bombelles, les du Tillet, les du Bellay. L'aïeule paternelle d'Alfred de Musset, Marguerite-Angélique du Bellay, dernière demoiselle de ce nom, était d'une maison où l'on estimait autant l'illustration des lettres que celle des armes. Elle maria son second fils, Joseph-Alexandre de Musset, avec une demoiselle Jeanne-Catherine d'Harville, qui était une personne de beaucoup d'esprit. De ce mariage naquit Victor de Musset, père d'Alfred.

Selon l'*Armorial de France*, les armes de cette famille sont d'azur à l'épervier d'or, chaperonné, longé, perché de gueules, avec cette devise : *Courtoisie, bonne-aventure aux preux*. La Courtoisie et la Bonne-Aventure étaient deux terres patrimoniales. La première appartenait encore à la famille au milieu du siècle dernier; la seconde, qui a fait partie du patrimoine d'Alfred de Musset, fut habitée par Antoine de Bourbon, père de Henri IV, pendant le séjour de la cour de France aux châteaux d'Amboise et de Blois. Elle est située à deux lieues de Vendôme, au confluent du Loir et d'une petite rivière, dans un lieu qu'on appelle le Gué-du-Loir. Antoine de Bourbon, comme on sait, ne menait pas une vie fort édifiante. Il quittait souvent la cour et se rendait à la Bonne-Aventure, où il donnait asile à des donzelles encore moins vertueuses que les filles d'honneur de la reine Catherine. Le secret de ces parties de plaisir fut mal gardé ; le bruit en vint aux oreilles du poète Ronsard qui se trouvait à la Poissonnière, non loin de Vendôme. Ronsard fit sur les fredaines du roi de Navarre une chanson dont le refrain était : *La bonne aventure au gué, la bonne aventure!* Cette chanson satirique parcourut toute la France, et l'air en a été conservé par les nourrices *.

Les détails qui précèdent s'adressent aux personnes curieuses de généalogie et de blason ; en voici d'autres pour les gens qui

---

* Dans les recueils de chansons populaires, on écrit de différentes manières ce refrain si connu. Pour en avoir l'orthographe exacte, il faut remonter aux couplets de Ronsard, ou savoir que la Bonne-Aventure est située au Gué-du-Loir. La chanson citée par Alceste, dans le premier acte du *Misanthrope*, dérive évidemment de celle de Ronsard ; mais le refrain : *J'aime mieux ma mie au gué!* est un de ces non-sens complets dont la poésie populaire ne s'étonne point.

s'intéressent aux lois mystérieuses de la transmission héréditaire. La nature ne réussit à produire un homme de génie que par un concours extraordinaire de circonstances. Les savants ont constaté qu'une seule personne intelligente suffisait pour retarder de trois générations la marche de l'idiotisme dans une famille d'imbéciles; selon toute apparence il ne faut non plus que l'introduction d'une femme bornée, dans une famille de gens d'esprit, pour y abaisser les facultés intellectuelles de trois générations. Ce sont des observations dont on ne tient pas assez de compte en se mariant. Le grand-père maternel d'Alfred de Musset racontait qu'il s'était dit, à la troisième rencontre avec la personne qu'il a épousée : « Voici la femme qu'il me faut », et qu'un mois avant son mariage, il ne savait encore ni quelle dot elle recevrait ni quelle fortune avaient ses parents; mais ce grand-père était un original, un caractère d'une simplicité antique, un esprit charmant et, de plus, un poète.

Claude-Antoine Guyot-Desherbiers, d'une ancienne famille de Champagne, vint à Paris étudier le droit sous le règne de Louis XV. Il se fit recevoir avocat, et entra ensuite dans la magistrature. Pendant le mouvement précurseur de la Révolution, il devint l'ami de l'abbé Morellet, de M. Suard, du savant Cabanis, de l'astronome Lalande, de Merlin de Douai, de Barras, et de quelques autres personnages aux mains desquels le pouvoir devait bientôt tomber. La journée du 10 août ayant renversé le siège de juge qu'il occupait, M. Guyot-Desherbiers demeura dans la retraite jusqu'à la chute de Robespierre. Après le 9 thermidor, il fut nommé directeur du Comité de législation civile. Dans cette position, il usa de son crédit pour dérober quelques têtes à l'échafaud, entre autres celle de ce baron de Batz qui avait tenté de faire évader la reine et ses enfants de la prison du Temple. Il s'exposa même jusqu'à tenir M. de Batz caché dans sa maison pendant les poursuites du tribunal révolutionnaire.

M. Guyot-Desherbiers était doué d'une mémoire prodigieuse; dans un âge fort avancé, il s'amusait à réciter des comédies entières, jouant tous les rôles avec une verve et un talent qui faisaient le bonheur de son entourage, et surtout de ses petits-enfants. J'ai ouï dire que le bonhomme Carmontelle, dont il savait plusieurs proverbes par cœur, prenait un plaisir extrême à les lui entendre réciter, et que l'auteur y trouvait quantité de nuances et de traits spirituels auxquels il n'avait pas songé.

Le sens poétique de notre grand-père ne s'est manifesté que par caprice; mais ce qui distinguait surtout M. Desherbiers, c'était une gaieté gauloise, une manière pittoresque de dire toutes choses qui donnait un grand charme à sa conversation. Ce tour d'esprit original se retrouve dans les comédies de son petit-fils, notamment dans les rôles de Fantasio, de Valentin et de l'Octave des *Caprices de Marianne*.

Au même degré de la ligne maternelle, Alfred de Musset puisa des qualités non moins précieuses. M. Desherbiers avait épousé Marie-Anne Daret, personne d'un rare mérite, d'un jugement solide, et femme de bon conseil, comme il se plaisait à le dire. Habituellement sérieuse et d'une humeur égale, cette grand'mère était passionnée, au fond, affectueuse, tendre et d'une éloquence entraînante dans ses moments d'émotion. Sa haute taille, la majesté de son visage, l'accent pénétrant de sa parole et l'ineffable bonté de son cœur ont laissé dans la mémoire de ses petits-enfants une impression profonde et le souvenir d'une créature angélique. Sa fille aînée, qui lui ressemblait beaucoup, transmit à Alfred de Musset la sensibilité, l'éloquence et le pathétique; c'est par la rencontre de facultés éminentes dans la ligne paternelle que ces dons heureux, en se réunissant sur une seule tête, ont pu s'élever à leur plus haute puissance.

Victor-Donatien de Musset fit d'excellentes études au collège militaire de Vendôme, où il était élève du roi. Lorsqu'il en sortit, à dix-huit ans, il avait un frère aîné déjà capitaine au régiment de Bresse, et une sœur pensionnaire de la reine à Saint-Cyr et pourvue d'un canonicat. Rentré dans la maison paternelle, il y trouva une société nombreuse et aimable de parents, d'amis et de voisins. L'aîné de la famille habitait le château de Cogners, près Saint-Calais; d'autres parents ou alliés demeuraient à Tours, à Blois, à Chartres. Vendôme étant le point central, on s'y réunissait souvent. Pour passer quelques jours ensemble, on voyageait par des chemins affreux. On faisait bonne chère et on menait le temps gaiement. Tout ce monde-là prenait ses mesures pour vivre ainsi le plus doucement possible sans se douter qu'on fût à deux pas d'un cataclysme politique. Le père de Victor de Musset, qu'on appelait dans sa province M. de Pathay, pour le distinguer de ses deux frères, préoccupé de la fortune de son fils le capitaine, décida un matin que son second fils ne se marierait point. Subissant le sort des cadets de famille, Victor-Donatien s'était résigné à être d'Église, lorsque la Révolution vint lui ôter le petit collet, qu'il s'empressa de quitter ; d'où l'on peut conclure que les événements de 1789 ont donné à la France un grand poète qui, sans eux, n'aurait jamais vu le jour.

Dans le même temps où son futur beau-père sauvait la vie au baron de Batz, Victor de Musset rencontra sur la route de Tours un noble condamné à mort qu'on reconduisait à Paris pour le livrer à l'échafaud. La vue de ce malheureux lui inspira une pitié profonde. Sous les fenêtres d'une auberge où les gendarmes s'étaient arrêtés, il amena une charrette chargée de foin, y reçut le prisonnier, partit avec lui par des chemins de traverse qu'il connaissait et se déroba aux poursuites. Cette prouesse aurait pu lui coûter cher, si le général Marescot, qui s'intéressait à lui, ne l'eût mis en sûreté à l'ombre du drapeau, en le prenant à son service. Victor de Musset, d'abord employé dans l'inspection des places fortes, fit la seconde campagne d'Italie avec le général et fut nommé, au retour de Marengo, chef de bureau de la première inspection du génie. Son frère aîné, suivant une fortune bien différente de la sienne, avait émigré et s'était fait tuer par un boulet républicain dans les rangs de l'armée de Condé. Pendant cet intervalle, son père et sa mère étaient morts, à quelques mois de distance l'un de l'autre. Pour réparer des pertes si cruelles, il eut recours au mariage. Un de ses amis le présenta chez M. Desherbiers, dont il rechercha la fille aînée qui lui fut bientôt accordée.

Victor de Musset demeura dans l'administration de la guerre jusqu'en 1811, et passa ensuite au ministère de l'intérieur comme chef de bureau. Destitué en 1818, par M. Lainé, pour avoir manifesté des opinions libérales, il prit une part active au mouvement littéraire de la Restauration. En 1822, il publia une excellente édition des œuvres de Jean-Jacques Rousseau, et, peu de temps après, un travail consciencieux et estimé sur la vie et les ouvrages du philosophe de Genève. M. de Sémonville, qui le rencontra par hasard, le prit en grande amitié et le fit nommer bibliothécaire de la Chambre des pairs. En 1828, lorsque le général de Caux entra dans la combinaison politique à laquelle M. de Martignac a donné son nom, M. de Musset fut rappelé au ministère de la guerre en qualité de chef de cabinet du ministre, d'où il passa au bureau de la justice militaire qu'il conserva jusqu'à sa mort.

Victor de Musset, pendant sa longue carrière administrative, eut le bonheur d'exercer constamment les qualités dominantes de son caractère, qui étaient une obligeance et une bonté inépuisables. Jamais homme en place ne se donna tant de peine au service des autres et ne déploya tant d'activité, de persévérance et de courage à secourir et protéger les gens malheureux ou persécutés. Les occasions, comme on peut le croire, ne lui manquèrent pas. Je n'en citerai que deux.

Sur la fin de l'empire, un émigré, nommé d'Hotland, rentra en France, chargé d'une famille nombreuse et dénué de toute ressource. Il vint demander de l'emploi et du pain pour ses enfants à M. de Musset, qui le nomma inspecteur de la maison centrale de détention de Melun. A peine installé dans sa charge, cet homme fut dénoncé à l'empereur comme ancien royaliste. Des hautes régions du gouvernement arriva l'ordre de le destituer à l'instant même. Le ministre fit appeler le chef de bureau, qui prit énergiquement la défense de sa créature, et adressa aussitôt un rapport à l'empereur, dans lequel il se portait caution des gens qu'il employait, en réclamant, sous sa responsabilité, le libre choix des agents subalternes. Au bout d'un mois, nouvelle dénonciation, nouvel ordre de destitution immédiate, en termes si impérieux cette fois que le ministre en fut effrayé. Cependant M. de Musset ne se laissa pas intimider; au risque de se faire destituer lui-même, il écrivit à l'empereur un second rapport plus ferme encore que le premier et dans lequel il repoussait avec indignation l'entremise des délateurs. M. de Montalivet ne mit pas ce papier dans son portefeuille sans un peu d'hésitation. Le lendemain, le rapport revint au ministère avec cette apostille en marge, de la main de Napoléon : « Le chef de bureau a raison. » Et le pauvre employé conserva sa place.

L'autre affaire, plus importante que la première, a fait quelque bruit. Un certain Fabry, intendant ou commissaire des guerres, — je ne sais lequel, — accusé de malversation et traduit devant un conseil de guerre, avait été condamné aux galères, où il était mort. Au bout de quinze ans on découvrit les preuves de son innocence. Comme les héritiers de Lesurques, sa veuve et ses enfants poursuivirent sa réhabilitation. Il ne fallait pas moins qu'une loi votée par les deux Chambres. C'était en 1831. Madame Fabry eut le bonheur de trouver M. de Musset au bureau de la justice militaire. Pendant un an elle lui fit partager toutes ses émotions. Le ministre de la guerre jeta les hauts cris lorsque le chef de bureau lui proposa de demander cent mille francs d'indemnité; mais, après bien des discussions, ce chiffre fut maintenu et la loi présentée. L'exposé des motifs était un véritable morceau d'éloquence, et le jour où madame Fabry obtint gain de cause devant la Chambre des députés, il y eut fête à la maison. Cette obligeance poussée jusqu'au dévouement, qui était une qualité toute française, a bien passé de mode ; on l'a remplacée par ce précepte américain : *time is money*, et, depuis que les hommes ont imaginé d'évaluer le temps en argent, ils ne le dépensent plus à rendre des services.

Aux qualités du cœur, Victor de Musset joignait tous les agréments de l'esprit qui font ce qu'on appelle un homme aimable : une gaieté étincelante, une promptitude de repartie qui étonnait, une érudition profonde dont il ne faisait point parade. En peu de mots il racontait une anecdote avec une bonhomie qui déguisait beaucoup d'art. A table, au milieu de ses plus intimes amis, quand le vin et la bonne chère l'animaient, la gaieté lui montait à la tête, et c'était alors un feu roulant de saillies et de boutades comiques ; mais dans le badinage comme dans les occasions sérieuses, s'il remarquait une apparence d'hostilité, sa langue devenait acérée, ses yeux lançaient des flammes, il ripostait d'une vigueur à emporter la pièce, et se calmait immédiatement. Jamais il ne sortit d'une escarmouche de ce genre sans avoir battu son adversaire; aussi était-il redouté des gens hargneux.

A l'un de ses voyages à Vendôme, il nous mena, mon frère et moi, chez un gentilhomme campagnard du voisinage, par une chaleur de vingt-cinq degrés. Le voisin était fort avare; au lieu des rafraîchissements qu'on ne manque jamais d'offrir en province à tout visiteur, il exhiba deux vieilles statues de pierre nouvellement déterrées :

« Vous qui êtes un savant, dit-il d'un air moqueur, vous reconnaîtrez sans doute à première vue les deux saints dont voici les images.

— Parfaitement, répondit M. de Musset; l'un est évidemment saint Ladre et l'autre saint *Goberien*. »

Une fois soulagé par ce coup de patte, il fit à son voisin le meilleur visage du monde.

Victor de Musset avait écrit une comédie en vers qui ne s'est point retrouvée dans ses papiers.

BIOGRAPHIE

DE

ALFRED DE MUSSET

« C'est moi qui ai vécu et non pas un être
factice créé par mon orgueil et mon ennui. »
(*On ne badine pas avec l'amour.*)

Dessin d'Emile Bayard — Gravé par Dubouchet

BIOGRAPHIE D'ALFRED DE MUSSET

En partant elle lui laissa une plume qu'elle avait brodée....

HÉBERT ÉDITEUR

Imp. Ch. Chardon aîné Paris

BIOGRAPHIE
DE
ALFRED DE MUSSET

PREMIÈRE PARTIE

1810-1828

Alfred de Musset est né le 11 décembre 1810, au centre du vieux Paris, près de l'hôtel de Cluny, dans une maison qui porte encore le n° 33 de la rue des Noyers*. Au n° 37 de la même rue, demeuraient le grand-père Desherbiers et une grand'tante, propriétaire d'un jardin qui s'étendait jusqu'au pied de la vieille église de Saint-Jean de Latran, aujourd'hui

---

* Cette rue, en partie détruite par les embellissements de Paris, n'est plus reconnaissable aujourd'hui. On peut se faire une idée de ce qu'elle était autrefois par les rues du même quartier que le marteau n'a pas atteintes, comme la rue Galande par exemple.

détruite. Tous les petits-neveux de madame Denoux ont fait leurs premiers pas dans ce jardin.

Alfred de Musset s'amusait quelquefois à dire que, dans son enfance, il avait été aussi bête qu'un autre ; mais je ne crains pas d'affirmer qu'il donna de très bonne heure des preuves d'une rare précocité d'intelligence. Lorsqu'on l'eut mené pour la première fois à l'église, ce fut le plus innocemment du monde qu'il dit à sa mère : « Maman, irons-nous encore dimanche prochain voir la comédie de la messe ? » Et il ne se douta pas du sens voltairien de ses paroles.

Si l'ignorance est pour moitié dans la plupart des mots heureux qui échappent aux enfants, parfois aussi d'autres mots, auxquels on ne fait pas assez attention, révèlent, à travers l'ingénuité de l'enfant, le caractère à venir de l'homme. En voici un exemple : Alfred avait trois ans, lorsqu'on lui apporta une paire de petits souliers rouges, qui lui parut admirable. On l'habillait, et il avait hâte de sortir avec cette chaussure neuve dont la couleur lui donnait dans l'œil. Tandis que sa mère lui peignait ses longs cheveux bouclés, il trépignait d'impatience ; enfin il s'écria d'un ton larmoyant : « Dépêchez-vous donc, maman, mes souliers neufs seront vieux. » On ne fit que rire de cette vivacité ; mais c'était le premier signe d'une impatience de jouir et d'une disposition à dévorer le temps qui ne se sont jamais calmées ni démenties un seul jour.

Voici un autre mot où l'on reconnaît que l'enfant parle avec connaissance de cause. Il avait commis je ne sais quelle peccadille, et sa jeune tante Nanine, pour laquelle il avait une tendresse toute particulière, lui déclara que, s'il continuait ainsi, elle ne l'aimerait plus.

« Tu crois cela, lui répondit-il ; mais tu ne pourras pas t'en empêcher.

— Si fait, monsieur, » reprit la tante.

Et, pour donner plus de poids à cette menace, elle prit l'air le plus sévère qu'elle put. L'enfant un peu inquiet la regardait avec attention, épiant les moindres mouvements de sa physionomie. Au bout de quelques minutes, il remarqua un sourire involontaire et s'écria : « *Je te vois que tu m'aimes !* »

Une autre faute, apparemment plus grave que la première, l'avait mené un jour jusqu'au *cabinet noir*. A son âge, quand pareil malheur m'arrivait, je ne bougeais pas plus qu'un terme et je supportais la prison avec l'entêtement de l'orgueil ; mais lui, à peine enfermé, il se mit à gémir comme s'il eût été au *carcere duro*.

« Que je suis malheureux ! s'écriait-il, ai-je bien pu mériter d'être puni par une maman si bonne et qui m'aime tant ! Il faut donc que je sois bien méchant, puisqu'elle est fâchée contre moi ! Comment faire pour qu'elle me pardonne ? Oh ! le vilain enfant que je suis ! C'est le bon Dieu qui me punit ! ».

Il continua fort longtemps sur ce ton pathétique. Sa mère, touchée par tant de repentir, allait enfin lui ouvrir la porte, lorsque le prisonnier, qui ne croyait pas avoir si bien réussi, interrompit ses lamentations, pour s'écrier avec l'accent du reproche et de la colère : « Va, tu n'es guère *attendrissante!* »

Dans ses souvenirs d'enfance, ce mot est resté comme une chose mémorable, et Alfred lui-même prenait souvent plaisir à le citer. Il aimait encore à se rappeler un autre mot non moins puéril, mais où l'on pourrait déjà pressentir, avec un peu de bonne volonté, l'homme d'imagination. Il y avait, dans une des chambres de notre antique maison, une grosse poutre au plafond que le bambin regardait souvent avec une sorte d'effroi. Un jour, sa tante Nanine voulut lui retirer des mains un petit chat nouveau-né qu'il tenait sans précaution par la tête, au grand déplaisir du pauvre animal. Après avoir insisté longtemps pour garder ce petit chat, voyant qu'enfin on allait le lui ôter de force, il le rendit; mais en s'écriant avec fureur sur le ton de la malédiction de Camille : « Tiens, le voilà ton chat ! il t'égratignera, il déchirera ta robe ; la poutre te tombera sur la tête, et moi, j'irai dîner à Bagneux ! »

A Bagneux, pendant l'été, la grand'tante Denoux réunissait toute la famille, chaque dimanche, dans une belle maison de campagne où les enfants se divertissaient beaucoup. Madame Denoux fut très flattée d'apprendre que, pour son petit-neveu, le plus grand bonheur qu'on pût imaginer, c'était d'aller dîner chez elle. Combien de fois, depuis ce temps-là, quand je voulus me mêler de lui faire des remontrances, Alfred m'a-t-il répondu : « Oui, la poutre me tombera sur la tête, et toi, tu iras dîner à Bagneux ! »

Je n'exagère pas à plaisir en disant que son premier amour date de l'année 1814 ; et cet amour, pour avoir été enfantin, n'en fut pas moins profond, bien qu'il se soit changé en amitié longtemps avant l'âge des véritables amours. Alfred n'avait pas quatre ans, lorsqu'il vit entrer chez sa mère une jeune fille qu'il ne connaissait pas. Elle arrivait de Liège, qui n'appartenait plus à la France, et elle raconta les péripéties de la guerre d'invasion et les contre-coups qu'on en avait ressentis à Liège, où son père avait été magistrat de l'empire. Le récit était émouvant, et celle qui le faisait s'exprimait avec une grâce remarquable. Le bambin en fut frappé. Du canapé où il se tenait assis au milieu de ses jouets, il écouta jusqu'au bout, sans dire mot ; puis il se leva pour venir demander le nom de cette jeune fille.

« C'est, lui dit-on, une cousine à toi ; elle se nomme Clélie.

— Ah ! elle est à moi, répondit-il ; eh bien, je la prends, et je la garde. »

Il s'empara d'elle, en effet, et il lui fit raconter, outre l'histoire de la guerre d'invasion et du retour en France, cent contes, qu'elle imaginait pour lui plaire, avec une fécondité charmante. Il ne pouvait plus vivre sans sa cousine Clélie. Dès qu'elle arrivait, il l'emmenait dans un coin, en lui disant : « Et puis voilà que ?... » — C'était le signal de récits qui ne tarissaient plus et dont il ne se lassait jamais. Enfin il demanda sa cousine en mariage, plus sérieusement qu'on ne le pensait, et, comme on n'eut garde de la lui refuser, il exigea d'elle la promesse de l'accompagner devant le curé aussitôt qu'il aurait l'âge ; cela fait, il se crut de bonne foi son mari. Clélie dut partir avec ses parents pour la province. Cette séparation coûta bien des larmes. On s'aperçut que la prédilection de l'enfant avait tous les caractères d'une passion violente : « Ne m'oublie pas, lui disait sa cousine en partant.

— T'oublier ! lui répondit-il, mais tu ne sais donc pas que ton nom est écrit dans mon cœur avec un canif ! »

Pour être bientôt en état de correspondre avec sa femme, il mit une ardeur incroyable aux leçons de lecture et d'écriture.

Quand la jeune cousine prit tout de bon un autre mari d'un âge moins tendre, il fallut en faire un mystère et donner le mot à vingt personnes. Un jour, quelqu'un, oubliant les recommandations, vint à parler de madame Moulin, — c'était le nouveau nom de Clélie. — Le petit garçon s'élance impétueusement au milieu du cercle :

« De qui parlez-vous? dit-il. Où est madame Moulin?

— La voici, » lui répondit-on, en lui montrant une jeune femme qu'il ne connaissait point et qui se trouvait là fort à propos.

Il regarda la personne désignée avec attention et retourna ensuite à ses jeux. Quelques jours après, notre nouveau cousin, monsieur Moulin, vint à la maison.

« J'ai vu votre femme, lui dit Alfred. Elle n'est pas mal; mais j'aime mieux la mienne. »

Le secret fut ainsi gardé pendant plusieurs années. Enfin, lorsque les travaux sérieux de l'éducation et les soucis du collège eurent changé le cours de ses idées, Alfred apprit que sa cousine n'avait pas pu attendre, pour se marier, qu'il fût en âge de prendre femme. Après le premier saisissement causé par cette révélation, il demanda en tremblant s'il était possible que Clélie se fût moquée de lui. Quand on lui eut dit qu'elle lui gardait la tendresse d'une sœur aînée, son anxiété se calma. Il réfléchit un moment et répondit : « Eh bien, je m'en contenterai, » — comme s'il eût pu comprendre la différence entre une épouse et une sœur.

Madame Moulin habitait Clermont en Beauvoisis, avec son mari et ses enfants; nous étions étroitement unis, non seulement par les liens du sang, mais par une communauté d'intérêts. Tout à coup, en 1836, nous cessâmes de nous entendre. Il y eut entre nous un débat d'affaires. On s'écrivit de part et d'autre avec aigreur. On en vint jusqu'à vouloir plaider. Alfred de Musset monte en diligence et part pour Clermont. Il entre chez sa cousine sans se faire annoncer ; tous deux se mettent à pleurer ; ils s'embrassent, et le procès en reste là. Depuis lors, notre bon accord ne fut jamais troublé. Alfred avait une grande confiance dans le goût et le jugement de sa cousine Clélie. Elle vint à Paris, en 1852, pour assister à la séance de sa réception à l'Académie, et la dernière fois qu'il la vit, il lui disait : « Quand on fera de mes ouvrages une édition d'un grand format, sur du papier solide, je t'en offrirai un exemplaire, que je ferai relier en vélin blanc avec un filet d'or, afin qu'il représente exactement un gage de l'amitié qui nous a unis. »

Je n'ai besoin que de me rappeler mes propres impressions pour faire connaître celles de mon frère au sujet des grands événements de 1814 et 1815. Plus d'une fois il nous arriva de pleurer ensemble sur les malheurs de notre pays, sans en comprendre la gravité. En ma qualité d'aîné, je me chargeais d'avoir des opinions politiques ; il les adoptait de confiance et j'aidais ainsi sa précocité naturelle. Nous étions nourris dans l'admiration de Napoléon, dont notre mère parlait avec une éloquence qui nous remplissait d'enthousiasme. Cette grande figure que j'expliquais à ma manière, nous représenta d'abord *le plus beau soldat*, le guerrier toujours victorieux. Avant de savoir ce que c'était que le génie, je ne manquai pas de considérer le personnage comme infaillible en toutes choses, et mon frère le crut tel sur ma parole. Dans notre esprit, l'empereur avait toujours raison. Les neiges de la Russie l'avaient vaincu, il est vrai; mais les neiges avaient tort, et, plutôt que de reconnaître une imprudence ou une faute dans la vie du héros, nous aurions fait sans hésiter le procès au bon Dieu lui-même. Notre idôlatrie n'en vint pas à cette extrémité, parce que nous trouvâmes parmi les mortels assez de gens à mettre en accusation. Un jour, on apporta dans notre maison un sac de farine qu'on déposa dans un coin de l'office. L'empereur, disait-on, allait venir défendre Paris, et il fallait s'attendre aux souffrances d'une ville assiégée. Ces précautions nous étonnèrent : si l'empereur venait au secours de Paris, que pouvait-on craindre? N'était-il pas évident que l'ennemi ne le prendrait pas? Cependant l'empereur n'arrivait point. Un matin, notre oncle Desherbiers partit, le fusil sur l'épaule, pour aller combattre à la barrière. Dans la journée, le canon gronda; toutes les servantes étaient dans la rue, écoutant le bruit de la bataille. Le bruit s'éteignit. Notre oncle rentra, noir de poudre, les cheveux et les vêtements en désordre; quelques jours après, le nom de Marmont vola de bouche en bouche, accompagné de mille malédictions. Nous apprîmes avec horreur qu'il pouvait exister des hommes capables de trahir l'empereur et leur pays. Quel intérêt ils y trouvaient, on ne réussit pas à nous le faire comprendre. L'honnête Sylvain Rondeau, paysan robuste dont notre père avait fait un domestique, tenta vainement de nous l'expliquer; mais le résultat de la trahison ne nous apparut que trop clairement, lorsque nous vîmes les soldats prussiens établir leur cuisine dans les parterres du Luxembourg et souiller l'eau du bassin en y lavant leurs chemises. Sur la place de l'Odéon, nous trouvâmes la première proclamation du roi Louis XVIII. L'affiche était fraîchement apposée; je me jetai dessus et je la déchirai; le prudent Sylvain fut obligé de m'entraîner de force. La discorde régnait dans le salon de notre mère. La moitié de nos amis étaient déjà pour le nouveau régime; on se querellait à s'arracher les yeux. Heureusement le printemps arriva, et on nous conduisit à Bagneux chez notre grand'tante Denoux.

Des hussards hongrois étaient logés dans les communs et les écuries de la maison de Bagneux; mais on ne les voyait presque pas. Un d'eux, vieux sous-officier d'une figure belle et martiale, me prit en amitié. Du plus loin qu'il m'apercevait, il me faisait signe d'approcher; je posais mon pied sur le banc de pierre de l'écurie et il cirait mes souliers avec application. Pendant cet exercice je lui disais, sachant bien qu'il n'entendait pas le français : « Cire, brosse mes souliers, vilain cosaque ! »

Cependant le vieux soldat nous promena sur ses chevaux autour du jardin avec tant de complaisance qu'il gagna peu à peu notre affection. Le jour que son régiment partit, nous allâmes dire adieu à notre ami Martin. Au moment de monter à cheval, il nous pressa dans ses bras; de grosses larmes coulèrent sur sa moustache grise. Peut-être ce brave homme avait-il laissé dans son pays des enfants dont il s'était séparé avec plus de douleur qu'il n'en ressentait en nous quittant.

Au mois de juin de cette année 1814, je fus séparé de mon frère pendant quelques jours. Notre père cherchait une femme pour un de ses cousins, et notre mère avait justement une charmante cousine à marier. Cette cousine habitait Joinville. On me laissa chez la grand'tante Denoux, et on partit pour la Champagne, où le mariage eut lieu. Durant le voyage, la tête blonde de mon frère, toujours à la portière de la chaise de poste, attira l'attention des paysans, qui s'imaginèrent voir le roi de Rome. Il y eut une émeute dans un village où l'on s'arrêta pour changer de chevaux, et l'on eut quelque peine à se tirer des mains des Champenois, persuadés qu'ils avaient sous les yeux le fils du grand exilé de l'île d'Elbe.

Notre mère jouissait, comme l'empereur Napoléon, du privilège d'être infaillible. Notre confiance dans la supériorité de son intelligence et la sûreté de son coup d'œil était sans borne, et il est certain qu'en effet elle se trompait rarement. Un soir, pendant l'hiver de 1815, au moment de me mettre au lit, je l'entendis, de la chambre des enfants dont la porte était ouverte, prononcer ces mots : « Cela ne peut pas durer. Les Bourbons ne font que des fautes. Nous reverrons l'empereur. »

Je m'élançai d'un bond jusqu'au lit de mon frère, qui dormait déjà; je l'éveillai pour lui annoncer la nouvelle du retour prochain de Napoléon. Il me demanda comment je savais que l'empereur reviendrait, et quand je lui eus dit que notre mère venait d'en faire la prédiction, il n'en douta pas plus que moi. Nous attendîmes notre héros avec une impatience extrême. Il arriva enfin le 20 mars, et cet événement, dont le monde entier s'étonna, nous parut fort simple.

Le 21 mars, Sylvain nous conduisit au jardin des Tuileries. Une foule innombrable encombrait les abords du château. Les acclamations répétées à l'infini par des milliers d voix, se résumaient en un son continu; on n'entendait que la dernière syllabe *eur!* comme un immense murmure. Nous parvînmes à nous glisser dans la foule jusque sous le balcon du pavillon de l'Horloge. L'empereur y parut bientôt, entouré de ses grands officiers. Il portait l'uniforme des dragons à revers blancs, les bottes à l'écuyère, la tête découverte. Il se dandinait un peu en marchant, comme gêné par l'embonpoint. Je vois encore son visage gras et pâle, son front olympien, ses yeux enchâssés comme ceux d'une statue grecque, son regard profond fixé sur la foule. Qu'il ressemblait peu aux hommes qui l'entouraient ! Quelle différence dans ses traits et sa physionomie avec tous ces types vulgaires ! C'était bien César au milieu des instruments aveugles de sa volonté. Alfred de Musset n'avait guère plus de quatre ans alors ; mais cette figure poétique le frappa si vivement qu'il ne l'oublia jamais ; nous la dévorâmes du regard pendant un quart d'heure qu'elle posa devant nous ; et puis elle disparut pour toujours, laissant dans nos imaginations d'enfants une empreinte ineffaçable et dans nos âmes un amour approchant du fanatisme.

Un jour du mois d'avril, sous les arbres d'un boulevard, nous regardions défiler une bande de conscrits et d'engagés volontaires. Sans doute ils arrivaient de loin et à marches forcées. Ils étaient épuisés, haletants, déguenillés ; ce spectacle était navrant. Nous décidâmes que Sylvain Rondeau devait partir pour l'armée ; mais notre appel le trouva sourd, et il se moqua bien de nos reproches. Les six semaines qui s'écoulèrent après le passage des troupes nous parurent un temps si long que, par fatigue, nous commencions à nous occuper d'autre chose que de la guerre. Un matin, notre mère sortit de sa chambre, le visage inondé de larmes, poussant des cris déchirants. Nous la suivîmes, jusqu'au cabinet de notre père, pleurant et criant comme elle. La nouvelle du désastre de Waterloo se répandit ainsi dans la maison. J'entends encore les clameurs des femmes. Peu de temps après, deux officiers prussiens vinrent présenter leur billet de logement. On leur avait préparé deux chambres au troisième étage. Ils voulaient pénétrer dans l'appartement. Notre mère sortit jusque sur l'escalier, ferma la porte derrière elle et déclara aux Prussiens qu'ils ne passeraient pas. Un des officiers voulut lui arracher des mains la clef; mais elle la jeta dans la cour par la fenêtre, sans se laisser intimider par les menaces et les jurements. Notre père rentra sur ces entrefaites; il conduisit les Prussiens à leur état-major et revint avec deux autres officiers d'humeur plus accommodante. Tous les soirs, entre nos parents et nos amis, les discussions recommençaient avec plus de vivacité que jamais. Mon frère et moi nous ne comprenions rien à ces dissentiments. Ce qu'on disait de la charte constitutionnelle, de la pairie, des princes légitimes et de leurs droits au trône, était de l'hébreu pour nous. Il fut bien décidé, dans nos conciliabules, que nous resterions fidèles à notre empereur, que nos bras, notre sang, appartenaient à lui seul, qu'il reviendrait infailliblement nous les demander un jour, et qu'il nous conduirait à Vienne et à Berlin, comme il y avait conduit nos pères. En attendant qu'un nouveau miracle, comme le retour de l'île d'Elbe, vînt nous rendre l'objet de notre adoration, nous dîmes provisoirement adieu à la politique.

De l'année 1816, nous ne conservâmes que le souvenir d'une claustration insupportable causée par des pluies continuelles. La cuisinière Eulalie s'en prenait au retour des Bourbons du mauvais temps et de la perte des récoltes, ce qui nous parut d'une évidence incontestable et nous confirma dans nos espérances d'un avenir meilleur. Cependant, l'année suivante, on me mit dans une pension; mon frère y venait seulement le matin, comme élève externe, et s'en retournait à la maison le soir. Parmi les cent écoliers de cette pension se retrouvaient, comme sur un théâtre plus étroit, toutes les passions politiques qui déchiraient la France. Il y avait des royalistes, des libéraux, des hypocrites, des délateurs. Les premiers portaient la tête haute, et le gouvernement de l'endroit, c'est-à-dire le chef de l'institution, les favorisait avec une partialité marquée. Ils avaient toutes sortes de privilèges, entre autres des places d'honneur accordées, non pas à leur mérite et à leur travail, mais en récompense des sentiments politiques et religieux dont ils faisaient parade. Le plus exalté de ces jeunes *ultra* siégeait devant une table à part, dans l'embrasure d'une porte condamnée, où l'on avait tendu un magnifique papier bleu couvert de fleurs de lis d'or. Pour rien au monde, nous n'aurions brigué les distinctions de ce genre, et notre indifférence sur cet article nous fit ranger par nos camarades *bien pensants*, parmi les tièdes et les suspects. Cette position fâcheuse nous attira des affronts, des injures et des persécutions. Heureusement le maître de pension nous croyait plus dévoués à l'ordre de choses que nous ne l'étions réellement, et sa protection nous épargna quelques mauvais traitements. Mais, quinze ans plus tard, Alfred retrouva dans ces souvenirs le germe de sa *Confession d'un enfant du siècle*. Ma triste condition de pensionnaire interne me rendait cette vie de contrainte et de suspicion bien plus pénible, qu'elle ne l'était pour mon frère. Je ne pouvais concevoir que ma mère me laissât loin d'elle; je doutai de sa tendresse et je me crus perdu. Après les vacances, lorsqu'il fallut reprendre le collier, j'aurais voulu mourir. Par bonheur, je revins, un jour, à la maison avec la rougeole; mon frère la gagna. Il ne fut plus question de nous bannir du toit paternel, et on nous donna un précepteur.

Ce fut dans le temps de notre convalescence qu'Alfred fut informé du mariage de sa cousine Clélie. Afin de consoler le petit amoureux de la perte de sa femme et de suppléer aux récits charmants qu'elle improvisait pour l'amuser, on eut recours aux livres. Nous dévorâmes ensemble tout ce qu'on put trouver de contes arabes et persans : *Mille et un Jours*, *Mille et une Nuits*, et la suite par Cazotte. Notre appétit du merveilleux ne se contenta pas de les relire plusieurs fois; nous voulûmes les jouer, comme des comédies.

Nous élevâmes d'abord un édifice oriental, où l'on entrait par un escalier en spirale de vingt marches, au moins, dont la plus basse était un cahier de musique et la plus haute un secrétaire. La porte était un in-folio, qui tournait comme sur des gonds au moyen d'une corde passée dans la reliure à dos brisé. On descendait dans l'intérieur du labyrinthe par une échelle de tapissier, masquée sous les ornements capricieux de l'architecture. L'autre issue du monument pouvait servir de sortie, mais non d'entrée. C'était une longue planche enduite de cire à frotter, aboutissant par une pente rapide à un matelas sur lequel on se laissait glisser, ce qui permettait d'exécuter des fuites précipitées, des voyages aériens d'un grand effet, et l'apparition subite du génie de la lampe merveilleuse. Cette construction représenta tour à tour le palais du calife Aaroun, celui du généreux Aboul-Kasem, le souterrain à la porte de bronze, la grotte d'Ali-Baba, etc.

Bientôt les heures de récréation ne suffirent plus à des plaisirs si vifs; vainement notre précepteur nous emmenait à l'étude. Il ne réussissait plus à nous tirer des régions fantastiques où nous vivions. Le jeu continuait pendant les leçons, malgré les réprimandes et les punitions. Nous cachions des talismans dans nos poches, et la baguette rouge du Maugraby sortait de nos manches, dès que le précepteur tournait la tête. Le soir, dans le salon de notre mère, nous changions en toutes sortes d'animaux les personnes qui n'avaient pas l'avantage de nous plaire, et quand on nous envoyait au lit, nous nous endormions du sommeil d'Abou-Hassan, pour mieux jouer, le lendemain matin, le conte du *dormeur éveillé*.

Ces amusements durèrent pendant toute l'année 1818. Nous demeurions alors rue Cassette, dans une maison qui appartenait à la baronne Gobert, veuve d'un général mort glorieusement sous l'empire. Son fils, resté seul vivant de huit enfants qu'elle avait eus, était d'une humeur taciturne et mélancolique. On nous l'envoya en nous priant de l'initier à nos féeries. Léon Gobert était un enfant original, avec une grosse tête et une voix d'homme. Je ne me souviens pas de l'avoir jamais vu rire; il avait deux ans de plus que mon frère; son âge était justement entre le mien et celui d'Alfred; nous le considérâmes comme une excellente recrue pour nos jeux. Il y mordit d'abord avec peine, puis il y prit goût et gagna notre fièvre orientale. La baronne, toujours préoccupée de la santé de son fils, nous livra son salon dans lequel régna bientôt un désordre épouvantable. Au bout d'un mois, notre nouveau compagnon n'était plus le même enfant : son visage animé, son entrain, sa vivacité confondaient d'étonnement le médecin, qui le croyait atteint d'une affection incurable. Il est certain que Léon Gobert passa sans accident l'âge où ses frères et sœurs avaient été emportés. Il survécut à sa mère, et s'en alla mourir par imprudence en Égypte, après avoir fondé un prix d'histoire qui devint pour Augustin Thierry une pension viagère.

II

En voyant son fils revenir à la vie, la baronne Gobert nous en sut tant de gré, qu'elle eut envie de nous rendre le plaisir que nous lui avions fait. Elle voulut absolument prêter à nos parents sa maison de campagne des *Clignets*, située sur la route de Viarmes, à proximité de la forêt de Carnelle. L'habitation, close et abandonnée depuis bien des années, était quelque peu lézardée et distribuée bizarrement. A l'extérieur on aurait dit un fragment de couvent en ruine, avec des fenêtres étroites et irrégulières; des arcs-boutants soutenaient les murs privés de leur ciment, et le soir, on y voyait courir, au clair de la lune, des rats et des loirs. Au dedans, il y avait bien dix chambres de maîtres, dont trois ou quatre furent habitables, quand on y eut réuni les meilleures pièces du mobilier vermoulu. Dans le jardin, dessiné à l'anglaise, plein d'allées tournantes, de massifs épais et de vieux arbres, nous remarquâmes avec bonheur une terrasse en manière de rempart, une longue allée de cerisiers chargés de fruits, et un tertre de rochers artificiels qui semblait élevé par le décorateur de nos comédies orientales. Cette montagne faillit être la cause d'un accident grave. Nous en avions fait dix fois l'escalade, à travers les ronces qui l'encombraient, lorsqu'un jour, Alfred, en y montant, s'accroche d'une main à un rocher qui se détache et roule avec lui jusqu'au bas du tertre. Je le crus tué; mais il en fut quitte pour une contusion à la jambe et quelques écorchures aux mains. Le duc de Bourbon fut moins heureux. Dans une de nos promenades au milieu des grands bois de Carnelle, nous suivions la chasse à courre. Tout à coup nous entendons dans le taillis un bruit étrange; une masse noire, qui semblait voler, passe à côté de nous en rasant la terre; c'était le sanglier; il se jette sur un cheval qui se cabre et tombe à la renverse avec son cavalier. On emporta le prince évanoui. Il avait plusieurs lésions dangereuses et demeura longtemps au lit; mais enfin il n'en mourut pas : une autre mort plus terrible lui était réservée à huis clos.

Le séjour des Clignets nous permettait de déployer sur un théâtre plus vaste notre humeur entreprenante. Le docteur Esparron avait dit à notre mère : « Il faut aux enfants du vent, du soleil et de l'exercice. » On nous laissait la bride sur le cou, et nous usions amplement de notre liberté. Le grand plaisir était de se proposer une expédition difficile; par exemple, de faire le tour complet du jardin sur les murs, de monter dans un arbre jusqu'à une branche désignée d'avance ou d'aller en ligne droite d'un point à un autre, sans tourner les haies et les fossés. Le précepteur, âgé de vingt-cinq ans, acceptait parfois nos défis. Nous ne fûmes jamais si joyeux que le jour où il recula devant une mare d'eau que ses élèves franchirent en s'appuyant sur des perches. Ce précepteur était, du reste, un excellent homme, plein de patience, instruit et sans pédanterie, qui trouvait moyen de nous enseigner quelque chose, même en jouant avec nous. La leçon d'histoire se donnait pendant la promenade. Il savait l'italien; nous l'apprenions tout en causant. De telle heure à telle autre, il était défendu de parler français, et lorsqu'un mot italien nous manquait, le maître nous passait son dictionnaire de poche. Quant à la géographie, il sut nous en rendre l'étude très agréable, en y mêlant des récits de voyageurs célèbres. Magellan, Vasco de Gama et le capitaine Cook eurent leur tour dans nos fictions. Les deux années que ce digne précepteur nous consacra nous furent bien plus douces et aussi profitables que celles du collège, si ce n'est davantage. Il se nommait Bouvrain.

A côté de la maison se trouvait la ferme des Clignets. Le fermier, M. Piédeleu, avait six pieds de haut et des épaules à porter le monde, quoiqu'un peu voûtées par l'âge. Sa femme, moins grande que lui de quelques pouces, semblait encore une géante, et leurs fils, groupés autour d'eux, quand ils allaient à la messe, le dimanche, composaient une famille d'habitants de Brobdingnac. La première fois que nous entrâmes dans la ferme, — c'était le soir après le dîner, — un des fils Piédeleu tenait par les cornes une jeune vache espiègle qui voulait s'enfuir, et la poussait à reculons dans l'étable. Deux autres garçons, pour se délasser des travaux du jour, s'amusaient à mettre debout une longue pierre d'un poids énorme, qui leur servait de banc. Le père, les bras croisés, contemplait en silence une roue neuve qu'on venait de mettre à sa charrette, tandis que la mère et la plus jeune fille préparaient le souper. Rien n'est plus admirable aux yeux des enfants que la force physique. Cette réunion de colosses et l'intérieur de cette ferme se gravèrent si profondément dans la mémoire d'un écolier de huit ans, qu'on les retrouva plus tard fidèlement reproduits dans l'historiette de *Margot*.

Ces Piédeleu, tout bonnes gens qu'ils étaient, nous jouèrent un vilain tour. Ils avaient dressé au milieu de la cour une grande meule de foin. A quelques pieds au-dessus du sol, nous remarquâmes dans cette meule une ouverture étroite comme une lucarne, où parut la tête d'un chat. Nous nous élançâmes à la poursuite de l'animal, qui sortit de l'autre côté de la meule par une galerie intérieure. Enchantés de cette découverte, nous n'allions plus à la ferme sans traverser la meule de foin par le chemin des chats. Un jour, deux des fils Piédeleu, qui nous guettaient, saisissent le moment où nous étions au centre de la galerie pour boucher les deux orifices avec des bottes de foin. Vouloir lutter contre les colosses eût été peine inutile. Nous ne songeâmes qu'à nous frayer un passage nouveau à côté de l'obstacle qu'on nous opposait. Au bout d'un moment l'air nous manqua; je sentis que nous allions étouffer. Enfin, je réussis après des efforts inouïs à pratiquer une issue par où je me jetai, les bras en avant, sur le pavé de la cour, en criant aux paysans de sauver mon frère. Fort heureusement, il me suivait, et il arriva par la même route que moi, car ces bons géants ne bougeaient pas et riaient de me voir les yeux hors de la tête et le visage en feu. Lorsque notre précepteur leur dit que si cette plaisanterie eût duré cinq minutes de plus, nous étions asphyxiés, ils demandèrent ce que c'était, et jamais on ne put leur faire comprendre qu'il y eût du danger à être enfermé dans du foin.

Les Piédeleu furent encore pour nous la cause d'une mésaventure. Il y avait à la ferme un grand colombier; les pigeons s'abattaient dans le jardin et sur la terrasse de la maison. Un de ces oiseaux, moins farouche que les autres, nous honora de son amitié. Nous lui présentions des graines qu'il venait prendre jusque dans nos mains. Un jour, un cuisinier du village de Saint-Martin-du-Tertre acheta deux couples de pigeons, en priant la fermière de les tuer tout de suite. Le massacre était commencé quand la nouvelle nous parvint. Aussitôt nous courons à la ferme, tremblant de reconnaître notre ami parmi les victimes. Par malheur notre mère arriva pendant l'exécution. En nous voyant regarder avec attention les animaux égorgés et les mains ensanglantées de madame Piédeleu, elle crut que nous prenions plaisir à ce spectacle dégoûtant; elle en ressentit autant d'indignation que de chagrin, et nous accabla de reproches. Ici, je dois confesser que ma façon de sentir fut opposée à celle de mon frère, et que son sentiment valait mieux que le mien. Il voulait se justifier; mais je le retins et lui dis tout bas de se taire. Je ne ressentais que l'injustice, et je repoussais l'idée de la justification, comme un nouvel outrage. Sans partager cette opinion, mon frère la respecta. Nous gardâmes tous deux le silence. Bien souvent il me demandait si ce n'était pas le moment d'expliquer la grande affaire des pigeons, et toujours je lui répondais : « Pas encore; nous verrons plus tard. » A la fin, il n'y songea plus, et me laissa le soin de préparer le triomphe de notre innocence. Nous étions des hommes quand le malentendu cessa.

Au mois de novembre, les brouillards et le froid nous chassèrent de la campagne. Rentrés dans l'appartement de la rue Cassette, nous y étions comme des sauvageons en serre chaude. Alfred eut des accès de manie, causés par le manque d'air et d'espace, et qui ressemblaient assez à ce qu'on raconte des pâles couleurs des jeunes filles. Dans un seul jour, il brisa une des glaces du salon avec une bille d'ivoire, coupa des rideaux neufs avec des ciseaux et colla un large pain à cacheter rouge sur une grande carte d'Europe au beau milieu de la mer Méditerranée. Ces trois désastres ne lui attirèrent pas la moindre réprimande, parce qu'il s'en montra consterné. C'est moi qui me chargeai d'en perpétuer le souvenir. Dans nos conciliabules, lorsqu'il me demandait mon avis sur une chose faite que je n'approuvais pas, je lui disais : « La glace est brisée, n'y pensons plus; tâche au moins de ne pas couper les rideaux et de ne pas coller de pain à cacheter dans la mer Méditerranée. » Présentés sous cette forme, les avertissements le faisaient rire, et il écoutait le reste avec patience.

Parmi les livres de mon grand-père Desherbiers, je trouvai un jour la légende des quatre fils Aymon. Cette lecture me plongea dans une rêverie profonde. Un monde nouveau s'ouvrait à moi : celui de la chevalerie. Au premier mot que j'en dis à mon frère, il s'enflamma. Nous demandâmes à grands cris des romans. On nous donna la *Jérusalem délivrée*. Nous n'en fîmes qu'une bouchée. Il nous fallut le *Roland furieux*, et puis *Amadis, Pierre de Provence, Gérard de*

Nevers, etc. Nous cherchions les prouesses, les combats, les grands coups de lance et d'épieu; quant aux scènes d'amour, nous n'en faisions point de cas, et nous tournions la page quand les paladins se mettaient à roucouler. Bientôt nos imaginations se remplirent d'aventures. Nous estimions bien au-dessus des autres les héros qui devaient leur succès à leur seule vaillance. Pour cette raison, Renaud de Montauban eut la palme sur tous ses rivaux et demeura le type du chevalier accompli. Tous ces personnages fabuleux, pesés dans nos justes balances, reçurent une place plus ou moins élevée, selon leur mérite, et chacun d'eux fut rangé dans une catégorie. Renaud seul était hors ligne; depuis Charlemagne jusqu'à Maugis, jusqu'à Huon de Bordeaux, personne ne fut oublié. S'il eût assisté à nos délibérations, le grand Don Quichotte aurait approuvé notre consciencieuse impartialité, et je n'hésite pas à le dire : sa haute sagesse eût confirmé la plupart de nos jugements.

Ce travail de classement une fois terminé, comme nous nous sentions l'esprit moins encombré, les représentations commencèrent. Léon Gobert y joua fort bien son rôle. Le personnage qu'il faisait le mieux était celui de Roland. Au moment du champ clos il frappait avec une véritable fureur. Alfred étant le plus faible avait, par privilège, cette lance enchantée qui désarçonnait par magie les preux les plus intrépides et les plus robustes. Quiconque en était touché devait se laisser choir. Cet avantage rétablissait l'égalité entre les combattants. Cependant notre passion pour la chevalerie mettait à une rude épreuve la patience du précepteur. Trop souvent, au lieu de l'écouter, nous allions chevauchant dans la forêt des Ardennes. Le maître avait raison de se fâcher; mais nous étions incorrigibles. Pour échapper aux punitions, nous inventâmes une ruse diabolique. Sur chaque page du dictionnaire latin de Noël fut inscrit le nom d'un chevalier. Celui qui cherchait un mot dans ce dictionnaire avait pour lui le personnage dont le nom se trouvait à la page qui contenait le mot latin. Le chevalier le plus vaillant faisait gagner l'un des deux chercheurs; le moins estimé faisait perdre l'autre, en sorte que sous le prétexte des versions latines, le jeu se poursuivait à la barbe du maître. Un matin que le bon monsieur Bouvrain chercha lui-même dans le dictionnaire, il tomba par hasard sur le nom du traître Ganelon, et ses deux élèves furent pris d'un rire aussi fou que celui de Nicole dans le *Bourgeois gentilhomme*.

Je n'insisterais pas sur ces bagatelles si je ne croyais y voir des sujets d'observation pour les gens qui se vouent à la carrière ingrate de l'enseignement. Au lieu de faire la guerre à notre engouement pour les héros fabuleux de la chevalerie, n'aurait-on pu tourner ces manies d'écoliers au profit de notre éducation? Il ne s'agissait que d'offrir à nos imaginations affamées une nourriture meilleure. Avec un peu de souplesse et de complaisance, peut-être aurait-on réussi à substituer les héros de Plutarque à ceux de la *Bibliothèque bleue*. Notre enthousiasme se serait porté sur Thémistocle ou sur Paul-Émile, et dans nos jugements nous aurions flétri la mauvaise foi de Lisandre aussi sévèrement que la perfidie de Ganelon. Mais il faudrait se donner beaucoup de peine pour étudier le caractère, les goûts et les instincts des enfants. Je comprends qu'on trouve plus commode de les mener tous de la même façon.

L'année 1819 fut marquée dans nos souvenirs par l'épisode important d'un voyage en Bretagne. Après un séjour d'un mois dans la petite ville de Fougères, dont notre oncle Desherbiers était alors sous-préfet, nous allâmes à Rennes, chez un ami de notre père. Le régiment d'artillerie en garnison dans cette ville donna aux habitants le spectacle d'un polygone de nuit. Le lendemain de la fête, il y avait chez notre hôte une soirée à laquelle assistaient plusieurs officiers d'artillerie. Le fils du colonel, qui avait la prétention de savoir dessiner, représentait sur une feuille de papier des mortiers et des canons. Pour figurer la courbe que décrit une bombe, il traçait naïvement des demi-cercles réguliers.

« Vous vous trompez, lui dit Alfred; la bombe est lancée en ligne droite et change peu à peu de direction en perdant sa force jusqu'à ce que son poids la ramène à terre. Le chemin qu'elle suit n'est donc pas un cercle, mais une ligne qui paraît courbe au milieu et droite aux deux bouts. »

Et il prit la plume pour tracer des paraboles sur le papier. Le fils du colonel, nourri dans l'artillerie, soutint son dire, par amour-propre et par obstination. Un officier qu'on prit pour arbitre, regarda d'un air étonné cet enfant qui venait de résoudre un problème de statique. Il ne manqua pas de prédire à la mère de ce petit phénomène que son fils serait quelque jour un grand mathématicien. Il se trompait : Alfred n'avait point de dispositions pour les sciences exactes, mais il avait le coup d'œil sûr et savait se rendre compte de ce qu'il voyait.

On nous avait promis de nous faire voir la mer. Notre hôte nous conduisit en voiture jusqu'à Dinan, où nous nous embarquâmes, avec d'autres passagers, sur une rivière qui a son embouchure dans la baie de Saint-Servan. Un orage violent éclata justement à la tombée de la nuit, quand nous venions d'entrer en pleine mer. Un coup de vent brisa le mât de la barque et enleva dans les airs le shako d'un soldat. Les passagers poussaient des cris lamentables et le patron perdait la tête. Heureusement un gros bateau pêcheur, qui rentrait au port, nous remorqua jusqu'à Saint-Malo, où nous arrivâmes mouillés et transis, mais enchantés d'avoir fait connaissance avec l'Océan par une manière de petit naufrage.

Au retour à Paris, dans les premiers jours d'octobre, notre précepteur voulut nous quitter; celui qui se présenta pour le remplacer était un âne avec des airs fashionables, dont l'ignorance fut bientôt percée à jour. Notre père pensait que l'éducation publique était la seule bonne pour des garçons : il me mit dans une institution. Mon frère resta dans la maison paternelle et suivit en externe libre les classes du collège Henri IV. Il n'avait que neuf ans et on le jugea de force à entrer dans la classe de sixième, ce qui prouve que les leçons de l'honnête M. Bouvrain n'avaient pas été si mauvaises. Le jour de son début au collège, l'enfant gâté fut accueilli par les huées de ses camarades. On lui avait imprudemment laissé sa belle crinière blonde et un col festonné rabattu sur les épaules. Il revint tout en larmes. Vite, il fallut lui couper les cheveux. Bien qu'il prît l'aventure au tragique, ce n'était là qu'un de ces petits déboires qui assouplissent le caractère. C'est même une expérience salutaire que de se trouver aux prises avec la raillerie et la malveillance, en sortant du giron maternel. On ne saurait apprendre de trop bonne heure à se défendre soi-même et à ne point compter sur l'indulgence des autres. Mais cette leçon fut suivie d'une épreuve plus cruelle, que bien peu de gens ont subie dans un âge aussi tendre.

Dès ses premières compositions, Alfred de Musset obtint les meilleures places et fut remarqué du professeur. Le chef d'une grande institution, où les études étaient très fortes, le voulait prendre gratuitement dans sa maison, en assurant qu'il se chargeait de lui faire obtenir des prix au concours général. Notre mère rejeta bien loin cette proposition, dans la crainte que la santé de son fils ne fût sacrifiée à la fortune de l'établissement. Elle n'eut point à se repentir de sa prudence; l'émulation d'Alfred n'avait pas besoin d'être excitée. Sans travailler beaucoup, il obtint assez de succès. Pour une fois qu'il ne fut pas assis au *banc d'honneur*, il en ressentit un si grand chagrin qu'on eut quelque peine à le consoler. Il pleurait toutes les larmes de ses yeux, et n'osait plus se montrer; mais, quand il se vit accueilli plus tendrement encore qu'à l'ordinaire, il comprit avec une joie dont le souvenir ne s'effaça jamais, que son jeune cœur tenait de plus près qu'il ne le pensait lui-même au cœur de sa mère. En revanche, comme il était le plus petit de sa classe, la méchante engeance des écoliers conçut une haine féroce contre ce blondin toujours premier, que le professeur estimait au-dessus des autres. Les plus paresseux formèrent entre eux une ligue offensive, et chaque jour, à la sortie du collège, l'élève modèle recevait une grêle de coups. On le poursuivait jusque dans les bras du domestique qui l'attendait à la porte, et, comme la cour était grande, il arrivait fort maltraité, les vêtements en désordre, quelquefois même le visage en sang. Pendant plus d'un mois que dura cette conspiration, le pauvre garçon eut affaire à la basse passion de l'envie dans ses manifestations les plus brutales et les plus cyniques, et dès son enfance il apprit que le vulgaire ne se conduit point avec les hommes supérieurs comme avec les autres hommes. Ce fut Léon Gobert qui mit fin à cette lâche oppression. Il ne venait au collège que pour la classe d'histoire. Un jour qu'il vit son ami tomber dans un de ces guets-apens, il se jeta comme un lion dans la mêlée, et distribua des horions si terribles que l'envie se trouva vaincue et la ligue dissoute à jamais.

Depuis ma séparation d'avec mon frère, je ne le voyais plus que le dimanche. Ce jour-là, nous revenions aux romans de chevalerie. Peut-être les préoccupations de la vie réelle avaient-elles ébranlé notre foi et attiédi notre enthousiasme; nous ne mettions plus à nos fictions la même ardeur qu'autrefois. Un matin, Alfred me demanda sérieusement ce que je pensais de la magie et particulièrement de l'enchanteur Merlin. Je fus obligé d'avouer que probablement tout cela n'était que des contes inventés par des poètes et des écrivains ingénieux, que les aventures merveilleuses de Roland étaient des fables et que Merlin n'avait jamais enchanté personne.

« Quel dommage ! dit Alfred en soupirant. Mais s'il est impossible de se rendre invisible, de se transporter subitement d'un lieu dans un autre et d'avoir un génie à ses ordres, rien n'empêche de construire des escaliers dérobés dans un mur épais, ou de percer dans un panneau de boiserie une porte secrète qui s'ouvre, sinon en prononçant des paroles magiques, du moins en poussant un ressort. »

Je répondis que je croyais fermement aux escaliers dérobés et aux portes secrètes.

« Eh bien! à quoi donc pensons-nous? s'écria-t-il. Nous habitons cette maison depuis plusieurs années et nous ne savons pas même si elle ne renferme pas quelque passage mystérieux, quelque moyen de circuler d'un étage à l'autre par l'intérieur des murs. »

Un examen approfondi nous donna la triste certitude que la maison ne contenait aucune issue mystérieuse. En voyant le désappointement de mon frère, je voulus tenter de lui rendre un moment d'illusion. La maison de la baronne Gobert ne se composait que de deux étages et un rez-de-chaussée*. Nous occupions le second; mais nous avions encore sous les combles une grande cuisine, plus deux chambres de domestiques dont les fenêtres s'ouvraient sur une gouttière. Au risque de me casser le cou, je passai par cette gouttière d'une chambre dans l'autre. La servante, pour suspendre sa montre, avait planté dans la boiserie un crochet à vis en cuivre doré. Je décidai que ce crochet devait être la clef d'un panneau tournant, et j'annonçai pompeusement à mon frère qu'il

---

* Rue Cassotte, n° 27. La maison a été récemment augmentée d'un étage.

existait un passage secret dans la cloison qui séparait les deux mansardes. Cette nouvelle lui causa tant de joie qu'il en pâlit d'émotion. Avant de lui révéler le mystère, j'exigeai qu'il me laissât passer sans regarder comment je m'y prenais. Nous montâmes dans les mansardes. Il ferma les yeux et se boucha les oreilles avec la bonne foi et la simplicité d'un vrai croyant. Je me glissai sans bruit par la gouttière; quand il m'entendit l'appeler dans la chambre voisine, sa surprise fut extrême. L'idée ne lui vint pas d'ouvrir les yeux pour m'épier, tant il avait peur de se retrouver en face de la plate réalité. Cependant il voulut passer à son tour à travers la muraille, et, pour obéir à mes prescriptions, il tourna le crochet de cuivre onze fois dans un sens, treize fois dans le sens contraire et je ne sais combien de fois de droite à gauche et de gauche à droite. Il y demeura une demi-heure, pensant toujours avoir mal compté. A la fin je lui avouai mon stratagème et le prestige s'évanouit. Alfred me sut gré de cette tromperie comme d'une attention délicate; l'illusion était encore trop tôt perdue. Il se promettait, d'ailleurs, de jouer le même tour à notre voisin Léon Gobert; mais ce garçon-là n'avait pas la foi : il s'empressa d'ouvrir les yeux et de courir à la gouttière, en sorte que la supercherie n'alla pas même jusqu'au bout.

Peu de jours après l'aventure de la porte secrète, le mois de janvier arriva. Soit par hasard, soit avec intention, nos parents nous donnèrent pour nos étrennes le *Don Quichotte* de Cervantès. Ce charmant ouvrage porta le dernier coup à notre goût déréglé pour la chevalerie. Mieux que d'autres lecteurs plus raisonnables, nous avons pu juger que le livre de Cervantès est plein de sagesse, de bon sens et de juste mesure, qu'il purge l'esprit d'un fatras extravagant et ridicule, et qu'il atteint exactement sans le dépasser le but où vise l'auteur, qui est, comme Cervantès le dit lui-même, de signaler au mépris des hommes un genre de littérature faux et absurde. Ainsi finit, dans l'enfance d'Alfred de Musset, la période du merveilleux et de l'*impossible*, espèce de gourme que son imagination avait besoin de jeter, maladie sans danger pour lui, puisqu'il en sortit à l'âge où pour d'autres elle commence à peine, et dont il ne lui resta qu'un élément poétique et généreux, une certaine inclination à considérer la vie comme un roman, une curiosité juvénile et une sorte d'admiration pour l'imprévu, l'enchaînement des choses et les caprices du hasard. Ce penchant, un peu fataliste, se reconnaît aisément dans les *nouvelles* et les comédies, notamment chez les personnages auxquels l'auteur a prêté ses idées et ses sentiments.

III

Pour les pauvres écoliers, l'année se réduit aux six semaines des vacances ; le reste n'est qu'une série de jours insipides, où l'on se barbouille de latin, les coudes sur une table, et qui ne vaudraient pas la peine de vivre, s'il n'était convenu qu'on ne peut pas devenir un homme à moins. Alfred de Musset avait trop de conscience au travail, trop d'envie de bien faire, trop de crainte de ne pas réussir, pour ne pas être malheureux et toujours agité pendant le temps de ses études classiques. Une mauvaise place le mettait au désespoir ; s'il n'avait pu apprendre ses leçons jusqu'au dernier mot, il partait pour le collège tremblant de frayeur ; le remords d'une faute même légère le poursuivait à ce point qu'il venait s'accuser lui-même. Au commencement de chaque année scolaire, c'était un grand sujet d'émotion que le changement de professeur ; pour en suivre un qui lui témoignait de l'intérêt, il sauta de la classe de sixième à celle de quatrième, ce qui ne l'empêcha pas d'enlever un premier prix à la fin de l'année. Plus tard, il se corrigea bien de cette timidité ; mais il ne put jamais se défaire de sa disposition à l'inquiétude.

Aux vacances de l'année 1822, notre père eut l'envie de nous mener chez ses vieux amis du Vendômois, dont la plupart nous étaient inconnus. A Chartres on nous avait préparé une réception burlesque. En descendant de la diligence, nous tombons dans un groupe de paysans qui paraissent fort ébahis de rencontrer par hasard *Monsieur de Pathay*. On lui demande si les deux *gas* qui l'accompagnent ne seraient point ses fils, et on nous adresse des quolibets que nous ne savions comment prendre. Cependant Monsieur de Pathay, plus fin que Pourceaugnac, reconnaît, l'un après l'autre, tous ses mystificateurs, hormis une nourrice fort bavarde et maligne comme un démon. C'était une femme qu'il avait laissée jeune fille et qu'il retrouvait mère de famille à douze ans d'intervalle. Nous regardions avec étonnement cette compagnie égrillarde ; mais comme chacun joua son rôle à merveille, nous conservâmes une haute opinion de l'esprit et de la gaieté des habitants de Chartres.

A Vendôme nous attendait une réception moins divertissante. Quoique le jour et l'heure de notre arrivée eussent été annoncés à notre vieille tante la chanoinesse de Musset, elle feignit de n'avoir point compté sur nous. Sa petite maison, située dans le faubourg de Saint-Bienheuré, avec un jardinet clos par un bras de rivière, ressemblait à ces intérieurs froids et silencieux que Balzac aimait à décrire. Il y régnait une odeur de vétusté sordide, et les contrevents toujours fermés préservaient des ardeurs du soleil le salpêtre et la moisissure. Trois chiens, dont un affreux carlin, répondirent à notre coup de sonnette par des aboiements que rien ne put calmer. La maîtresse du logis nous reçut avec aigreur. Le déjeuner, qui se fit longtemps attendre, était si exigu que la bonne dame en eut honte; elle y voulut ajouter une grappe de raisin cueillie sur la treille et qui se trouva du verjus. Pendant ce léger repas, elle nous donna clairement à entendre qu'elle se serait bien passée de notre visite. A plusieurs reprises, le frère et la sœur devinrent rouges de colère; ils échangèrent quelques lardons et se séparèrent froidement. En 1830, lorsque le bruit causé par la publication des *Contes d'Espagne* eut pénétré dans son humide réduit, la chanoinesse se soulagea par une lettre de reproches. Elle avait toujours blâmé son frère d'aimer trop la littérature; mais c'était le comble de l'humiliation que d'avoir pour neveu un poète! Elle renia et déshérita les mâles de sa famille pour cause de dérogation.

Quelques jours de liberté sous les vieux arbres de

la Bonne-Aventure effacèrent la pénible impression de notre visite à la chanoinesse. Le reste de nos vacances fut partagé entre le petit château des Mussets, où demeurait alors un de nos cousins, qui a toujours été pour nous un tendre ami, et le vieux manoir de Cogners, résidence seigneuriale du chef de la famille. Cogners, érigé en marquisat sous la régence d'Anne d'Autriche, est un château féodal qui doit aux vastes constructions ajoutées par le XVIIe siècle, un caractère à la fois pittoresque et majestueux. Son large escalier en pierre, bâti dans une tour, dessert les deux étages. La partie moderne, où sont les appartements d'honneur, contient des pièces immenses, des fenêtres d'une hauteur démesurée. Dans la partie ancienne, les chambres sont de formes irrégulières, les portes étroites, les fenêtres à embrasures profondes. Au moyen d'un double plancher, on avait pratiqué dans une de ces chambres une loge secrète, dans laquelle on descendait par une trappe cachée sous un grand lit à colonnes et à baldaquin. Des femmes et des curés avaient trouvé là un asile pendant les orages de la Révolution. Un de nos rêves les plus chers se réalisait tout à coup, mais un peu tard, comme il n'arrive que trop souvent dans la vie. La joie d'Alfred fut pourtant grande lorsqu'on lui permit d'habiter la chambre à cachette. Malgré la fatigue d'une journée de voyage, il ne dormit guère, tant il avait hâte d'ouvrir la trappe. Il m'éveilla au point du jour, et nous descendîmes dans l'entresol mystérieux. C'était une pièce basse ; mais parfaitement habitable. Nous en revînmes couverts de toiles d'araignées ; et, en découvrant sur les belles tapisseries qui décoraient notre chambre, le sujet de Don Quichotte prenant le plat d'étain du barbier pour l'armet de Mambrin, nous ne pûmes nous empêcher de rire de notre expédition.

Cependant, tout, au château de Cogners, jusqu'aux mœurs hospitalières et patriarcales des habitants, nous reportait aux siècles passés. On dînait à deux heures et on soupait à huit. Le voyageur, curé, médecin ou gendarme, qui traversait le pays, trouvait son couvert mis à table et une place à l'écurie pour son cheval. A l'entrée de la nuit, on se réunissait dans l'immense salon du rez-de-chaussée, dont un chandelier à deux branches, posé au centre sur un large guéridon, n'éclairait que d'un demi-jour les extrémités et les angles. Celui de nous qui passait près de la table projetait au loin sur les murailles une ombre de géant. Pour attendre le souper, le châtelain nous faisait à haute voix la lecture du journal. Il déclamait certains passages avec une solennité comique, et ne manquait jamais d'ôter sa casquette lorsqu'il rencontrait les noms et titres de Monseigneur le Dauphin ou de S. A. R. Madame. Ce n'était pas de l'irrévérence pour les personnages nommés, mais une manière de témoigner son dédain pour la puissance nouvelle des *gazettes*, dont il n'avait pas encore compris l'importance comme organes de l'opinion publique. Le marquis de Musset avait fait partie de la première Chambre des députés de 1814. Son fils servait dans les gardes du corps du roi, et son gendre dans la compagnie des gardes de Monsieur. Il avait servi lui-même sous l'ancien régime. A dix-huit ans, étant officier au régiment d'Auvergne, il avait attiré par sa bonne mine l'attention de Louis XV, qui l'avait fait sortir des rangs pour le regarder de plus près. Ses petits-neveux n'ont pu admirer en lui que les agréments d'un vieillard; mais il se tenait encore droit comme un cierge; il avait le teint d'une fraîcheur remarquable, l'œil à fleur de tête, le nez aquilin, la jambe admirable, et il marchait les pieds en dehors, le jarret tendu, la tête haute, comme s'il eût fait son entrée dans les salons du roi. Ses grands airs, son langage correct, son répertoire d'anecdotes anciennes qu'il racontait fort bien, nous inspiraient une curiosité mêlée de respect.

Le marquis avait eu dans sa vie un chagrin profond aggravé par les remords et dont il ne parlait jamais, quoique le temps et la dévotion l'eussent consolé. Il avait perdu par sa faute un fils aîné de grande espérance. Je me souviens que dans la famille on évitait d'aborder ce sujet de conversation en présence des enfants; mais nous entendions quelquefois parler en termes obscurs de notre cousin Onésime, de ses belles facultés et de ses heureuses dispositions.

J'ai su plus tard sa mort tragique. Son père avait eu la malheureuse idée de le mettre, à quinze ans, dans l'institution Liotard, où l'on s'occupait plus des sentiments religieux des écoliers que de leur développement intellectuel. Onésime s'imagina qu'on le destinait à l'état ecclésiastique pour lequel il éprouvait une répugnance invincible. Il fit part de ses craintes à notre père et le supplia d'intercéder auprès du marquis pour obtenir une explication. De son côté le jeune homme écrivit lettre sur lettre; il ne reçut que des réponses sévères et dans lesquelles ne se trouvait point l'éclaircissement qu'il souhaitait. Du fond de sa province, le père ne comprenait point le danger de ces remontrances vagues; il ne voyait dans les prières et les questions de son fils qu'un manque de soumission. Onésime ne doutant plus qu'on ne voulût faire de lui un prêtre, écrivit une dernière lettre de désespoir. Le marquis en fut touché; mais, pour le bon exemple, il crut devoir déployer encore une fois, au moins en paroles, toute la rigueur de la puissance paternelle. Sa réponse, plus sévère que les précédentes, exigeait une soumission aveugle et ne donnait aucune explication. A peine eut-il jeté cette fatale réponse à la poste, que le père, comme s'il eût deviné le malheur qui en devait résulter, quitta son château de Cogners et partit à la hâte pour Paris, décidé à retirer son fils de l'institution Liotard. Il arriva le soir même du jour où le pauvre Onésime venait de se tuer.

Notre vieille tante, aussi dévote que son mari, avait fini par se consoler, comme lui, de ce grand malheur. C'était une excellente personne et une vraie figure des temps passés, connaissant peu le monde, car elle n'était sortie du château de son père que pour aller s'établir, le jour de son mariage, dans celui de Cogners, d'où elle n'avait plus bougé. Sa fille aînée, qui ne s'était point mariée, pratiquait la charité en grand; elle avait pharmacie et cuisine pour ses pauvres, et lisait autant ses livres de médecine que son paroissien. Souvent on venait la chercher au milieu de la nuit. A toute heure, en toute saison, elle partait, son trousseau sous le bras, pour porter des secours aux malades. Ni la fatigue, ni l'altération de sa santé ne purent arrêter son zèle un seul jour. Elle mena cette vie de dévouement, dans un pays perdu, sans autre récompense que les bénédictions des bonnes gens de sa commune, jusqu'au jour où il ne lui resta plus que la force de prier le Dieu qu'elle avait si noblement servi.

Nos bons parents partageaient leurs caresses entre mon frère et moi. L'oncle avait une prédilection évidente pour Alfred; la tante, par esprit de justice, me témoignait de la partialité. Tandis que le mari donnait à son favori les plus beaux fruits, la femme glissait dans mon assiette les meilleurs morceaux. Ce régime de Cocagne plaisait fort à des écoliers de bon appétit; aussi lorsqu'on nous demandait où nous voulions passer le temps des vacances, nous insistions pour retourner chez l'oncle de Musset. On nous y ramena, en effet, en 1824; mais, cette fois, un accident auquel tout autre enfant que mon frère n'aurait pas fait grande attention, vint mêler une impression terrible aux délices du château de Cogners. Alfred brûlait du désir de faire sa première partie de chasse. On lui trouva un petit fusil à un coup, et, sous la conduite du garde, on lui permit de tuer des lapins dans la garenne. Un matin, il marchait derrière moi, portant sous le bras son fusil qu'on venait de charger et dont le canon était dirigé sur mes talons. Ce fusil ne valait rien; la batterie en était usée. Le coup part sans qu'on sache pourquoi, et la charge de plomb fait un trou dans la terre, à quelques lignes de mon pied droit. Je me retourne au bruit, et, à travers un nuage de fumée, je vois mon frère chanceler et s'asseoir. Il eut une attaque de nerfs suivie d'un accès de fièvre. Son indisposition ne dura pas; mais son goût pour la chasse se trouva fort diminué, le séjour de Cogners terni dans son esprit, et le chiffre même de 1824 remplacé à jamais par cette périphrase : « l'année où j'ai failli tuer mon frère ».

Alfred était alors dans sa quatorzième année, et si avancé qu'il aurait pu achever ses études à quinze ans, si on ne lui eût fait doubler la classe de philosophie. Le duc de Chartres, qu'il eut pour condisciple pendant deux ans, avait reçu du duc d'Orléans, son père, l'autorisation d'amener quelques-uns de ses camarades au château de Neuilly les jours de congé. L'élève le plus fort de la classe ne pouvait manquer d'être au nombre des invités. Il plut à toute la famille d'Orléans et particulièrement à la mère des jeunes princes, qui recommandait à son fils de ne pas oublier le petit blondin. La recommandation était inutile : *de Chartres,* — comme on l'appelait au collège, — avait une préférence marquée pour Alfred. Pendant les classes, il lui écrivit quantité de billets sur des chiffons de papier. La plupart de ces billets ne sont que des invitations à venir dîner à Neuilly; mais le ton en est plein de franchise. Je citerai seulement le dernier, qui est une réponse à une lettre d'adieu trop respectueuse, au gré du jeune prince :

« C'est aujourd'hui la dernière fois que je viens au collège. Comme nous ne nous verrons pas d'ici à quelque temps, je vous serai bien obligé de m'écrire. Nous allons partir le 21, pour ne revenir que le 9 août. Nous vagabonderons en Auvergne, en Savoie et sur les bords du lac de Genève. Adieu et tout à vous.

« DE CHARTRES.

« P. S. — J'attendais de vous autre chose que des respects. »

Pendant le voyage dont il est question, le prince adressa encore à son ancien camarade deux longues lettres. La première, datée de Clermont-Ferrand, contient quelques détails sur les montagnes de l'Auvergne ; l'autre est la relation d'une excursion rapide en Suisse, écrite avec la naïveté d'un tout jeune homme. Mais je trouve dans cette liasse de papiers une troisième lettre bien plus originale, inspirée par une boutade de gaieté amicale et familière. Celle-ci me paraît digne d'être publiée. Elle porte la date du 14 septembre 1826.

« Mon cher ami, si j'ai tardé si longtemps à vous écrire, c'est que je n'avais vraiment rien à vous dire. Une étude de neuf heures, entrecoupée par des promenades à cheval, de temps en temps des parties de famille à ânes, à Montmorency ou à la foire des Loges, tout cela n'offre pas beaucoup de matière à une lettre. Mais aujourd'hui que j'ai fait un exploit magnifique, il faut que je vous en fasse part.

« Nous sommes allés à la foire de Saint-Cloud, et, après nous être fait peser, avoir parcouru les boutiques à vingt-cinq sous, acheté tout ce qui *flatte l'œil*, mangé force gaufres, nous sommes entrés dans le cirque équestre de M. le chevalier Joanny. L'assemblée se composait d'environ cent personnes. M. le chevalier Joanny, homme de cinq pieds huit pouces, paraît dans un ancien habit de garde du corps fait pour un homme de cinq pieds, ce qui lui place la taille au milieu du dos. Il avait là-dessous un gilet brodé et des pantalons imitant les culottes turques. Un bruit épouvantable se fait entendre, c'est l'ouverture. L'orchestre intérieur (car, tandis qu'on paradait dans le cirque, on continuait d'appeler au dehors les spectateurs à sons de trompe), l'orchestre intérieur était composé de six cors de chasse, tous faux, et d'un trombone dont jouait une très jeune et très belle femme. Un Chinois s'élance dans l'arène. Il a pour bonnet le haut d'un parasol, pour culottes des caleçons fort sales et le reste à l'avenant. Quant aux autres faiseurs de tours qui lui succèdent, *ab uno disce omnes*.

« Enfin, après bien des tours de force et bien des gambades, tous sortirent de l'arène pour céder la place à un monstrueux éléphant qui fut le théâtre de ma vaillance. Cet animal fort intelligent exécuta toutes sortes de tours, à la volonté de son cornac. Lorsqu'il eut salué la compagnie, M. le chevalier Joanny nous expliqua comment, dans l'Inde, au lever du soleil, « ces animaux, par une sorte d'instinct de la religion, « saluent l'astre majestueux du jour. » — Où diable la religion va-t-elle se nicher!

« Lorsque l'éléphant prit un balai pour balayer la salle, M. le chevalier, qui accompagnait toujours de quelque judicieuse réflexion chaque action du monstrueux mais intelligent quadrupède, nous apprit que, dans l'Inde, « les petites maîtresses se servaient de « semblables femmes de chambre pour nettoyer leurs

« boudoirs. » Ensuite il invita toutes les personnes de bonne volonté à monter sur le dos de l'éléphant. Personne ne bougea. Voyant que tout le monde hésitait, je crus devoir donner l'exemple et je grimpai sur l'animal avec le cornac et mon frère Joinville. Aucun spectateur ne se soucia de nous suivre. Alors nous nous mîmes en marche. En passant devant l'orchestre, j'ôtai gravement mon chapeau, et les musiciens, qui ne voulaient pas rester en arrière de politesse, entonnèrent l'air : *Où peut-on être mieux, etc. ?*

« Voilà, mon cher ami, le trait d'héroïsme que je voulais absolument faire parvenir jusqu'à vous; persuadé que vous l'apprécierez à sa juste valeur.

« Ferdinand P. d'Orléans. »

IV

Jusqu'à présent, on n'a vu dans Alfred de Musset qu'un enfant précoce, d'une imagination vive, qu'un écolier appliqué, un peu craintif, et prenant pour bon tout ce qu'on lui enseigne. En 1826, son esprit donna des signes remarquables d'indépendance et de force. Comme on lui apprenait la logique, l'analyse, le raisonnement, il se mit à raisonner. Souvent, après la classe de philosophie, où il avait écouté attentivement la leçon, il secouait la tête et commençait à dire : « Cela ne me satisfait pas. » Alors, il retournait de cent manières la question traitée, pénétrait au fond et concluait dans un sens nouveau. Ses *compositions* se ressentirent de ces aspirations à la vérité. Le professeur, qui était un excellent homme, mais fort méthodique, fut d'abord troublé en voyant que sa métaphysique scolastique n'était point parole d'évangile pour son meilleur élève. Il eut pourtant le bon esprit de ne point s'en fâcher. Pourvu que les principes fondamentaux fussent respectés, il accepta la discussion sur les questions secondaires; plus d'une fois il donna la leçon à toute la classe avec le *devoir* de l'écolier. Au mois de juillet 1827, lorsque Alfred eut *composé* au concours général des collèges, nous vîmes arriver monsieur Cardaillac et un autre membre du conseil universitaire, qui vinrent annoncer à notre père que son fils allait très probablement obtenir le prix d'honneur. Le sujet du prix était une dissertation latine sur l'*origine de nos sentiments*. La composition de l'élève Alfred de Musset avait été reconnue tout d'abord la meilleure au double point de vue de la pensée et de la forme; mais le côté religieux de la question avait paru trop peu développé. Un autre élève, dont la composition annonçait moins de talent, avait appuyé davantage sur ce point important, de sorte que les voix des examinateurs étaient partagées. Le grand-maître de l'Université, qui était l'évêque d'Hermopolis, fit pencher la balance du côté de l'enfant qui semblait le plus dévot. Il en devait être ainsi sous le règne de Charles X. Quelques années plus tard, le premier prix d'honneur eût été donné à Alfred de Musset. Il n'obtint que le second prix. Au moment de la distribution, monseigneur d'Hermopolis sourit, en voyant monter sur l'estrade un petit blondin de seize ans, et la couronne qu'il lui posa sur la tête descendit jusqu'aux épaules.

Un prix est peu de chose si l'on s'en tient aux succès de collège. Les ouvrages d'Alfred de Musset prouvent qu'il ne s'arrêta pas sitôt dans l'étude de la philosophie, et qu'il poussa très loin son éducation métaphysique. Pour quiconque a pris la peine de le lire, le penseur est toujours à la hauteur du poète*. Ce qu'il importe de remarquer, puisqu'il s'agit ici de faire connaître l'homme, c'est sa manière de procéder à la recherche du vrai. Lorsqu'il se mesurait avec un grand esprit, il commençait par remplir en conscience le rôle de disciple, afin de se bien pénétrer de la doctrine ou du système. Non content d'étudier une philosophie, il l'adoptait; volontiers il l'aurait professée et même pratiquée. Mais bientôt sa raison se trouvait heurtée sur un point; le doute arrivait; le disciple devenait juge, et puis contradicteur. Je le vis ainsi passer tour à tour de Descartes à Spinosa, puis aux philosophes modernes par Cabanis et Maine de Biran, pour venir aborder au port où il trouva l'*Espoir en Dieu*. A la recherche du beau, il procéda de la même façon, commençant par jouir de tout ce qui lui plai-

---

* M. Victor de Laprade, dans son discours de réception à l'Académie française, en prononçant l'éloge d'Alfred de Musset, qu'il avait l'insigne honneur de remplacer, a laissé échapper, par mégarde ou par légèreté, ce mot étrange : « Alfred de Musset obtint, le croirait-on? un grand prix de philosophie! » S'il y a là quelque chose d'incroyable, c'est l'étonnement de M. Victor de Laprade.

sait, s'échauffant, se livrant sans réserve au plaisir de l'admiration, et finissant par examiner et approfondir. Dans ce double exercice de facultés qui semblent s'exclure, l'enthousiasme et la pénétration, il acquit non seulement en littérature, mais dans tous les arts, une solidité de jugement telle que, s'il n'avait pas eu autre chose de mieux à faire, il aurait pu être un des critiques les plus forts de son temps.

Pour suivre le nouveau plan d'études qu'il s'était tracé, Alfred mena de front la lecture des écrivains étrangers avec le droit, le dessin et la musique. Rebuté par l'aridité du droit, il voulut essayer de la médecine; mais aux leçons d'*anatomie descriptive* de M. Bérard, la dissection des cadavres lui inspira un dégoût insurmontable. Son père, ne redoutant pour lui que l'oisiveté, ne le pressait point encore de choisir un état. Ce fut l'étudiant lui-même qui s'alarma en découvrant qu'il n'avait aucun goût pour les deux carrières les plus recherchées de la jeunesse. Pendant plusieurs jours, il demeura enfermé dans sa chambre, en proie aux réflexions les plus tristes, et quand je lui demandai la cause de cette humeur sombre : « Jamais, me répondit-il, je ne serai bon à rien; jamais je n'exercerai aucune profession. L'homme est déjà trop peu de chose sur ce grain de sable où nous vivons; bien décidément je ne me résignerai jamais à être une espèce d'homme particulière. »

Il ne se doutait guère que dans peu de temps il

appartiendrait à une espèce d'hommes si rares, qu'on en voit à peine trois ou quatre par siècle. Son chagrin se calma lorsque son maître de dessin, étonné de ses progrès, lui déclara qu'il ne tiendrait qu'à lui d'être un peintre. A l'idée qu'il pouvait avoir une vocation, le courage lui revint Il passa les matinées au musée du Louvre et ses cartons se remplirent de dessins*. Cette passion pour la peinture n'était pourtant qu'un détour par où la nature s'amusait à l'égarer avant de lui montrer le chemin où elle le voulait conduire.

Au printemps de 1828, notre mère loua un petit appartement dans une fort grande maison, à Auteuil. Le hasard nous donna pour voisin M. Mélesville. Des relations charmantes s'établirent entre sa famille et la nôtre. On joua la comédie; on improvisa des charades. Nous eûmes quelquefois pour spectateurs le père Brasier et M. Scribe. Alfred s'amusait passionnément à ces réunions. De grand matin il se rendait à Paris pour y suivre des cours et travailler dans un atelier de peinture, et il revenait dîner à Auteuil,

---

* La plupart de ces dessins, parmi lesquels se trouvaient beaucoup de compositions originales, ont été détruits par lui-même. Les amis d'Alfred de Musset coupaient souvent les pages de son *album*. Il me reste encore deux dessins vraiment achevés : un portrait en pied de Louise Bouvier, célèbre voleuse détenue dans la maison centrale de Clermont, et une tête de lord Byron. — Madame Maxime Jaubert possède une cinquantaine de dessins d'Alfred de Musset. — Un *album* plein de caricatures m'a été donné par une de mes cousines chez laquelle il avait passé un mois en 1842.

souvent à pied, par les allées du bois de Boulogne, sans autre compagnie qu'un livre. Le jour qu'il emporta ainsi le petit volume d'André Chénier, il arriva plus tard qu'à l'ordinaire à la campagne. Sous le charme de cette poésie élégiaque, il avait pris le chemin le plus long. Du plaisir de relire et de réciter des vers qu'on aime à l'envie d'en faire, il n'y a qu'un pas. Alfred ne résista pas à la tentation. Il composa une élégie qu'il n'a point jugée digne d'être conservée. Elle commençait ainsi :

> Il vint sous les figuiers une vierge d'Athènes,
> Douce et blanche, puiser l'eau pure des fontaines,
> — De marbre pour les bras, d'ébène pour les yeux.
> Son père est Noëmon de Crète, aimé des dieux.
> Elle, faible et rêvant, mit l'amphore sculptée
> Sous les lions d'airain, pères de l'eau vantée,
> Et féconds en cristal sonore et turbulent...

A la même fontaine arrivait un jeune garçon conduisant des chevaux et des mules, et tandis que ces animaux se pressaient en foule autour du bassin, le jeune homme demandait à la belle fille si elle était la nymphe de cette eau. Quand il l'avait reconnue pour une simple mortelle, il lui parlait d'amour et l'invitait à le suivre dans sa maison, dont il faisait une description poétique. La jeune fille, que son père avait vouée au culte de Diane, repoussait d'abord les offres du jeune homme, et puis elle se laissait séduire. Mais la déesse jalouse lui donnait sa malédiction, et la prêtresse infidèle mourait à l'heure où Phœbé paraissait à l'horizon. Ce morceau, qui n'avait pas moins de cent vers, fut achevé en deux jours ou plutôt en deux promenades. Hormis une chanson qu'Alfred de Musset fit, à l'âge de quatorze ans, pour la fête de sa mère, ces vers sont bien les premiers qu'il ait écrits.

L'historique de son second essai se rattache à l'invasion du romantisme et à la grande guerre civile des lettres françaises. Les classiques étaient encore en possession du théâtre, où ils se défendaient comme dans une redoute. Mais le *Henri III* d'Alexandre Dumas était déjà écrit, la *Marion de Lorme* sur le chantier, le *Cromwell* publié, et la fameuse préface de cet ouvrage, dans laquelle l'auteur venait de créer un nouvel art poétique, faisait fermenter bien des jeunes têtes. Avant même d'avoir achevé ses études, Alfred de Musset avait été introduit, par son condisciple et ami Paul Foucher, dans la maison de M. Victor Hugo. Il y voyait MM. Alfred de Vigny, Prosper Mérimée, Sainte-Beuve, Émile et Antony Deschamps, Louis Boulanger, etc. Tous avaient déjà donné des preuves de leur talent; tous avaient de la réputation. Le temps se passait en lectures et en conversations littéraires dans lesquelles tout le monde paraissait être du même avis, bien qu'au fond il n'en fût pas toujours ainsi. Alfred n'eut garde de résister à l'enthousiasme contagieux qu'on respirait dans l'air du *Cénacle*. Devenu bientôt un des néophytes de l'église nouvelle, il fut admis aux promenades du soir, où l'on allait voir le soleil se coucher, ou regarder le vieux Paris du haut des tours de Notre-Dame. Le lendemain d'une conférence littéraire, dans laquelle on avait sans doute récité beaucoup de ballades, le jeune auditeur, cheminant seul sous les arbres du bois de Boulogne et poursuivi par le rythme cadencé qui lui revenait à l'oreille, se mit à composer une ballade, et puis un petit drame romantique, qu'il a, plus tard, condamné au feu. La scène se passait en Espagne, dans le château du vieux Sanchez de Guadarra. La fille de ce seigneur chantait, le soir, à sa fenêtre, une chanson mélancolique. Agnès avait été deux fois fiancée :

> Une main, dans sa main, deux fois s'était glacée,
> Et vierge, elle était veuve, en deuil de deux époux.

Les deux jeunes gens à qui on l'avait promise étaient morts le lendemain des fiançailles. Son père lui venait pourtant proposer un troisième époux. Celui-ci était don Carlos, brillant cavalier, jeune et plein de courage. Le vieux seigneur Sanchez estimait fort don Carlos et formulait ainsi sa préférence pour le métier des armes :

> Homme portant un casque en vaut deux à chapeau,
> Quatre portant bonnet, douze portant perruque,
> Et vingt-quatre portant tonsure sur la nuque.

Le brillant don Carlos arrivait avec sa longue épée et ses éperons d'or. Agnès se laissait fiancer pour la troisième fois. Pendant la cérémonie, un moine se tenait en prières dans un coin. C'était don Juan, le frère de Carlos, personnage sombre et mystérieux, qui parlait peu, toujours en termes vagues ou prophétiques,

> Et semblait regarder plus loin que l'horizon.

Don Juan paraissait indifférent à ce qui se passait près de lui. Mais, après la cérémonie, il demandait à don Carlos un moment d'entretien. On les laissait seuls ensemble. Le moine faisait alors à son frère l'aveu de son amour pour Agnès. C'était lui qui avait empoisonné les deux premiers fiancés de la jeune fille. Ne pouvant pas prétendre à la main d'Agnès, à cause des vœux qu'il avait prononcés, il ne pouvait pas non plus souffrir qu'elle appartînt à un autre homme. Il suppliait Carlos de renoncer à ce mariage, et, comme ses prières étaient inutiles, le moine s'emparait d'une épée suspendue au mur, relevait la manche de son froc, se battait avec son rival, et le tuait vertement, — comme cela se pratiquait alors dans l'école romantique, — après quoi il se tuait lui-même, et Agnès se retirait dans un couvent.

Je n'ai pas besoin de dire à quelle source le néophyte de dix-sept ans avait pris le sujet et la forme de ce morceau. On y reconnaît l'influence du président du Cénacle, et quelques-uns de ses vers n'auraient pas été désavoués par le maître lui-même. Il faut remarquer, d'ailleurs, qu'à cette époque *Hernani* n'existait pas encore et que l'Espagne romantique venait à peine d'être découverte par M. Mérimée.

Un petit journal du format le plus exigu paraissait alors à Dijon, trois fois par semaine, sous ce titre : *le Provincial*. Paul Foucher, qui connaissait un des rédacteurs, avait publié dans ce journal quelques vers de sa composition. Il proposa au même rédacteur des vers d'un autre poète aussi jeune et aussi novice que lui et qui n'osait point encore se nommer. Appuyé de la recommandation de Paul Foucher, le jeune poète inconnu envoya au journal de Dijon une ballade composée exprès pour *le Provincial*. Ce morceau, intitulé *un Rêve*, parut dans le numéro du dimanche 31 août 1828, sans autre signature que les initiales A. D. M. C'était dans les bois d'Auteuil que le poète blondin avait rêvé ce badinage. Le rédacteur ami de Paul Foucher, dans un *en-tête* de vingt lignes, demandait pardon aux lecteurs du *Provincial* de leur servir une pièce de vers d'un goût romantique aussi relevé ; mais le rédacteur en chef du journal, M. Charles Brugnot, déclarait dans une note au bas de la page, que cette humble préface n'était pas de lui, et qu'il n'y avait point de grâce à demander pour une scène fantastique qu'il trouvait charmante. Déjà le poète enfant était le sujet d'une controverse entre deux rédacteurs qui se querellaient ensemble sur la même page de leur journal. Alfred reçut avec un plaisir extrême le numéro du *Provincial* qui contenait ses premiers vers imprimés. Bien des fois depuis, sa pensée a fait *gémir la presse;* mais la modeste feuille de Dijon, conservée par lui avec un soin religieux, a toujours occupé dans ses papiers une place d'honneur.

A la fin de l'année 1828, la guerre littéraire s'animait chaque jour davantage. Plus le camp des classiques criait à la barbarie, plus les romantiques redoublaient d'audace. De part et d'autre on s'accablait de railleries. — Heureux temps, où l'on se serait battu pour un sonnet, pour un vers brisé, pour un hémistiche ! Comme un jeune soldat qui voit ses amis courir au feu, Alfred se sentait pris du désir d'essayer ses forces. Un matin il alla réveiller M. Sainte-Beuve, et lui dit en riant : « Moi aussi, je fais des vers. » Et lui récita son élégie de la prêtresse de Diane et quelques-unes de ses ballades. M. Sainte-Beuve n'était pas homme à se tromper sur la valeur de ces essais, non plus que sur l'avenir réservé à l'auteur. Peu de jours après, il écrivait à un de ses amis : « Il y a parmi nous un enfant plein de génie. » Alfred se décida enfin à faire entendre au Cénacle ses morceaux de poésie. On applaudit beaucoup l'élégie; mais le poème d'Agnès excita un véritable enthousiasme. L'énorme différence d'allure et de style qui distinguait ces deux ouvrages l'un de l'autre, ne pouvait échapper à l'attention d'un auditoire si intelligent. Cette souplesse de talent donna la plus haute opinion du nouveau combattant que la phalange venait d'acquérir. On aurait pu en augurer qu'il lui serait impossible de servir longtemps sous une bannière quelconque, et qu'il sortirait bientôt des rangs pour suivre sa fantaisie; mais on n'y songea pas. Entre autres bonnes choses, il y avait alors cela d'excellent dans la compagnie du Cénacle, qu'on n'y connaissait pas l'envie et qu'on n'y marchandait pas les éloges aux jeunes gens. Alfred en reçut de tout le monde.

Malgré tant d'encouragements, le débutant ne voulait pas encore convenir qu'il était un poète : « Si je montais demain sur l'échafaud, disait-il à son frère, je pourrais bien me frapper le front en répétant le mot d'André Chénier : « Je sens pourtant qu'il y avait « là quelque chose »; mais on me rendrait un mauvais service en me persuadant que je suis un grand homme. Le public seul et la postérité donnent ces brevets-là. »

Pour avoir d'autres vers à réciter à ses amis, il composa successivement *le Lever, l'Andalouse, Charles-Quint à Saint-Just,* puis *Don Paëz, les Marrons du feu, Portia.* Quand vint le tour de la *Ballade à la lune,* on n'y vit pas le symptôme d'une révolution dans ses idées. On s'amusa fort de cette débauche d'esprit. Les parodies elles-mêmes étaient admises au Cénacle. On n'y avait d'intolérance qu'à l'égard des ouvrages classiques. On ne pouvait pas deviner que ce jeune garçon avait déjà vu le fond de toutes les doctrines sur lesquelles on discutait autour de lui, qu'il s'était fait une poétique indépendante, et qu'il ne devait plus ni accepter de conseil, ni suivre les traces de personne le jour où, après avoir beaucoup réfléchi et beaucoup entendu les vers des autres, il poussait enfin le cri du Corrège : « Et moi aussi je suis un poète ! »

Tandis que sa muse l'attirait encore sous les arbres d'Auteuil, l'âge de puberté était arrivé. A ses débuts dans le monde, l'hiver précédent, les femmes n'avaient fait aucune attention à ce petit bonhomme, qui répétait en conscience les pas que son maître à danser venait de lui apprendre; mais, en quelques mois, sa taille se développa; il perdit son air enfantin et son caractère timide. Son visage prit tout à coup une expression singulière d'assurance et de fierté; son regard devint si ferme, si plein d'interrogation et de curiosité, qu'on avait de la peine à le soutenir. La première femme qui s'aperçut de ces changements était une personne de beaucoup d'esprit, excellente musicienne, railleuse, coquette et atteinte d'une maladie de poitrine incurable. Pour aller la voir à la campagne, où elle l'engageait sans cesse à venir, par des billets d'un laconisme prudent, Alfred manquait aux rendez-vous de sa muse et traversait la plaine aride de Saint-Denis. Comme il voyait bien que cette femme ne le regardait plus des mêmes yeux qu'autrefois, et que pourtant elle affectait de le vouloir toujours traiter en enfant, ce manège l'étonna. Il lui fallut du temps pour reconnaître qu'on abusait de son innocence et qu'on lui faisait jouer le personnage de *Fortunio*. La dame était pourvue d'un Clavaroche; mais elle n'avait pas le cœur de Jacqueline. Elle resta insensible aux tendres reproches du jeune homme dont elle s'était moquée de la manière la plus cruelle. Il cessa ses visites sans témoigner ni mépris, ni colère. Une autre femme, qui le guettait, s'empressa de le consoler. Un matin, je remarquai qu'il portait des éperons, le chapeau fort penché sur l'oreille droite, avec une énorme touffe de cheveux du côté gauche, et je compris à ces airs cavaliers que l'amour-propre était sauf.

Sept ans plus tard, le souvenir de cette première aventure se réveilla dans une occasion où Alfred de Musset se crut pris à semblable piège. Cette fois, il se trompait; mais ce soupçon d'un moment produisit *le Chandelier*, la plus parfaite à mon sens de ses comédies et l'un des meilleurs fruits de l'esprit français, depuis le siècle de Molière.

Dans les derniers jours de l'année 1828, à la sortie d'un petit bal où Alfred avait montré une ardeur extrême au plaisir, un de nos amis, Prosper Chalas, rédacteur du *Temps* et de la *Pandore*, garçon d'esprit et qui se connaissait en hommes, me prit le bras dans la rue et me dit à l'oreille :

« N'en doutez pas, votre frère est destiné à devenir un grand poète ; mais en lui voyant cette figure-là, cette vivacité aux plaisirs du monde, cet air de jeune poulain échappé, ces regards qu'il adresse aux femmes et ceux qu'elles lui renvoient, je crains fort pour lui les *Dalila*. »

Le pronostic s'est réalisé : les *Dalila* sont venues ; mais le poète n'en a été que plus grand.

DEUXIÈME PARTIE

1829-1836

V

Outre l'écueil signalé par Prosper Chalas, Alfred de Musset ne se fit pas faute, à dix-huit ans, d'aborder tous les écueils, résolûment et de parti pris. Il ne manqua pas de se lier avec des jeunes gens plus riches que lui, et de vouloir les suivre dans leur train de vie. Les premiers tailleurs de Paris eurent seuls l'honneur d'approcher de sa personne, et il leur donna de l'occupation. Les promenades à cheval étaient à la mode parmi ses amis : il loua des chevaux. On jouait gros jeu : il joua. On faisait les nuits blanches : il veilla. Mais il avait une constitution d'acier, une activité cérébrale incroyable ; souvent il écrivait cinquante vers en sortant d'un souper. Ce qui, pour bien des gens, eût été un excès, n'était réellement pour lui qu'un exercice. Quand je lui parlais des périls de la *bouillotte* et du jour redoutable où le tailleur présenterait le mémoire de tant d'habits neufs, il me répondait :

« Précisément, parce que je suis jeune, j'ai besoin de tout connaître, et je veux tout apprendre par expérience et non par ouï-dire. Je sens en moi deux hommes, l'un qui agit, l'autre qui regarde. Si le premier fait une sottise, le second en profitera. Tôt ou tard, s'il plaît à Dieu, je payerai mon tailleur. Je joue, mais je ne suis pas un joueur, et, quand j'ai perdu mon argent, cette leçon vaut mieux que toutes les remontrances du monde. »

De temps à autre, il y avait, en effet, des lendemains mélancoliques, des matinées de regrets superflus. Pour ces jours de misère, le poète aimait à se composer un costume de situation. Du fond d'une armoire, il tirait un vieux carrick jaune à six collets et qui aurait pu faire trois fois le tour de son corps. Ainsi affublé, il se couchait sur le tapis de sa chambre et fredonnait d'un ton lamentable quelque vieil air contemporain de son carrick. Lorsque, en entrant chez lui, je le trouvais enfoui sous cet habit de pénitent et dans une attitude de mélodrame, je savais que les cartes s'étaient montrées intraitables. Au premier mot que je voulais lui dire : — « Qu'on me laisse, s'écriait-il en se voilant la face, qu'on me laisse dans mes haillons et mon désespoir ! ».

Mais, le soir arrivé, il jetait en l'air les haillons et mettait ses plus beaux habits. Ce changement de décors suffisait pour détourner le cours de ses idées; il partait pour courir les salons de Paris, où les plaisirs du monde lui faisaient oublier les revers du jeu. Soit que le bal lui laissât une impression profonde, soit par une disposition naturelle qui tenait peut-être à son goût pour la peinture, il se rappelait avec une mémoire étonnante dans quel ordre il avait vu les femmes assises, les couleurs de leurs robes, leurs ajustements et leurs coiffures. Le luxe, d'ailleurs, lui causait une sorte d'ivresse. Il admirait, comme un enfant, l'éclat des lumières, les dentelles, les bijoux. Danser avec une vraie marquise parée de vrais diamants, dans une vaste galerie, éclairée *a giorno*, lui semblait le comble du bonheur. Il avait la même admiration d'enfant pour les gens fastueux. Il pardonnait à Alexandre d'avoir brûlé Persépolis pour donner le spectacle à une courtisane. Il aimait Sylla, parce qu'il était heureux. Héliogabale ne lui déplaisait pas, vu de loin, dans sa robe de prêtre du Soleil. César Borgia lui-même trouvait grâce, à cause de sa mule ferrée d'or. Je ne lui passais point ces faiblesses-là, et, quand nous nous querellions à ce sujet, c'étaient nos meilleurs jours de conversation, car il défendait bien cette mauvaise cause. Si j'appuie sur ces détails, c'est qu'ils appartiennent à une période de trois années seulement dans un caractère qu'on verra bientôt grandir et se modifier.

L'hiver de 1829 s'écoula rapidement au milieu de cette vie compliquée, mais où l'étude et les lectures avaient une large part. La muse descendait par moments, à l'improviste, et, quand elle arrivait, elle était bien reçue. Parmi ses compagnons de plaisir, Alfred eut le bonheur de trouver un véritable ami. Alfred Tattet, justement du même âge que lui, débutait aussi dans le monde. C'était un aimabe viveur, gai convive, sérieux à ses heures, exagéré dans son langage, trouvant toutes choses ravissantes ou exécrables, mais encore plus avide des plaisirs de l'esprit que des autres plaisirs, et toujours prêt à s'exalter pour un beau vers. Il obtint sans peine communication des productions de son ami, et, afin de l'entendre plus souvent, il donna de petites soirées et matinées esthétiques. C'est là que Musset connut Ulric Guttinguer, qui l'emmena un jour au Havre et à Honfleur. Pendant ce voyage, et à la suite d'une conversation confidentielle, Alfred écrivit trois stances qui suffisent à immortaliser le nom de l'ami à qui elles sont adressées. Le plus jeune disciple du grand Cénacle devenait ainsi le dieu d'un autre cénacle inconnu.

Dans le salon d'Achille Devéria qu'il fréquentait assidûment, Alfred de Musset faisait valser alternativement deux jeunes filles du même âge, très jolies toutes deux, aussi aimables, aussi ingénues l'une que l'autre, et grandes amies. Il leur parlait admirablement modes, toilette, chiffons, et n'était pas le moins enfant des trois. A l'une il vantait les grâces et la beauté de l'autre, et réciproquement. Ces confidences s'échangeaient le lendemain entre les deux jeunes filles un peu scandalisées de ne pouvoir pas découvrir laquelle il aimait le mieux. Ces amourettes de salon durèrent assez longtemps pour se dénouer et se renouer d'un hiver à l'autre ; elles finirent par une petite aventure dont quelques personnes doivent se souvenir encore. Gustave Planche, qui savait placer avec discernement ses antipathies, détestait déjà Alfred de Musset, sans raison, mais instinctivement. Planche ne dansait point ; il s'avisa de dire, un soir, que, du coin où il se tenait assis, il avait vu le valseur infatigable déposer un baiser furtif sur l'épaule d'une de ses valseuses. On en chuchota aussitôt. La jeune fille reçut l'ordre de refuser les invitations de son danseur habituel. Aux regards mélancoliques de la victime, Alfred comprit qu'elle obéissait à l'autorité supérieure, et, comme il n'avait rien à se reprocher, il demanda des explications avec tant d'insistance qu'on ne put pas les lui refuser. On remonta jusqu'à la source du méchant propos. Planche essaya de nier ; mais, au pied du mur, il fut obligé d'avouer qu'il l'avait tenu. L'indignation du père se tourna contre lui. A la sortie du bal, ce père irrité guetta le calomniateur et lui donna de sa canne sur le dos. Planche connut ainsi la vérité du proverbe : A qui mal veut, mal lui tourne ; et l'on peut croire qu'il n'en aima pas davantage le poète auquel il était redevable de cette leçon. Quant à la jeune fille, sa réputation n'eut rien à souffrir de ce démêlé ; c'est à elle qu'Alfred de Musset adressa plus tard les vers *à Pepa*.

Pendant ce temps-là, le recueil de poésies qui devait porter le titre de *Contes d'Espagne et d'Italie* grossissait peu à peu. Pour ne rien oublier, nous citerons, en passant, une première publication qui n'est guère connue. Alfred, à dix-huit ans, s'estima heureux d'avoir à traduire de l'anglais un petit roman pour la librairie de M. Mame. Il avait adopté ce titre simple : *le Mangeur d'opium*. L'éditeur voulut absolument : *l'Anglais mangeur d'opium**. Ce petit volume, dont on aurait sans doute bien de la peine à retrouver un exemplaire aujourd'hui, fut écrit en un mois. Le traducteur, sans être trop inexact, introduisit dans les rêveries du héros étranger quelques-unes des impressions que lui avait laissées le cours d'anatomie descriptive de M. Bérard. Personne ne prit garde à cette publication sans nom d'auteur ; elle disparut dans un flot de nouveautés littéraires, comme une goutte de pluie dans la mer.

Une autre aubaine de plus grave conséquence vint troubler le poète jusqu'au fond de l'âme. Son père lui

---

* Le titre de l'original était *Confessions of an English opium-eater*.

annonça, un matin, qu'il lui avait trouvé un emploi d'expéditionnaire dans les bureaux de M. Febvrel, qui venait d'obtenir par soumission cachetée l'entreprise du *Chauffage militaire.* Le pauvre garçon n'osa sourciller. Il se laissa mettre au pied le boulet de la bureaucratie. On n'exigeait pas de lui une grande exactitude, mais il n'y avait point de jour où il ne sentît le poids de ses chaînes, excepté pourtant celui des émoluments. Poussé par le désir effréné de reconquérir sa liberté, il se rendit chez l'éditeur dévoué de la faction romantique. Urbain Canel examina le manuscrit des *Contes d'Espagne,* compta les pages et déclara qu'il manquait cinq cents vers pour composer un volume in-octavo, seul format usité de la jeune littérature.

« Cinq cents vers! s'écria le poète, s'il ne faut que cela pour redevenir libre, je vous les donnerai bientôt. »

On était alors au temps des vacances. Alfred obtint de ses patrons un congé de trois semaines. Il partit le 27 août 1829 pour le Mans, où demeurait alors son oncle Desherbiers. Il en revint le 19 septembre*, et, le soir même, il me récita tout le poème de *Mardoche,* qui contenait près de six cents vers, mais dont il fallait supprimer quelques strophes un peu hardies. Urbain Canel, charmé surtout de la longueur du

---

*Ces dates précises me sont fournies par des *agendas.*

morceau, envoya le manuscrit à l'imprimeur. Les compositeurs d'imprimerie ne travaillèrent à cet ouvrage d'un poète inconnu que dans leurs moments de loisir. L'épreuve de la dernière feuille arriva vers la fin de l'année. Le 24 décembre, Alfred de Musset pria son père de donner une soirée de lecture où vinrent MM. Mérimée, de Vigny, Émile et Antony Deschamps, Louis Boulanger, Victor Pavie, de la Rosière et Guttinguer. Il leur récita *Don Paëz*, *Portia* et *Mardoche*. La plupart des invités connaissaient déjà les deux premiers de ces poèmes; mais *Mardoche*, qui cassait les vitres, obtint les honneurs de la soirée. On tomba unanimement d'accord sur le succès infaillible réservé à ces poésies.

Peu de jours après parut, sous le titre de *Contes d'Espagne et d'Italie*, un volume de 232 pages, qui ne fut tiré qu'à cinq cents exemplaires*. On sait l'effet qu'il a produit. Bien rarement si petite quantité de papier fit autant de bruit. C'est une chose curieuse aujourd'hui que de relire les journaux d'alors. On en voit qui se mettent dans une colère rouge contre le livre et contre l'auteur. L'un se fâche de l'exagération des caractères et du langage; l'autre, au contraire,

---

* Il ne faut pas s'étonner du petit nombre d'exemplaires tirés. Dans ce temps-là personne n'achetait les livres nouveaux. On les louait au cabinet de lecture le plus voisin. En peu de jours ces 500 volumes avaient eu dix mille lecteurs. De 1838 à 1840, ce mode de publicité changea. Le format in-18 expulsa l'in-8°, et chacun acheta le volume qu'il voulait lire.

loue le jeune poète de n'avoir point abusé de l'hyperbole. Un journal de l'opposition demande avec un sérieux admirable d'où vient la prédilection de la nouvelle génération pour l'Espagne et l'Italie, ces contrées où il n'existe point de liberté et où la religion est déshonorée par les pratiques superstitieuses. Pendant ce temps-là, un critique pieux et royaliste vote des indulgences à la muse libertine en faveur du second chant de *Portia*, où il a remarqué une peinture édifiante du sentiment de crainte que fait naître l'aspect sombre et majestueux d'une église gothique.

Quant à la fameuse ballade à la lune, elle devint tout d'abord le sujet d'une grande clameur. Les uns, voulant à toute force la prendre au sérieux, s'en tenaient à cet échantillon pour se dispenser de lire le reste du volume. D'autres, renchérissant sur l'intention du poète, voulaient qu'il se fût moqué de ses amis et de lui-même. Il faut avouer qu'en cette occasion les connaisseurs de profession et les hommes d'un âge respectable ne furent pas les juges les plus intelligents. Mais, tandis qu'ils discutaient, avec plus ou moins de bonne foi, sur le véritable sens de la ballade à la lune, le poète avait conquis le public auquel il désirait plaire, celui des jeunes gens et des femmes.

Bientôt Alfred eut à me raconter quantité d'aventures. Il y en avait de boccaciennes et de romanesques, quelques-unes approchant du drame. En plusieurs occasions, je fus réveillé au milieu de la nuit pour donner mon avis sur quelque grave question de haute prudence. Toutes ces historiettes m'ayant été confiées sous le sceau du secret, j'ai dû les oublier; mais je puis affirmer que plus d'une aurait fait envie aux Bassompierre et aux Lauzun. Les femmes, dans ce temps-là, ne vivaient point absorbées par les préoccupations de luxe et de toilette. Pour espérer de plaire, les jeunes gens n'avaient pas besoin d'être riches, et il servait à quelque chose d'avoir, à dix-neuf ans, le prestige du talent et de la gloire. Malgré ses succès, Alfred de Musset eut assez de bon sens et de modestie pour résister à l'enivrement. Il se garda toujours de la folie orgueilleuse et de l'infatuation de soi-même, écueil vulgaire où sombrent les plus grands esprits.

Tandis que le *servum pecus* des imitateurs se jetait sur les *Contes d'Espagne* et se mettait en mesure de les copier de cent façons, Alfred de Musset méditait une réforme et changeait si bien d'allure que les *Vœux stériles*, *Octave* et les *Pensées de Rafaël*, premiers morceaux qu'il publia dans la *Revue de Paris*, après un intervalle de réflexions sérieuses ne contenaient déjà plus ni négligences de style ni vers brisés. On sait que le poëte demandait pardon à sa langue maternelle de l'avoir quelquefois offensée. Racine et Shakspeare, disait-il, se rencontraient sur sa table avec Boileau, qui leur avait pardonné; et, bien qu'il se vantât de faire marcher sa muse pieds nus, comme la vérité, les classiques auraient pu la croire chaussée de cothurnes d'or. Ils auraient pu se réjouir d'une amende honorable exprimée avec tant de bonne grâce; ils ne firent pas semblant de la connaître et revinrent au *point sur un i,* comme le marquis de Molière à son refrain de *tarte à la crème.* Pendant ce temps-là, les romantiques, blessés de la profession de foi de Rafaël, se plaignirent de la désertion et ne manquèrent pas de dire que le poète des *Contes d'Espagne* avait faibli et ne tenait point ce que ses débuts avaient promis. Alfred de Musset se trouva isolé tout à coup, ayant tous les partis à la fois contre lui; mais il était jeune et superbe, comme Œdipe, et d'ailleurs les dissentiments littéraires n'empêchaient point les bons rapports. Il n'allait plus aussi souvent au Cénacle, mais il retrouvait ses anciens amis aux soirées d'Achille Devéria et à l'Arsenal, chez le bon Nodier qui l'aimait tendrement.

Cependant Alfred avait obtenu la permission de se démettre de son emploi, et ce jour avait été un des plus beaux de sa vie. Pour rassurer son père sur les conséquences de ce coup de tête, il voulut essayer de travaux plus lucratifs que la poésie. Dans ce dessein il écrivit une petite pièce en trois tableaux intitulée *la Quittance du diable.* Chaque tableau contenait une scène en vers. Ce n'était qu'une bluette fantastique, mais qui ne manquait pas d'originalité. Avec le concours d'un musicien de talent, on en aurait pu faire un opéra-comique aussi agréable que bien d'autres. La pièce présentée au théâtre des *Nouveautés*, où l'on jouait des ouvrages de toutes sortes, fut acceptée*. Il y eut sans doute un commencement d'exécution, car je vois sur la couverture du manuscrit la distribution des rôles écrite de la main du directeur. M. Bouffé et madame Albert devaient représenter les deux personnages principaux, et ces artistes étaient les meilleurs de la troupe. Je ne sais ce qui a pu empêcher la représentation, — probablement la révolution de Juillet, qui éclata pendant que le chef d'orchestre composait les scènes en musique. — Quoi qu'il en soit, l'auteur retira la pièce et la mit dans un carton où elle est encore.

Après la journée du 7 août, Alfred de Musset, qui ne craignait rien tant que d'avoir un emploi, demeura spectateur indifférent de la *curée* des places. Les félicitations intéressées pleuvaient de toutes parts au château; il se laissa oublier de son ancien condisciple devenu duc d'Orléans. La gravité des événements politiques et les contre-coups de la révolution, au nord et au midi de l'Europe, n'arrêtèrent pas le mouvement littéraire commencé sous la dynastie

---

* La salle du théâtre des *Nouveautés*, située sur la place de la Bourse, fut donnée à la troupe du Vaudeville, après l'incendie de la rue de Chartres.

déchue. Il semblait que la fermentation de toutes les cervelles eût tourné au profit des lettres. Pendant les quatre premières années du nouveau règne sortit de terre une génération d'écrivains qui n'a pas encore été remplacée. A l'automne de 1830, en possession d'une liberté qu'ils n'avaient jamais eue, les théâtres s'emparèrent d'un sujet interdit par le dernier gouvernement, celui de l'épopée impériale. Le personnage de Napoléon se montra sur toutes les scènes, même les plus infimes. Harel, homme entreprenant et directeur de l'Odéon, montait avec un grand luxe un drame sur ce sujet, dont le premier rôle était confié à Frédérick Lemaître. Le directeur, pour combler un vide dans son répertoire, vint demander une pièce, la plus neuve et la plus hardie possible, à l'auteur des *Contes d'Espagne et d'Italie*. Le manuscrit de la *Nuit vénitienne* lui fut bientôt remis et il en parut enchanté. La pièce, montée avec soin et apprise en peu de jours, était annoncée comme une trouvaille. M. Lockroy jouait le rôle du prince; Vizentini, acteur excellent, faisait le personnage comique; une actrice médiocre, mais fort jolie, jouait Laurette, et M. Lafosse, Razetta.

Ce fut le mercredi, 1er décembre 1830, que la première représentation eut lieu. Je ne sais de quelles gens la salle était remplie; mais, dès la seconde scène, qui est pourtant fort gaie, Vizentini se vit interrompu par des sifflets. Des cris de forcenés couvraient la voix des acteurs, et le parterre s'acharnait après les plus jolis mots du dialogue, comme s'il fût venu avec l'intention bien arrêtée de ne rien entendre. L'auteur, étonné de ce tumulte, ne pouvait croire que la pièce ne dût pas se relever pendant la grande scène entre le prince d'Eisenach et Laurette. Mademoiselle Béranger, vêtue d'une fort belle robe de satin blanc, était éblouissante de fraîcheur et de jeunesse. Enfin les rieurs se calment un instant. Par malheur, l'actrice, en regardant du haut du balcon si le jaloux Razetta est encore à son poste, s'appuie sur un treillage vert dont la peinture n'avait pas eu le temps de sécher; elle se retourne vers le public toute bariolée de carreaux verdâtres, depuis la ceinture jusqu'aux pieds. Cette fois, l'auteur découragé s'inclina devant la volonté du hasard. La scène du prince et de Laurette fut étouffée sous le vacarme de la salle. Tout ce charmant esprit par lequel la jeune Vénitienne se laisse séduire, passa inaperçu. Il y a dans cette scène un mot tiré d'une lettre de Lovelace à Belford; j'attendais les tapageurs à ce passage; ils n'étaient pas à cela près: le mot de Richardson fut hué comme le reste. Harel, persuadé que tout ce bruit devait être le résultat d'un coup monté, insista pour une seconde épreuve. On ôta le fatal treillage; mademoiselle Béranger mit une robe neuve et l'auteur pria M. Lockroy d'ajouter ces mots après la citation de Richardson: « Comme dit Lovelace. » — Peine inutile: à la seconde représentation la pièce reçut à peu près le même accueil que la première fois, et le nom de Lovelace provoqua le ricanement de la bêtise et de l'ignorance. Au plus fort de l'orage, l'auteur s'écria : « Je n'aurais jamais cru qu'on pût trouver dans Paris de quoi composer un public aussi sot que celui-là ! » Prosper Chalas lui écrivit le lendemain pour lui demander s'il se livrait encore aux bêtes le soir. « Non, répondit-il, je dis adieu à la ménagerie, et pour longtemps. »

Les conséquences de cette triste mésaventure sont incalculables. Alfred de Musset, rebuté par un échec dont il sentait vivement l'injustice et la cruauté, ne composa plus d'ouvrages au point de vue de la représentation. Si le public eût prêté l'attention qu'il devait à un auteur de vingt ans, combien d'autres productions destinées à la scène auraient suivi ce premier essai ! L'éclatante revanche du *Caprice* n'a été prise que dix-sept ans après cette honteuse soirée. Qui peut dire où en serait le théâtre aujourd'hui, si une poignée de Béotiens n'en eût écarté pendant tant d'années le seul écrivain capable d'arrêter la décadence de l'art dramatique ? Peut-être ce genre de littérature qui, depuis le siècle de Louis XIV, a toujours occupé, en France, le premier rang, aurait-il échappé au reproche de dégénérer en industrie. Le public ne peut s'en prendre qu'à lui-même des plaisirs qu'il a perdus.

Lœve-Veimars, dans le journal *le Temps*, eut le courage de reprocher au parterre de l'Odéon la brutalité de sa conduite. Le jeune auteur lui devait des remerciements. Pendant sa visite à Lœve-Veimars, il fut présenté à Jacques Coste, directeur du *Temps*. Celui-ci, pour faire un essai, demanda quelques articles de fantaisie à l'auteur des *Contes d'Espagne*, en lui laissant carte blanche. Du 10 janvier jusqu'à la fin de mai 1831, parut assez régulièrement, chaque lundi, une série d'articles sans signature, sous le titre de *Revue fantastique*, où Alfred traita divers sujets de circonstance. Tous furent plus ou moins remarqués. Celui de *Pantagruel, roi constitutionnel*, eut même un grand succès d'à-propos*. Mais, tout modeste qu'il était, le poète avait trop d'indépendance pour s'accommoder longtemps d'une servitude quelconque. Il s'ennuya du journalisme et ses *Revues* cessèrent bientôt de paraître.

Sous le prétexte d'acquérir de l'expérience, il menait, d'ailleurs, une vie assez dissipée. Les jeunes gens à la mode se réunissaient le soir au *Café de Paris*. On y organisait des parties de plaisir sur une grande échelle. Tout à coup on partait en voitures de poste, à minuit, pour Enghien ou pour Morfontaine; on imaginait des paris extravagants, dont le

---

* Tous ces articles se trouvent dans le tome IX de cette édition, sauf deux ou trois qu'il a été impossible de retrouver.

public même s'émouvait. Alfred de Musset prenait part à tout ce fracas. D'autres occasions de plaisirs moins bruyants venaient aussi au-devant de lui. L'imprévu, pour lequel il avait un culte un peu païen, lui réservait des faveurs particulières. Souvent, dans l'embarras du choix, il négligeait les plaisirs offerts pour d'autres qu'il fallait chercher ou pour une simple partie de cartes avec son voisin le marquis de Belmont, pour une visite, un cigare, une conversation, ou même pour rien. Il trouvait une douceur extrême à rester à la maison, en songeant qu'il dépendait de lui d'aller se divertir ailleurs. Son cabinet lui semblait un lieu de délices; nous y causions jusqu'à trois heures du matin; ou bien une gravure, achetée sur les quais et qu'il fallait encadrer, devenait une affaire d'État. Ces jours-là, notre intérieur s'animait et nos repas de famille étaient les plus gais du monde.

Parmi les combinaisons du hasard que le poète aimait à observer avec une religieuse curiosité, il s'en trouve une qui mérite d'être rapportée. Madame la duchesse de Castries, désirant lire les *Contes d'Espagne*, chargea sa demoiselle de compagnie, qui était Anglaise, de lui acheter ce volume. Miss *** connaissait peu les usages; elle n'imagina rien de mieux que d'écrire à l'auteur le billet suivant: « Monsieur, une jeune Anglaise, qui a le désir de lire vos poésies, s'adresse directement à vous pour les avoir. Si vous voulez bien les lui faire parvenir, elle vous en sera très obligée. »

Ce billet, signé fort lisiblement et portant l'adresse de la jeune miss, resta longtemps ouvert sur une table, en compagnie d'autres lettres non moins saugrenues. Un matin, Alfred, après l'avoir relu, écrivit cette réponse : « Mademoiselle, toutes les jeunes Anglaises étant jolies, je ne vous ferai point l'injure de croire que vous soyez une exception à la règle générale, et, puisque vous me donnez avec tant de confiance votre nom et votre adresse, ne vous étonnez pas si je réclame l'honneur de vous offrir moi-même le volume de poésies que vous désirez lire. »

Voilà miss*** dans un grand embarras. Elle courut confesser sa faute à la duchesse et lui montra la réponse cavalière qu'elle s'était attirée par imprudence. Madame de Castries la rassura et lui dit d'attendre de pied ferme la visite annoncée. Alfred de Musset arriva bientôt, son volume sous le bras. Le valet de chambre, qui avait le mot, le conduit au salon. La duchesse le reçoit fort gracieusement et l'invite à s'asseoir ; puis elle lui raconte, en riant, l'étourderie de la demoiselle de compagnie.

« Ce n'est pas une raison, dit-elle ensuite, pour vous priver du plaisir de voir cette jeune Anglaise. Tout à l'heure je vous présenterai à miss ***, mais il faut commencer par faire connaissance avec moi. »

Là-dessus, la conversation s'engage. Alfred de Musset n'ignorait pas que la duchesse de Castries était une des femmes les plus aimables de Paris. Il fait bonne contenance, accepte gaiement la situation et se met en frais d'esprit. La connaissance se fit si bien, qu'elle devint une amitié de toute la vie.

VI

On a dit de l'auteur des *Contes d'Espagne* qu'il ne lui avait manqué dans ses débuts que des conseils. Cela est fort aisé à dire. J'aurais voulu voir messieurs les donneurs de conseils apporter leur bagage de préceptes à cet esprit dévorant qui en savait plus long que les vieux maîtres, et qui n'a jamais traité une question de littérature, en conversation ou par écrit, sans improviser tout un art poétique plein de vérités nouvelles. Assurément rien n'eût été plus facile que de lui faire croire que ses vers étaient mauvais. Il les aurait jetés au feu, et c'est tout ce qu'on y aurait gagné. Pour des avis sur sa manière de vivre, il n'en a jamais manqué. Mais qu'il eût fait beau entendre les gens raisonnables sermonner ce Fantasio qui, lorsqu'il mettait la bride sur le cou à ses passions, s'observait et s'étudiait lui-même, si bien que sa pensée avait pénétré d'avance au delà de tout ce qu'on pouvait lui représenter! Il n'est donné qu'au temps, à l'expérience et à la réflexion, d'amener un changement dans le génie d'un poète, et, si la réflexion peut abréger le temps, jamais poète n'alla si vite en besogne que celui-là.

L'expérience de la publicité avait suffi, comme on l'a vu, pour déterminer Alfred de Musset à une réforme dans sa *manière*. Ce n'était là qu'une affaire de prosodie et de versification. Une révolution bien plus importante se préparait dans ses idées et son caractère. Il produisit fort peu en 1830 et 1831; mais il avait beaucoup lu, beaucoup médité et plus vécu peut-être qu'il n'est nécessaire à un poète. Un soir du mois d'octobre, je le trouvai soucieux, la tête dans ses mains. Je lui demandai à quoi il songeait :

« Je songe, me répondit-il, que j'approche de ma majorité. Dans deux mois, à pareil jour, j'aurai vingt-un ans, et c'est un grand âge. Ai-je besoin de tant fréquenter les hommes et de faire jaser tant de femmes pour les connaître? n'ai-je pas vu assez de choses pour avoir beaucoup à dire, si je suis capable de dire quelque chose? Ou l'on ne porte rien en soi, et alors les sensations n'éveillent rien dans l'esprit; ou l'on porte en soi les éléments de tout, et alors il suffit de voir un peu pour tout deviner. Je sens pourtant qu'il me manque encore je ne sais quoi. Est-ce un grand amour? est-ce un malheur? Peut-être tous les deux.

Là-dessus, je n'ose souhaiter un éclaircissement. L'expérience est bonne, à condition qu'elle ne vous tue pas. »

Comme s'il eût senti dans l'air ce je ne sais quoi qu'il redoutait, il forma des projets de retraite et de travail. Il essaya de régler l'emploi de ses journées. Afin de s'assurer des récréations paisibles, il acheta ses entrées au théâtre de l'Opéra pour six mois. Souvent il passait le temps du spectacle dans une loge d'avant-scène où il retrouvait ses amis; mais, parfois, il se tenait seul dans un coin de la salle et laissait, avec plaisir, la musique éveiller son imagination. Sous l'influence de cet excitant, il composa le *Saule*, le poème le plus long et le plus sérieux qu'il eût encore écrit, et qui représente ce qu'on appellerait dans l'œuvre d'un peintre un ouvrage de transition. J'ai raconté ailleurs la destinée bizarre de ce poème[*].

L'hiver s'annonçait sous des auspices sinistres. Le choléra, qui s'était arrêté quelque temps en Pologne, venait de passer dans le nord de l'Allemagne. On apprit un matin qu'il avait sauté, d'un bond, jusqu'à Londres. Bientôt le bruit se répandit qu'il éclatait dans Paris. La ville changea d'aspect. On ne sortait plus sans rencontrer des centaines de corbillards. Le soir, les rues désertes, éclairées de loin en loin par les lanternes rouges des ambulances, les boutiques

---

[*] Voir la *Notice* sur la vie d'Alfred de Musset dans le volume des *Œuvres posthumes* de cette édition.

fermées, le silence, quelques rares passants effarés, courant chercher des secours, tout rappelait la présence du fléau, et chaque matin le chiffre des morts allait croissant. On sait qu'au printemps de 1832, ce chiffre s'éleva jusqu'à quinze cents victimes par jour. D'immenses voitures de déménagements recueillaient à chaque porte une ou plusieurs bières, quelquefois à moitié clouées. Quand le mort n'était pas prêt, les agents, accablés d'ouvrage, criaient qu'on les faisait attendre et se querellaient avec les parents et les servantes. Depuis la peste noire et le règne de Charles V, on n'avait rien vu de semblable à Paris.

Notre père souffrait alors d'une attaque de goutte. Le 7 avril, le médecin, en l'interrogeant, parut changer de visage. Le nom du fléau ne fut point prononcé; mais les prescriptions ordonnées en disaient assez. A neuf heures du soir, la maladie asiatique se déclarait avec une violence foudroyante. A six heures du matin, tout était fini. Nous restâmes d'abord consternés, sans mesurer toutes les conséquences d'un si grand malheur. Bien souvent j'ai vu mon frère pleurer pour des chagrins de cœur; mais, dans cette occasion, son chagrin, plus profond et plus calme, restait muet. « C'était, comme il le disait, une de ces douleurs sans larmes qui ne deviennent jamais douces, et dont le souvenir conserve toujours son amertume et son horreur, car la mort nous frappe autre part que l'amour. »

Avant d'examiner en quel état de fortune nous laissait la mort de notre père, il nous parut évident qu'en supprimant du budget de la famille les appointements d'une belle place, notre position devait nécessairement changer. Nous nous trompions : des ressources imprévues se présentèrent ; mais leur importance était encore douteuse, lorsque mon frère me fit part d'une résolution qui pourra sembler incroyable aujourd'hui :

« Sans l'aisance, me dit-il un soir, point de loisirs, et sans les loisirs, point de poésie. Il ne s'agit plus de faire l'enfant gâté ni de caresser une vocation qui n'est pas une carrière. Il est temps d'agir et de penser en homme. A l'idée d'être une cause de gêne pour la meilleure des mères, de nuire peut-être à l'avenir d'une sœur que nous adorons et qu'il faudra penser à marier dans dix ans, je me révolte contre moi-même. Non, ce n'est pas à cette épreuve-là que je mettrai le dévouement de tout ce qui m'est cher. Voici donc le parti que je suis bien déterminé à prendre : je tenterai un dernier essai en écrivant un second volume de vers, meilleur que le premier. Si la publication de cet ouvrage ne me procure pas les moyens d'existence que j'en attends, je m'engagerai dans les hussards de Chartres ou dans le régiment de lanciers où est mon camarade de collège, le prince d'Eckmühl. L'uniforme m'ira bien. Je suis jeune et d'une bonne santé. J'aime l'exercice du cheval, et, avec des protections, ce sera bien le diable si je ne deviens pas officier. »

Je ne m'effrayai pas trop de cette résolution en pensant à la longueur du délai. Il n'y avait point encore péril en la demeure. Alfred se mit à l'œuvre, et ce n'était pas du travail que je voulais le détourner. Le plan d'un poëme lui fut inspiré par ce proverbe oriental dont il venait de faire une triste expérience : « Entre la coupe et les lèvres, il y a place pour un malheur. » Il croyait travailler par nécessité, et il prenait plaisir à répéter que la nécessité est une muse à laquelle le courage donne sa poésie. Soutenu par l'idée que cet essai serait le dernier, il se sentait une entière liberté d'esprit, et, lorsqu'il était content de sa journée, il disait en se frottant les mains : « Je ne suis pas encore soldat. »

Sans autre renseignement sur le Tyrol que l'article du vieux Dictionnaire géographique de la Martinière, il ne craignit pas de mettre la scène de *la Coupe et les Lèvres* dans ce pays qu'il ne connaissait point, et il prouva ainsi que « le poëte porte en lui les éléments de tout ». Ce poëme dramatique, contenant plus de seize cents vers, fut achevé dans le courant de l'été. L'auteur en fit une lecture chez son ami Alfred Tattet. Pendant l'automne, il écrivit la comédie *A quoi rêvent les jeunes filles*. Deux sœurs, pleines d'esprit et de grâce, qu'il avait connues au Mans et qu'il appelait ses premières danseuses, lui servirent de modèles pour les deux charmantes figures de Ninette et Ninon.

C'est moi qui fus chargé de proposer à l'éditeur

Renduel ce volume dont le titre : *un Spectacle dans un fauteuil*, était puisé dans le souvenir de l'orageuse soirée odéonienne. Renduel témoigna peu d'empressement à conclure cette affaire : « Les vers, disait-il, n'étaient pas une denrée facile à *écouler*, tandis que la prose se vendait comme du pain. » Heureusement je venais de commencer à faire de ce pain-là. Par égard pour moi, Renduel consentit à prendre la denrée d'un écoulement difficile. Le manuscrit était entre les mains des compositeurs et les épreuves arrivaient, quand du fond de l'imprimerie sortit ce cri d'alarme : « La copie va manquer; la copie manque ! » L'éditeur accourut :

« Nous n'atteignons, dit-il, qu'à 203 pages, et il nous en faut 300. Le volume, sans cela, ne serait pas présentable. »

L'auteur se remit à l'ouvrage. Il écrivit *Namouna* plus rapidement encore qu'il n'avait fait *Mardoche*. On n'atteignit qu'à 288 pages; mais la marchandise étant rimée, par conséquent de seconde catégorie, on se contenta du peu. Alfred de Musset convoqua ses amis et leur fit lecture de *la Coupe et les Lèvres* et de la comédie *A quoi rêvent les jeunes filles*. L'auditoire se composait des personnes qui avaient applaudi, trois ans auparavant, les *Contes d'Espagne;* mais quelle différence ! On écouta jusqu'au bout dans un silence morne. Était-ce admiration, saisissement, surprise ou mécontentement? Je ne sais.

Toujours est-il que la séance fut glaciale. Le libraire en était consterné. M. Mérimée seul s'approcha de l'auteur et lui dit tout bas : « Vous avez fait d'énormes progrès; la petite comédie surtout me plaît extrêmement. » L'ouvrage parut avant la fin de l'année, portant la date de 1833. Il ne produisit pas autant de bruit, à beaucoup près, que les *Contes d'Espagne;* mais, par un hasard vraiment heureux, l'auteur, dès le lendemain de la mise en vente, avait entendu deux jeunes gens, qui marchaient devant lui sur le boulevard de Gand, répéter en riant ce vers du rôle d'Irus :

Spadille a l'air d'une oie, et Quinola d'un cuistre!

Et cette circonstance de rien avait suffi pour le rendre content. Les journaux semblaient éprouver quelque embarras à revenir sur leurs premiers jugements. Cependant M. Sainte-Beuve, qui n'avait point de réparation d'honneur à faire à l'auteur des *Contes d'Espagne,* attacha le grelot. Dans la *Revue des Deux-Mondes* du 15 janvier 1833, il publia un article où le nouveau volume de poésies était comparé à l'ancien, le progrès signalé, la lumière répandue sur les beautés des deux ouvrages, avec cette sûreté de coup d'œil, cette habileté à pénétrer au fond du sujet, à le fouiller en tous sens, à mettre les nuances les plus délicates en relief, qui font de la critique un art vraiment beau et utile, quand elle est appuyée de la bonne foi et du désintéressement. M. Sainte-Beuve citait les passages des deux volumes qui l'avaient particulièrement frappé; puis il ajoutait : « Ce sont là, à mon sens, des vers d'une telle qualité poétique, que bien des gens de mérite, qui sont arrivés à l'Académie par les leurs (M. Casimir Delavigne lui-même, si l'on veut), n'en ont peut-être jamais fait un seul dans ce ton. Ces sortes d'images se trouvent et ne s'élaborent pas. Je donne la moindre en cent à tous faiseurs, copistes, éplucheurs, gens de goût, etc. »

On aime à voir le critique s'animer ainsi, s'oublier, ôter son bonnet de juge dans un mouvement d'enthousiasme, et pousser jusqu'à l'imprudence le dégagement de toute arrière-pensée. A la fin de son article, M. Sainte-Beuve rappelait d'une façon délicate qu'il était poète lui-même, en disant que Marlow et Rotrou, après l'arrivée de Shakspeare et de Corneille, s'étaient sauvés de la souffrance par l'admiration.

L'exemple donné si délibérément par M. Sainte-Beuve eut un petit nombre d'imitateurs! Quelques articles parurent de loin en loin. On tomba d'accord assez généralement sur le mérite du portrait de don Juan dans *Namouna*. Il ne fallait plus songer à nier le talent; mais on pouvait encore contester l'originalité. Tout ressemble à quelque chose. La critique revint au reproche, répété depuis et avec si peu de discernement, d'avoir imité lord Byron et d'autres poètes qui ne lui ressemblaient guère. L'auteur, cependant, s'en était bien défendu dans la dédicace même du livre critiqué. Cette dédicace contenait un certain passage où les doctrines romantiques et la manie des rimes riches étaient vivement attaquées. Rien n'y fit : l'auteur se vit jeter à la tête les noms de lord Byron, de Victor Hugo, de La Fontaine, de Mathurin Régnier. En bonne justice, celui qui aurait su imiter avec succès tant de maîtres à la fois et si différents entre eux, eût été bien près d'être original. Il est certain que trois ans de relations intimes avec un esprit aussi fortement trempé que celui de M. Victor Hugo avaient dû exercer quelque influence sur un jeune débutant; mais on n'en trouvait déjà plus de trace dans le volume que les critiques avaient sous les yeux.

Quant à lord Byron, tout le monde l'a imité, si l'on entend par là que tous les poètes contemporains l'ont entendu avec émotion, et que ses chants ont éveillé des échos dans leur âme. Si Alfred de Musset lui a mieux répondu que les autres, c'est qu'il existait entre lui et le poète anglais une communauté plus grande de sentiments et d'expérience de la vie. Il y a, en effet, certains côtés par où ces deux belles organisations se ressemblent beaucoup. Ils sacrifient souvent aux mêmes dieux, et donnent, « pour encens, la douleur, l'amour et l'harmonie, et toujours pour victime, leur cœur ». Tous deux ont aimé à se représenter dans les héros de leurs créations, parce que ce procédé était le seul qui leur permît de faire palpiter le cœur du poète sous l'enveloppe du personnage. En cela, l'un n'a point imité l'autre ; ils se sont rencontrés sur un terrain où Dante, Shakspeare, Molière, La Fontaine et bien d'autres avaient déjà passé.

Est-ce la peine de dire à présent que si Alfred de Musset a étudié Mathurin Régnier, aussi bien que La Fontaine, c'était pour se pénétrer du génie de notre langue, et pour prendre ses précautions contre les éléments anglais et germanique qui débordaient dans la littérature nouvelle ? S'il eût sérieusement imité Régnier, il lui aurait fait trop d'honneur. Ce qu'il estimait dans le vieux poète satirique, c'était la franchise, et il avait de bonnes raisons pour tenir grand compte de cette qualité gauloise, car il la possédait lui-même et lui devait, en grande partie, sa force et son autorité.

Un autre reproche curieux à rappeler aujourd'hui, et sur lequel s'accordaient plusieurs critiques, était celui-ci : « Le poète de *Namouna*, disait-on, n'a-t-il de conviction sur rien ? Quel homme est-il ? Quels sont les objets de son culte ? D'où vient-il ? Où veut-il aller ? Dans un temps sérieux comme le nôtre, fait-il de l'art pour son amusement ? Le moment est mal choisi pour prendre ces airs dégagés en parlant de tout ce qui agite et inquiète l'humanité. S'il croit à quelque chose, qu'il le dise; autrement il ne peut rien représenter dans notre génération, si ce n'est un poète amateur. » Ce reproche devient tout à fait comique lorsqu'on pense que l'auteur de *Namouna* est précisément le seul poète dont les doutes, les souffrances, les aspirations vers l'infini et la Divinité représentent l'histoire la plus intime du cœur humain dans ce siècle de scepticisme. M. Sainte-Beuve, plus sagace que les autres, avait commencé par exprimer aussi son incertitude sur le sens d'une œuvre qui semblait pleine de disparates; mais, arrivé à l'analyse de la grande figure de don Juan, il s'écriait : « Si j'ai dit que l'œuvre manquait d'unité, je me rétracte. L'insaisissable unité se rassemble ici comme dans un éclair, et tombe magiquement sur ce visage : voici l'objet de l'idolâtrie. »

Cette unité ne pouvait être, en effet, qu'entrevue par les esprits clairvoyants. Elle n'existait ni dans un poème isolé ni même dans un volume. On la trouve aujourd'hui dans l'œuvre entière du poète. De là vient que, durant quinze ans, de 1830 à 1845, c'est-à-dire depuis les *Contes d'Espagne* jusqu'au proverbe : *Il faut qu'une porte soit ouverte ou fermée*, dernier trait à la peinture de notre société, les gens à vue courte n'ont cessé de répéter à chaque publication nouvelle d'Alfred de Musset : « Qu'est-ce encore que ceci, et où allez-vous? » A quoi il aurait pu répondre : « Je vais où va le siècle, où nous allons tous, où vous allez vous-mêmes sans vous en douter. » — Mais il fit bien mieux en ne répondant pas.

On le croira aisément : Alfred de Musset ne songeait plus à s'engager dans les hussards de Chartres, malgré le bel uniforme de ce corps d'élite. Le public des jeunes gens et des femmes auquel il désirait plaire avait répondu à son appel. Ce n'était pas précisément pour ce public-là qu'il s'était imposé à dessein l'énorme difficulté d'écrire tout un poème en sixains à rimes triples. Mais le but plus sérieux que l'auteur s'était proposé se trouvait atteint : peu après la publication de l'article de M. Sainte-Beuve, le directeur de la *Revue des Deux-Mondes* s'était assuré la collaboration d'Alfred de Musset. Ce recueil littéraire, fondé depuis moins de temps que la *Revue de Paris*, n'avait commencé qu'en 1831 à publier deux livraisons par mois. Il avait une concurrence redoutable à soutenir et sa fortune à faire. Le jeune poète promit d'y contribuer autant qu'il le pourrait ; on m'accordera bien qu'il n'y a point nui, car son œuvre entière a paru dans cette revue.

Le 1er avril 1833, Alfred de Musset fit ses débuts à la *Revue des Deux-Mondes* par la publication de *André del Sarto*. Il avait puisé le sujet de ce drame dans les notices abrégées qui accompagnent les gravures du *Musée Filhol*, un des livres qu'il aimait le plus et qu'il feuilletait sans cesse. En faisant parler les artistes florentins de la Renaissance, il sentit un désir extrême d'aller en Italie, voulant, disait-il, imiter l'auteur de l'*Histoire des Croisades*, qui, après avoir terminé son ouvrage, s'en alla en terre sainte pour voir comment étaient faits les lieux qu'il avait décrits.

A six semaines d'intervalle, *André del Sarto* fut suivi des *Caprices de Marianne*. Alfred écrivit ces deux actes avec un entrain juvénile, sans aucun plan; la logique des sentiments en tenait lieu. Arrivé à la fameuse scène de la bouteille, lorsqu'il eut mis dans la bouche de Marianne la tirade où elle fait honte au jeune libertin d'avoir les lèvres plus délicates que le cœur et d'être plus recherché en boissons qu'en femmes, l'auteur resta un peu étourdi de la force du raisonnement. « Il serait incroyable, dit-il, que je fusse battu moi-même par cette petite prude ! » Mais, après quelques minutes de réflexion, il trouva la réponse victorieuse d'Octave. Aujourd'hui que cette comédie est consacrée par le double succès de la lecture et du théâtre, on en jouit et on ne la juge pas. La première personne qui la lut sur des épreuves d'imprimerie en fut un peu effarouchée. Il ne faut pas s'en étonner. Cela ne ressemblait à rien, c'était de la quintessence d'esprit et de fantaisie semée dans un sujet passionné. On inséra le morceau dans la *Revue* sans y rien changer, mais non sans crainte. Depuis ce jour-là jamais pareille hésitation ne se manifesta. Tout ce que le poète nouveau offrit à la

Revue passa sans difficulté. Je dois même ajouter que son admission à la collaboration de ce recueil littéraire ayant éveillé de la jalousie et donné lieu à des récriminations, le directeur prit sa défense et le maintint dans sa position avec une fermeté qu'il fallut pousser jusqu'à l'entêtement. Tous ceux qui ont connu Alfred de Musset savent combien il ressemblait à la fois aux deux personnages d'Octave et de Cœlio, quoique ces deux figures semblent aux antipodes l'une de l'autre. On ne trouve pas ailleurs qu'en soi-même cet *humour*, cette gaieté intarissable, cette insouciance railleuse qui animent les scènes entre Marianne et Octave. Que l'auteur ait été ainsi, on le croira facilement; mais, pour concevoir que le même homme se puisse retrouver dans Cœlio avec la passion contenue, l'exaltation plaintive et douce de ce timide amant, il faut se dire que l'amour a le pouvoir de nous transformer. Une fois amoureux, Alfred passait incontinent d'un rôle à l'autre; et cela n'a rien d'incroyable : des peines d'amour que ressent un ami, on se console aisément, on les prend en philosophe; mais des siennes, on ne rit plus; on en souffre bel et bien; et d'Octave qu'on était on devient Cœlio. Pour créer la noble et tendre figure d'Hermia, l'auteur n'eut pas à chercher loin; il en avait le modèle sous les yeux dans la personne de sa mère, toujours occupée de lui épargner un souci ou d'ajouter quelque chose à son bien-être. Quant à Marianne, lorsque je lui demandai où il l'avait vue, il me répondit : « Nulle part et partout; ce n'est point une femme, c'est la femme. »

Après la publication des *Caprices de Marianne*, Alfred se trouvait un matin chez madame Tattet la mère. MM. Sainte-Beuve, Antony Deschamps, Ulric Guttinguer et plusieurs autres littérateurs assistaient à ce déjeuner. La maîtresse de la maison demandait à Alfred des nouvelles de sa mère et de sa sœur. « Je suppose qu'elles vont bien, répondit-il, mais je suis forcé d'avouer que je ne les ai pas vues depuis vingt-quatre heures. » On le plaisanta sur cette réponse et il se laissa gronder par ses amis sur sa manière de vivre, tout en affirmant, pour sa défense, qu'il avait en tête des idées très sérieuses. Quand le dessert fut servi, on lui demanda des vers et il récita la première partie d'un poème inédit. C'était *Rolla*, dont il n'avait encore parlé qu'à son frère. L'auditoire accueillit cette poésie avec des transports de joie, et l'auteur eut le bon goût de ne point revenir sur les remontrances amicales qu'on venait de lui faire. Il se croyait assez justifié.

Rolla parut dans la *Revue des Deux-Mondes* le 15 août 1833. Le lendemain, Alfred de Musset, au moment d'entrer à l'Opéra, jeta son cigare sur les marches du théâtre. Il vit un jeune homme qui le suivait, ramasser à la dérobée ce bout de cigare et l'envelopper soigneusement dans un morceau de papier, comme une relique précieuse. Souvent il m'a dit que jamais compliments, signes de distinction ni récompense ne l'avaient touché au cœur comme ce témoignage naïf d'admiration et de sympathie.

Dans le même temps, Alfred de Musset rencontra pour la première fois une personne qui a exercé sur sa vie une influence considérable et laissé dans son œuvre une empreinte profonde. C'était à un grand dîner offert aux rédacteurs de la *Revue* chez les *Frères provençaux*. Les convives étaient nombreux; une seule femme se trouvait parmi eux. Alfred fut placé près d'elle à table. Elle l'engagea simplement et avec bonhomie à venir chez elle. Il y alla deux ou trois fois, à huit jours d'intervalle, et puis il y prit habitude et n'en bougea plus. Quelques amis intimes y venaient aussi assidûment que lui. De ce nombre était Gustave Planche. Ce personnage cynique, manquant absolument de tact et de savoir-vivre, avait usurpé une position qui le rendait fort incommode. Il se donnait des airs familiers, sans aucun droit à une pareille conduite; il commandait en maître et affectait une aisance que la maîtresse de la maison supportait par faiblesse et par bonté, mais avec une impatience secrète, comme madame d'Épinay dans ses rapports avec Duclos. Alfred, qui connaissait Planche, comme on sait, lui conseilla de prendre une tenue meilleure. Celui-ci feignit de ne pas comprendre; il fallut lui dire clairement ce qu'on pensait de lui. Au lieu de changer de ton, il se retira furieux; de là une rancune qui ne s'éteignit jamais.

Le salon d'où Gustave Planche s'était exilé volontairement ne perdit rien à sa retraite. La conversation ne s'y endormait pas. Il y régnait une gaieté folle. Jamais je ne vis de compagnie si heureuse, si peu occupée du reste du monde. On passait le temps à causer, à dessiner, à faire de la musique. On se déguisait à certains jours, pour le plaisir de jouer des rôles. On inventait toutes sortes de divertissements en petit comité, non par crainte de l'ennui, mais, au contraire, par excès de contentement. Un jour on se mit en tête de donner un dîner esthétique, voire philosophique et politique. Les invités étaient quelques rédacteurs de la *Revue*, entre autres Lerminier, le professeur philosophe. Afin de pouvoir lui offrir un *partner* digne de lui, on engagea Débureau, l'incomparable Pierrot des Funambules. Débureau, dont la figure n'était connue qu'enfarinée et vêtue de blanc, mit pour ce jour-là un habit noir, un jabot à larges tuyaux, une cravate fort empesée, des escarpins et des gants glacés. Il fut chargé de représenter un membre distingué de la Chambre des communes d'Angleterre, traversant la France pour se rendre en Autriche avec des intructions extrêmement secrètes de lord Grey. Les têtes s'échauffant, Alfred voulut avoir un rôle. Il adopta celui d'une jeune servante supplémentaire, fraîchement débarquée de Normandie. Il s'habilla en paysanne avec le jupon court, les bas à côtes, la croix d'or au cou et les bras nus. Son visage rose et ses cheveux blonds s'arrangeaient parfaitement de ce costume pittoresque; il représentait un fort beau brin de fille et pas trop dégourdie.

Au jour indiqué, les convives arrivèrent au nombre de sept ou huit, si j'ai bonne mémoire. Débureau parut quinze minutes après l'heure convenue, comme il sied à un personnage considérable. Il se laissa présenter les invités, répondit aux saluts par une légère inclination de tête et se tint raide comme un piquet devant la cheminée, les mains derrière son dos, renfermé dans un silence plein de morgue. On se faisait une fête de voir l'auteur de *Rolla;* mais à six heures et demie, Alfred de Musset n'arrivant pas, on se mit à table, et son couvert resta vacant. L'Anglais assis à la place d'honneur n'ouvrait la bouche que pour boire et manger, mais largement. Personne ne reconnut le Pierrot des *Funambules.* Afin de lui donner beau jeu et de permettre à Lerminier de montrer ses connaissances, on mit la conversation sur la politique. Vainement on nomma Robert Peel, lord Stanley et tout le personnel des hommes d'État de la Grande-Bretagne, le diplomate étranger ne répondait que par monosyllabes. Enfin quelqu'un vint à prononcer le mot d'*équilibre européen.* L'Anglais étendit la main et demanda la parole.

« Voulez-vous savoir, dit-il, comment je comprends l'équilibre européen, dans les graves circonstances où se trouve la politique en Angleterre et sur le continent? Le voici. Je vais tâcher d'être clair. »

Le diplomate prit son assiette, la lança en l'air en lui imprimant un fort mouvement de rotation, puis il la reçut adroitement sur la pointe de son couteau, où l'assiette, toujours tournant, demeura en équilibre, au grand ébahissement des convives.

« Tel est, poursuivit Débureau, l'emblème de l'équilibre européen. Hors de là point de salut! »

A l'étonnement succéda un éclat de rire général, qui redoubla quand la maîtresse de la maison eut nommé Débureau. Cependant la jeune Cauchoise, dont quelques-uns avaient remarqué la mine appétissante, ne faisait que des sottises depuis le commencement du dîner, laissant tomber tout ce qu'elle touchait, retournant les assiettes à l'envers en les posant sur la table, servant à l'un une fourchette quand il lui fallait un couteau, et réciproquement. Les reproches de sa maîtresse semblaient la troubler et augmenter sa maladresse. Mais, au moment où l'Anglais exprima d'une manière si énergique son sentiment sur l'équilibre européen, la jeune servante, pour mieux témoigner la part qu'elle prenait à la gaieté générale, s'empara d'une carafe, et, en affectant de rire à gorge déployée, versa de l'eau sur la tête de Lerminier, qui se mit à crier et à pester contre la maudite Normande. Alors, Alfred prit sa place à table sans quitter ses habits de Cauchoise, et mangea sa part du dîner qu'il avait si mal servi. Je laisse à juger si le reste de la soirée fut gai. Cette historiette a fait assez de bruit dans ce temps-là pour que beaucoup de Parisiens puissent encore s'en souvenir.

Les mêmes personnes se rappelleront peut-être un écrivain, oublié aujourd'hui, nommé Chaudesaigues, qui faisait de la critique à la tâche dans la *Revue de Paris* et dans quelques journaux. N'ayant ni talent ni influence, il était un peu envieux et trop naïf pour savoir s'en cacher. C'était un grand garçon pâle, avec une figure de Christ, et qui bredouillait en parlant. Un jour, il arriva, en visite, dans le salon où Débureau s'était montré sous la figure d'un diplomate. Auprès de lui, dans un fauteuil, Chaudesaigues voit un jeune homme blond, qui ne disait mot pour lui laisser la parole. On lui demande ce qu'il pense des publications nouvelles. Il se met à critiquer en expert consommé *Rolla*, *Namouna* et le reste, ne concevant rien à l'engouement du public pour des vers qu'il trouve à peine supportables. Le jeune homme blond l'encourage en souriant, opine du bonnet et ponctue par des mouvements de tête approbatifs le discours du démolisseur. Chaudesaigues, ainsi encouragé, s'apprêtait à passer de la critique aux personnalités, quand la maîtresse de la maison l'interrompt tout à coup, en lui disant : « J'ai l'honneur de vous présenter M. Alfred de Musset, dont je désirais depuis longtemps vous faire faire la connaissance. »

Chaudesaigues balbutia, prit son chapeau et gagna la porte au bruit d'un fou rire qu'on ne pouvait plus maîtriser. Mais il avait un meilleur caractère que Gustave Planche; il revint demander pardon de son algarade, quand il aurait pu se plaindre d'un malin tour. On lui tendit la main et il fut admis dans un cercle où il commit quantité d'autres maladresses dont on s'amusa.

Il semblait qu'une association où l'on vivait si gaiement, où l'on mettait en commun talents, esprit, grâce, jeunesse et bonne humeur, ne pourrait jamais se dissoudre. Il semblait surtout que des gens si heureux n'eussent rien de mieux à faire que de rester dans un intérieur qu'ils avaient su rendre charmant pour eux et pour leurs amis. Mais non : une inquiétude ennemie du bien, une espèce de turbulence incompréhensible s'empara d'eux. Ils se mirent à souhaiter un milieu plus beau qu'un petit salon dans la première ville du monde. Cette ville devint à leurs yeux un amas de pierres poudreux et enfumé, dont il fallait se sauver. Ils commencèrent par une excursion à Fontainebleau. Ce ne fut pas assez : aux approches de l'hiver, ils parlèrent de l'Italie. Ce sujet de conversation devint bientôt un projet de voyage, et ce projet une idée fixe.

VII

Alfred de Musset sentait bien que son départ pour l'Italie n'était qu'à moitié résolu tant qu'il n'avait pas obtenu le consentement de sa mère. Un matin, — nous venions de déjeuner en famille, — il paraissait préoccupé. Connaissant ses intentions, je n'étais guère moins agité que lui. En sortant de table, je le vis se promener de long en large d'un air d'hésitation. Enfin il prit son grand courage, et, avec bien des précautions, il nous fit part officiellement de ses projets, en ajoutant qu'ils restaient subordonnés à l'approbation de sa mère. Sa demande fut accueillie comme la nouvelle d'un véritable malheur. « Jamais, lui répondit sa mère, je ne donnerai mon consentement à un voyage que je regarde comme une chose dangereuse et fatale. Je sais que mon opposition sera inutile et que tu partiras, mais ce sera contre mon gré et sans ma permission. »

Un moment il eut l'espoir de vaincre cette résistance en expliquant dans quelles conditions ce voyage devait se faire; mais, lorsqu'il vit que son insistance ne servait qu'à provoquer l'éruption des larmes, il changea tout à coup de résolution, et fit à l'instant le sacrifice de ses projets. — « Rassure-toi, dit-il à sa mère, je ne partirai point; s'il faut absolument que quelqu'un pleure, ce ne sera pas toi. »

Il sortit, en effet, pour donner contre-ordre aux préparatifs de départ. Ce soir-là, vers neuf heures, notre mère était seule avec sa fille au coin du feu, lorsqu'on vint lui dire qu'une dame l'attendait à la porte dans une voiture de place et demandait instamment à lui parler. Elle descendit accompagnée d'un domestique. La dame inconnue se nomma; elle supplia cette mère désolée de lui confier son fils, disant qu'elle aurait pour lui une affection et des soins maternels. Les promesses ne suffisant pas, elle alla jusqu'aux serments. Elle y employa toute son éloquence, et il fallait qu'elle en eût beaucoup, puisqu'elle vint à bout d'une telle entreprise. Dans un moment d'émotion le consentement fut arraché, et quoiqu'en eût dit Alfred, ce fut sa mère qui pleura.

Par une soirée brumeuse et triste, je conduisis les voyageurs jusqu'à la malle-poste, où ils montèrent au milieu de circonstances de mauvais augure.

Lorsque des gens, connus de toute la terre, s'embarquent ainsi, voyageant de compagnie, assurés d'avance que partout où ils iront leur réputation les y aura précédés, c'est qu'ils ne veulent pas du mystère. Pour croire qu'une pareille démarche resterait ignorée, il aurait fallu qu'ils eussent perdu la raison. Leur dessein n'était ni d'échapper au jugement de l'opinion ni de la braver, mais de s'y soumettre; ou plutôt, ils ne songeaient point à elle. Aujourd'hui le secret ne peut être que celui de la comédie, et tout le monde sait que cette comédie est un drame. Je ne ferai point le récit de ce drame. Je n'en raconterai que les particularités qui me sont parvenues à trois cents lieues de distance et que j'aurais toujours connues quand même je n'aurais reçu aucune confidence.

La première lettre d'Alfred de Musset à sa famille était datée de Marseille. Il se louait beaucoup de la rencontre de Stendhal (Henri Beyle), qui s'en allait à son consulat de Civita-Vecchia, et dont l'esprit caustique avait égayé le voyage. La seconde lettre, datée de Gênes, contenait quelques détails sur les mœurs, les costumes des femmes, les galeries de tableaux de cette grande ville, plus le récit d'une promenade dans les jardins de la *villa Palavicini*, où Alfred s'était reposé dans un lieu de délices, au bord d'une fontaine aimée des touristes. D'autres lettres de Florence nous apprirent qu'il avait trouvé dans les chroniques florentines le sujet d'un ouvrage dramatique en cinq actes, et qu'il prenait un grand plaisir à visiter les places publiques et les palais où il voulait mettre en scène les personnages de sa pièce. C'était le drame de *Lorenzaccio*.

De Bologne et de Ferrare, qu'il ne fit que traverser, en se rendant à Venise, il ne nous écrivit point. Arrivé dans la mourante cité des doges, il fut pris d'une joie d'enfant. La chambre qu'il occupait à l'hôtel *Danieli*, sur le quai des Esclavons, lui parut mériter l'honneur d'être décrite. Il ne se lassait pas, disait-il, de contempler ces lambris sous lesquels s'était promené jadis le chef de quelque grande famille vénitienne, et de regarder par la fenêtre l'entrée du Grand-Canal et le dôme de la *Salute*. Persuadé qu'il ne résisterait pas à l'envie de mettre un jour dans ce cadre les personnages d'un roman ou d'une comédie, il prenait des notes sur les usages vénitiens, sur les termes du dialecte, et il faisait jaser son gondolier.

Vers le milieu de février, ces lettres qui nous étaient jusqu'alors parvenues régulièrement, cessèrent tout à coup. Après un silence de six mortelles semaines, nous étions décidés à partir pour l'Italie, ma mère et moi, lorsque enfin on nous remit une lettre, dont l'écriture altérée, le ton de profonde tristesse et les nouvelles déplorables ne firent que donner un aliment certain à notre inquiétude. Le pauvre garçon, à peine relevé d'une fièvre cérébrale, parlait de se traîner comme il pourrait jusqu'à la maison, car il voulait s'éloigner de Venise dès qu'il aurait assez de forces pour monter dans une voiture.

« Je vous apporterai, disait-il, un corps malade, une âme abattue, un cœur en sang, mais qui vous aime encore. »

Il devait la vie aux soins dévoués de deux personnes qui n'avaient point quitté son chevet jusqu'au jour où la jeunesse et la nature avaient vaincu le mal. Pendant de longues heures, il était resté dans les bras de la mort; il en avait senti l'étreinte, plongé dans un étrange anéantissement. Il attribuait en partie sa guérison à une potion calmante que lui avait administrée à propos un jeune médecin de Venise, et dont il voulait conserver l'ordonnance. « C'est un puissant narcotique, ajoutait-il, elle est amère, comme tout ce qui m'est venu de cet homme, comme la vie que je lui dois. » Cette ordonnance existe, en effet, dans les papiers d'Alfred de Musset. Elle est signée Pagello[*].

Le retour du malade nous fut annoncé dans une lettre où l'on sentait l'irritation de ses nerfs. « Par charité, disait-il, donnez-moi une autre chambre que

---

[*] Pendant un voyage que j'ai fait à Venise, en 1863, j'ai appris que M. Pagello demeurait alors à Bellune et qu'il y pratiquait encore la médecine.

P. M.

la mienne. A l'idée de revoir, en m'éveillant, ce vilain papier d'un vert cru, je crois déjà que l'ennui et le chagrin tapissent mes quatre murs. »

Pour donner satisfaction à cette envie de convalescent, je m'empressai de céder ma chambre, dont le papier était d'un ton très doux, et qui avait deux fenêtres sur un jardin. Le 10 avril, le pauvre enfant prodigue arriva enfin, le visage maigre et les traits altérés. Une fois sous l'aile maternelle, son rétablissement n'était plus qu'une question de temps; mais on jugera de la gravité de son mal par les lenteurs de la guérison et par les phénomènes psychologiques dont elle a été accompagnée.

La première fois que mon frère voulut nous raconter sa maladie et les véritables causes de son retour à Paris, je le vis tout à coup changer de visage et tomber en syncope. Il eut une attaque de nerfs effrayante, et il fallut un mois avant qu'il pût revenir sur ce sujet et achever son récit.

Alfred demeura longtemps enfermé dans sa chambre. Il n'en sortait que le soir, pour jouer aux échecs avec sa mère. Il avait amené d'Italie une espèce de domestique, perruquier de son état, qui l'avait soigné tant bien que mal durant le voyage, et qui ne savait pas un mot de français. Les services de ce garçon lui étaient agréables, quoique ce fût un valet de chambre assez mauvais. Souvent il appelait Antonio pour lui faire parler le dialecte de son pays; mais

Antonio gagna dans ces entretiens une nostalgie si intense qu'il fallut le renvoyer à Venise. Il partit un matin avec une cargaison de fioles vides et de vieux pots de pommade qu'il se proposait de remplir de saindoux et d'esprit-de-vin pour les vendre aux habitants des lagunes, comme un échantillon de la parfumerie parisienne.

Notre jeune sœur, tout enfant qu'elle était, jouait déjà fort bien du piano. Nous remarquâmes que le beau *concerto* de Hummel, en *si mineur*, avait le pouvoir de faire sortir le malade de sa retraite. Quand il restait trop longtemps enfermé, je demandais le concerto de Hummel; au bout de quelques minutes on entendait les portes s'ouvrir. Alfred venait s'asseoir dans un coin du salon, et, le morceau achevé, nous réussissions souvent à le retenir, en lui parlant musique ; mais, si un mot le rappelait à son chagrin, il retournait dans sa chambre pour le reste de la journée.

Quand ce besoin de séquestration fut un peu calmé, il nous ouvrit sa porte, à son ami Tattet et à moi, car il n'avait rien à nous cacher. Nous demeurâmes donc dans la chambre de notre malade pendant des journées entières et des soirées qu'on pourrait appeler des nuits. D'abord, Alfred voulut montrer du courage. Il crut que la fierté lui pouvait être bonne à quelque chose, et l'on voyait qu'il comptait sur elle pour venir à bout de son chagrin et de ses regrets ; mais il ne tarda pas à reconnaître l'impuissance de cet auxiliaire, et il rejeta la fierté bien loin, comme un vain point d'honneur. Bientôt il nous laissa mesurer la profondeur de sa blessure. Malgré des souvenirs affreux qui l'obsédaient, il chérissait sa douleur. Par moments, il nous savait mauvais gré d'oser en médire ; par moments, il devenait ombrageux, comme si son caractère se fût altéré ; il nous soupçonnait de je ne sais quelles trahisons, ou bien il nous accusait d'indifférence, et puis, tout à coup, il avait honte de ses soupçons et se reprochait son ingratitude avec une exagération et des emportements contre lui-même, que nous avions de la peine à modérer. Quant aux destructeurs de son repos, ce n'était pas assez pour lui de leur pardonner, il leur cherchait encore des excuses, ou du moins des circonstances atténuantes, tant son cœur était malade, tant il avait peur surtout que le courrier de Venise ne lui apportât plus de lettres ! Il en écrivait lui-même où il ne craignait pas de se donner tous les torts ; quelques-unes contenaient des vers*.

Lorsqu'on sût à Paris que Alfred de Musset était

---

* En 1859, j'ai demandé à la personne chez qui ces lettres étaient déposées, de les rendre à la famille du poëte mort. Il m'a été répondu tranquillement que ce dépôt sacré avait été violé et les lettres remises en des mains qui n'auraient jamais dû les ravoir. Je me suis informé de ce qu'on en avait fait ; on m'a répondu qu'elles étaient brûlées. J'ai en réserve sur cette affaire tout un dossier plein d'autographes.

P. M.

revenu sans le compagnon de voyage avec lequel il était parti, on fit sur ce sujet beaucoup de conjectures ; on inventa des fables, qui assurément n'approchaient pas de la vérité. Alfred eut vent de ces commérages, et il n'épargna rien pour démentir tout ce qui pouvait nuire à la personne qu'il avait laissée à Venise. En cela, il ne fit que son devoir de galant homme ; mais il ne dépendait pas de lui de dissimuler sa tristesse ou l'altération de son visage ; et les conjectures malveillantes continuèrent malgré lui.

Pour faire connaître l'état de son âme pendant ce temps d'épreuves, c'est à lui-même qu'il faut en demander la peinture fidèle, c'est au patient qu'il convient de céder la parole. Voici ce qu'il écrivait à ce sujet, en 1839, après un intervalle de cinq ans.

« Je crus d'abord n'éprouver ni regret ni douleur de mon abandon. Je m'éloignai fièrement ; mais à peine eus-je regardé autour de moi que je vis un désert. Je fus saisi d'une souffrance inattendue. Il me semblait que toutes mes pensées tombaient comme des feuilles sèches, tandis que je ne sais quel sentiment inconnu, horriblement triste et tendre, s'élevait dans mon âme. Dès que je vis que je ne pouvais lutter, je m'abandonnai à la douleur en désespéré. Je rompis avec toutes mes habitudes. Je m'enfermai dans ma chambre ; j'y passai quatre mois à pleurer sans cesse, ne voyant personne et n'ayant pour toute distraction qu'une partie d'échecs que je jouais machinalement tous les soirs.

» La douleur se calma peu à peu, les larmes tarirent, les insomnies cessèrent. Je connus et j'aimai la mélancolie. Devenu plus tranquille, je jetai les yeux sur tout ce que j'avais quitté. Au premier livre qui me tomba sous la main, je m'aperçus que tout avait changé. Rien du passé n'existait plus, ou, du moins, rien ne se ressemblait. Un monde nouveau m'apparaissait, comme si je fusse né de la veille. Un vieux tableau, une tragédie que je savais par cœur, une romance cent fois rebattue, un entretien avec un ami me surprenaient; je n'y retrouvais plus le sens accoutumé. Je compris alors ce que c'est que l'expérience, et je vis que la douleur nous apprend la vérité.

» Ce fut un beau moment dans ma vie, et je m'y arrête avec plaisir : oui, ce fut un beau et rude moment. Je ne vous ai pas raconté les détails de ma passion. Cette histoire-là, si je l'écrivais, en vaudrait pourtant bien une autre; mais à quoi bon? Ma maîtresse était brune; elle avait de grands yeux; je l'aimais, elle m'avait quitté; j'en avais souffert et pleuré pendant quatre mois; n'est-ce pas en dire assez?

» Je m'étais aperçu tout de suite du changement qui se faisait en moi, mais il était bien loin d'être accompli. On ne devient pas homme en un jour. Je commençai par me jeter dans une exaltation ridicule. J'écrivis des lettres à la façon de Rousseau — je ne veux pas non plus vous disséquer cela. — Mon esprit mobile et curieux tremble incessamment comme la boussole; mais qu'importe si le pôle est trouvé? J'avais longtemps rêvé; je me mis enfin à penser. Je tâchai de me taire le plus possible. Je retournai dans le monde; il me fallait tout revoir et tout rapprendre.

» On est difficile quand on souffre, et ce n'est pas aisé de plaire au chagrin. Je commençai, comme le curé de Cervantès, par purger ma bibliothèque et mettre mes idoles au grenier. J'avais dans ma chambre quantité de lithographies et de gravures dont la meilleure me sembla hideuse. Je ne montai pas si haut pour m'en délivrer, et je me contentai de les jeter au feu. Quand mes sacrifices furent faits, je comptai ce qui me restait. Ce ne fut pas long; mais le peu que j'avais conservé m'inspira un certain respect. Ma bibliothèque vide me faisait peine; j'en achetai une autre, large à peu près de trois pieds et qui n'avait que trois rayons. J'y rangeai lentement et avec réflexion un petit nombre de volumes; quant à mes cadres, ils demeurèrent vides longtemps; ce ne fut qu'au bout de six mois que je parvins à les remplir à mon goût; j'y plaçai de vieilles gravures d'après Raphaël et Michel-Ange*. »

Tous ces détails sont parfaitement exacts. J'assistais à l'*auto-da-fé* des gravures et au déménagement de la bibliothèque. Les livres conservés, que le malade appelait ses vieux amis, étaient les classiques français du XVIIe siècle, Sophocle, Aristophane, Horace, Shakspeare, lord Byron, Gœthe, les quatre grands poètes italiens en un seul volume, Boccace, Rabelais, Mathurin Régnier, Montaigne, le Plutarque d'Amyot et André Chénier. Le petit volume de Léopardi fut ajouté plus tard à cette collection choisie. Les cadres étaient vides depuis longtemps, lorsque Tattet apporta, un jour, une très belle gravure de la *Sainte Cécile* de Raphaël.

« J'espère, dit-il, que ce maître-là trouvera grâce devant votre sévérité. »

Alfred admira la gravure et voulut l'encadrer lui-même. Bientôt vinrent se grouper autour de la *Sainte Cécile*, la *Vierge à la chaise*, celle *aux Candélabres*, la *Poésie du Vatican*, la *Sainte Catherine d'Alexandrie*, l'*Alerte au camp* de Michel-Ange et le *Goliath* de Jules

---

* Extrait d'un ouvrage inédit d'Alfred de Musset : *le Poète déchu*.

Romain. Le Titien et Rubens ne furent admis que beaucoup plus tard.

Lorsque notre malade consentit à chercher quelques distractions hors de chez lui et à revoir le monde, il nous disait en s'habillant : « Au moment de reprendre le courant de la vie, j'éprouve une sorte de crainte mêlée de joie, car il me semble que j'ai devant moi l'inconnu. Comme un orfèvre qui frotte doucement une bague en or sur sa pierre de touche, je vais essayer toutes choses sur ma blessure à demi fermée. »

Et la première fois qu'il revint d'une visite où la conversation lui avait fait oublier ses ennuis, il en ressentit un peu de honte : « Telle est la misère humaine, disait-il, que la douleur qui s'engourdit ressemble à une jouissance, autant que le bonheur qui nous arrive. »

Quand nous lui demandâmes si l'envie de produire ne se réveillerait pas bientôt : « L'envie! nous répondit-il; vous voulez dire la faculté de produire. Je n'en sais vraiment rien, car je vais être aussi difficile pour moi-même que pour les autres, et je tremble d'avance en pensant combien le premier vers qui me viendra dans la tête, me semblera mauvais le lendemain, quand je l'examinerai froidement. »

Nous l'engageâmes, par manière de passe-temps et pour s'assurer de l'état de son esprit, à écrire un proverbe en prose. — Le directeur de la *Revue des Deux-*

Mondes lui témoignait beaucoup d'amitié. — Naturellement obligeant, il n'aimait pas à refuser, et comme le directeur avait besoin pour son recueil de morceaux d'imagination, Alfred essaya de se remettre au travail. Depuis longtemps il avait tracé en quelques lignes le plan d'une comédie, sous le titre provisoire de *Camille et Perdican.* Il en avait même écrit l'introduction en vers; mais, pour rien au monde, il n'aurait forcé sa muse à descendre par des exorcismes; c'est pourquoi il remit ses vers en prose.

La pièce, qui fut appelée *On ne badine pas avec l'amour*, porte en quelques passages des traces de l'état moral où était l'auteur. Le caractère étrange de Camille, certains mots d'une tendresse mélancolique dans le rôle de Perdican, la lutte d'orgueil entre ces deux personnages font reconnaître l'influence des souvenirs douloureux contre lesquels le poète se débattait; mais il règne d'un bout à l'autre de cet ouvrage une passion et une chaleur de cœur devant lesquelles pâlit le *Dépit amoureux* de Molière, dont le sujet offre quelque analogie avec la guerre amoureuse de Camille et de Perdican.

Avant de partir pour l'Italie, Alfred de Musset avait envoyé à M. Buloz le manuscrit de *Fantasio*. On avait publié cette comédie pendant son absence. Ceux qui ont eu le bonheur de connaître l'auteur dans ses accès de jeunesse et de folle gaieté, savent avec quelle fidélité de pinceau il s'est représenté lui-même sous la figure si originale de Fantasio. Mais ce qui, dans cette comédie, suffit à composer tout un caractère, un type complet et le sujet même de la pièce, n'est qu'une facette de l'esprit, un des mille plis du cœur, si l'on regarde l'homme de près. L'empereur Napoléon, lorsqu'il eut une discussion littéraire avec le célèbre Gœthe, ne se trompait pas en disant que, dans une pièce de théâtre, on n'avait pas le temps de développer un caractère complexe avec toutes ses contradictions apparentes, ses nuances et ses disparates variées à l'infini, et que, pour ne pas embrouiller le spectateur, il fallait lui montrer de ces caractères faciles à saisir, tout d'une pièce et qui se manifestent au premier mot. Ce n'est que dans une biographie, après vingt-cinq ans écoulés, qu'on peut faire voir sans invraisemblance comment un seul homme a pu être à la fois le tendre Cœlio, l'épicurien Octave, le frivole Valentin, le rieur Fantasio, le passionné Fortunio et le philosophe de la *Confession d'un enfant du siècle*.

Un ouvrage de plus longue haleine que les amours de Perdican et de Camille avait été offert à la *Revue des Deux-Mondes*, où cependant il n'a jamais été inséré; c'était le drame de *Lorenzaccio*. Probablement il fut trouvé trop long, ou bien on préféra le réserver inédit pour la collection des ouvrages dramatiques réunis en volumes et publiée par la librairie de la *Revue**.

---

* *Un Spectacle dans un fauteuil.* — *Prose.* Deux volumes in-8°, Paris et Londres, 1834.

Afin de surmonter cette mélancolie qu'il se vantait d'aimer, et qui en réalité l'accablait, Alfred de Mussset partit pour Bade au mois de septembre. Ce voyage lui fit grand bien ; il en revint en parfait état de corps et d'esprit. Il écrivait le gracieux épisode de *Sentimental Journey*, qu'il intitula *une bonne Fortune*, lorsqu'un incident fâcheux détruisit l'heureux effet de ce voyage et le fruit de six mois de réflexions et d'efforts. Le retour d'une personne qu'il ne voulait pas revoir et qu'il revit bien malgré lui, le plongea de nouveau dans une vie si remplie de scènes violentes et de débats pénibles que le pauvre garçon eut une rechute, à croire qu'il ne s'en relèverait plus. Cependant il puisa dans son mal même les moyens de se guérir. A défaut de la raison, le soupçon et l'incrédulité le sauvèrent. Il s'ennuya des récriminations et de l'emphase, et prit la résolution de se dérober à ce régime malsain. Une rupture définitive eut lieu pendant l'hiver de 1835, à la suite d'une légère querelle. Cette fois, au lieu d'écouter son chagrin et de s'y abandonner, le malade consentit à s'en distraire. Le monde le regrettait ; ses amis le sollicitaient de prendre part à leurs amusements ; il ne leur résista plus.

Autre chose est une partie de plaisir où le vin ne produit que du bruit et des propos grossiers en rendant les sots plus bavards, ou bien un souper de gens d'esprit que la bonne chère anime, et qui récitent des vers, font d'excellente musique, improvisent des chansons, et se renvoient les saillies les plus gaies. On a beaucoup parlé de ces réunions dont le prince Belgiojoso était l'âme. On s'est plu à dire qu'Alfred de Musset s'y était plongé dans des plaisirs excessifs dangereux pour un poète. C'était une exagération ridicule. Beaucoup de ces excès se réduisaient à des dîners fort simples, après des parties de natation : et, même en carnaval, lorsque l'usage permettait des divertissements plus bruyants, Alfred ne s'y mêla que très rarement ; il refusait dix parties de plaisir avant d'en accepter une, et il abandonnait souvent ses convives pour rentrer chez lui au plus beau moment de la fête.

Un homme nouveau, bien différent de l'ancien homme, avait remplacé en lui l'*Octave* et le *Fantasio*. Il suffit, d'ailleurs, pour faire ressortir clairement la sottise et la malveillance des commérages de ce temps-là, de donner ici la liste de ses travaux dans le courant de l'année 1835 ; ce sont : *Lucie, la Nuit de mai, la Quenouille de Barberine, le Chandelier, la Loi sur la presse, la Nuit de décembre* et *la Confession d'un Enfant du siècle*. Où aurait-il pris le temps d'écrire tant de choses, s'il eût passé les nuits à table et les journées à se reposer des fatigues nocturnes ? Je ne parle pas de ses lectures qui ne discontinuaient point. Cependant il faut dire, pour être exact, qu'il n'écrivit rien pendant les quatre premiers mois de cette année si féconde. Un soir du mois de mai, son ami Alfred Tattet lui demanda devant moi quel serait le fruit de son silence, et voici sa réponse :

— « Depuis un an, j'ai relu tout ce que j'avais lu, rappris tout ce que je croyais savoir; je suis retourné dans le monde et je me suis mêlé à quelques-uns de vos plaisirs pour revoir tout ce que j'avais vu ; j'ai fait les efforts les plus vrais, les plus difficiles pour chasser le souvenir qui m'aveuglait encore et rompre l'habitude qui voulait souvent revenir. Après avoir consulté la douleur jusqu'au point où elle ne peut plus répondre, après avoir bu et goûté mes larmes, tantôt seul, tantôt avec vous, mes amis, qui croyez en moi, j'ai fini par me sentir plus fort qu'elle et par me dégager de tout mon passé. Aujourd'hui, *j'ai cloué de mes propres mains, dans la bière, ma première jeunesse, ma paresse et ma vanité.* Je crois sentir enfin que ma pensée, comme une plante qui a été longtemps arrosée, a puisé dans la terre assez de sucs pour croître au soleil. Il me semble que je vais bientôt parler et que j'ai quelque chose dans l'âme qui demande à sortir*. »

Ce qui demandait à sortir, c'était *la Nuit de mai*. Un soir de printemps, en revenant d'une promenade à pied, Alfred me récita les deux premiers couplets du dialogue entre la Muse et le Poète, qu'il venait de composer sous les marronniers des Tuileries. Il travailla sans interruption jusqu'au matin. Lorsqu'il parut à déjeuner, je ne remarquai sur son visage aucun signe de fatigue. Il avait, comme Fantasio, le mois de mai sur les joues. La Muse le possédait ! Pen-

---

* Ces lignes se retrouvèrent plus tard dans le *Poète déchu*, à peu près dans les mêmes termes.

dant la journée, il mena de front la conversation et le travail, comme ces joueurs d'échecs qui jouent deux parties à la fois. Par moments, il nous quittait pour aller écrire une dizaine de vers et revenait causer encore. Mais, le soir, il retourna au travail comme à un rendez-vous d'amour. Il se fit servir un petit souper dans sa chambre. Volontiers il aurait demandé deux couverts, afin que la Muse y eût sa place marquée. Tous les flambeaux furent mis à contribution ; il alluma douze bougies. Les gens de la maison, voyant cette illumination, durent penser qu'il donnait un bal. Au matin de ce second jour, le morceau étant achevé, la Muse s'envola ; mais elle avait été si bien reçue qu'elle promit de revenir. Le poète souffla les bougies, se coucha et dormit jusqu'au soir. A son réveil, il relut la pièce de vers et n'y trouva rien à retoucher. Alors, du monde idéal où il avait vécu pendant deux jours, l'homme retomba brusquement sur la terre, en soupirant comme si on l'eût tiré violemment d'un rêve délicieux et féerique. A l'enthousiasme succédaient tout à coup un ennui, un dégoût de la vie ordinaire et de ses petites misères, une mélancolie profonde. Pour se relever d'un si grand abattement, il semblait que tout le luxe de Sardanapale, tout ce que Paris peut offrir de distractions et de raffinements suffiraient à peine ; mais la rencontre d'un joli visage, un morceau de musique, un billet gracieux arrivant à propos dissipaient les ténèbres, et il fallait bien convenir qu'on pouvait se résigner à vivre encore.

Aux yeux de bien des gens, ces alternatives de surexcitation et de prostration ne sont que des faiblesses. C'est une erreur : l'insensibilité ne fait pas la force, et mériterait plutôt le nom d'impuissance. La plus grande dose de vie, comme dit le savant Flourens, appartient à l'être qui sent le plus vivement. En plusieurs endroits de ses ouvrages, Alfred de Musset, qui se connaissait lui-même parfaitement, a défini ces organisations exceptionnelles qui font ce qu'on appelle un poète. J'en trouve encore dans ses papiers une nouvelle définition qui me paraît bonne à placer ici.

« N'en doutez pas, c'est une chose divine que cette étincelle fugitive enfermée sous ce crâne chétif. Vous admirez un bon instrument, un piano d'Érard, un violon de Stradivarius; grand Dieu! et qu'est-ce donc que l'âme humaine? Jamais, depuis trente ans que j'existe, je n'ai usé aussi librement de mes facultés que je l'aurais voulu; jamais je n'ai été tout à fait moi-même qu'en silence. Je n'ai encore entendu que les premiers accents de la mélodie qui est peut-être en moi. Cet instrument qui va bientôt tomber en poussière, je n'ai pu que l'accorder, mais avec délices.

» Qui que vous soyez, vous me comprendrez si vous avez aimé quelque chose : votre patrie, une femme, un ami, moins que cela, votre bien-être, une maison, une chambre, un lit. Supposons que vous revenez d'un voyage, que vous rentrez dans Paris, que vous êtes à la barrière, arrêté par l'octroi. Si vous êtes capable d'une émotion, ne sentez-vous pas quelque plaisir, quelque impatience en pensant que vous allez retrouver cette maison, cette chambre ? Le cœur ne vous bat-il pas en tournant la rue, en approchant, en arrivant enfin ? Eh bien! ce plaisir naturel, mais vulgaire, cette impatience du lit et de la table que vous sentez pour ce qui vous est connu et familier, supposez maintenant que vous l'éprouvez pour tout ce qui existe, noble ou grossier, connu ou nouveau; supposez que votre vie est un voyage continuel, que chaque barrière est votre frontière, chaque auberge votre maison; que, sur chaque seuil, vos enfants vous attendent; que dans chaque lit est votre femme; vous croyez peut-être que j'exagère; non, c'est ainsi qu'est le poète; c'est ainsi que j'étais à vingt ans*! »

Il aurait dû ajouter : C'est ainsi que je suis encore et que je serai toujours. Comme M. Saint-René Taillandier l'a dit de Gœthe, il allait semant à chaque pas des fleurs de poésie. Toutes les impressions vives ou douces de sa vie ont produit quelque pièce de vers. Après avoir écrit *la Nuit de mai*, comme s'il eût senti la guérison dans ce premier baiser de sa muse, il me déclara que sa blessure était complètement fermée. Je lui demandai si c'était tout de bon et si cette blessure ne se rouvrirait jamais.

« Peut-être, me répondit-il ; mais, si elle s'ouvre encore, ce ne sera jamais que poétiquement. »

Vingt ans plus tard, un soir, dans le salon de notre mère, la conversation roula sur le divorce. Alfred dit, en présence de plusieurs personnes qui ne l'ont point oublié : « Les lois sur le mariage ne sont pas si mauvaises. Il y a tel moment de ma jeunesse où j'aurais

---

* Extrait du *Poète déchu*. Cette page a été écrite en 1839.
P. M.

donné de bon cœur dix ans d'existence pour que le divorce eût été dans notre Code, afin de pouvoir épouser une femme qui était mariée. Si mes vœux eussent été exaucés, je me serais brûlé la cervelle six mois après. »

VIII

Au mois d'août 1835 parut *la Quenouille de Barberine,* et l'auteur commença tout de suite après à écrire *la Confession d'un enfant du siècle,* dont le titre n'était pas encore déterminé. Il y travaillait avec ardeur lorsqu'il lut, un matin, dans un journal, le texte du fameux projet de loi qui créait, en matière de presse, un nouveau genre de délit, celui des *intentions* et tendances. La pénalité lui en parut énorme. Le ministre d'alors, profitant du moment d'horreur causé par l'attentat de Fieschi, demandait aux législateurs de nouvelles armes contre la liberté de discussion. Alfred de Musset ne résista pas à l'envie d'écrire des vers de circonstance, qu'apparemment n'ont pas lus ceux qui lui ont reproché de rester indifférent aux événements de son temps et aux affaires du pays. A la vérité, il débutait par ces mots :

> Pour être d'un parti, j'aime trop la paresse,
> Et dans aucun haras je ne suis étalon.

Mais la prétendue paresse d'un jeune homme très laborieux et très occupé dans ce moment-là n'était que le respect de lui-même et la résolution de ne jamais déserter la poésie. Cette sage ligne de conduite, qu'il a toujours suivie, ne l'empêchait pas de sentir très vivement tout ce qui intéressait le salut et l'honneur du pays. Les vers sur la nouvelle loi étaient adressés, en manière d'épître, au premier ministre d'alors, qui eut le bon esprit de ne pas en garder rancune à l'auteur. Les hommes politiques ont l'habitude de sourire des poètes qui se mêlent des affaires de ce monde; et pourtant, ceux qui tenaient en ce temps-là les destinées de la France dans leurs mains, en sont réduits aujourd'hui à redemander pour eux-mêmes un peu de cette liberté qu'ils retiraient aux autres avec tant d'acharnement, et contre laquelle ils ont tant déclamé[*]. Le procès de Fieschi prouva qu'il n'avait existé aucune corrélation entre les journaux, les livres, les pièces de théâtre de l'année 1835, et un obscur complot tramé par trois mercenaires subalternes, au fond d'une boutique d'épicier;

[*] Ceci a été écrit sous le règne de Napoléon III.

P. M.

mais nous nous étions enrichis de la déportation et de la complicité morale.

Pendant ce temps-là, Alfred de Musset travaillait à *la Confession d'un enfant du siècle*. Sans cesser d'aller dans le monde, il écrivait chaque soir un nombre effrayant de ces pages où l'on sent, en les lisant, que sa plume trépidait. Un nouvel incident vint encore interrompre l'auteur dans son travail. Il rentra un soir à la maison fort troublé par quelques mots à double sens qu'une femme venait de lui dire, en les accompagnant de regards plus significatifs que ses paroles. Brouillé comme il l'était avec l'amour, et à peine guéri de cette maladie, Alfred observa les entourages de cette femme avec défiance, et il crut découvrir des indices d'une conspiration entre deux personnes contre son repos. Il n'attendit pas longtemps pour se plaindre. La jeune femme se disculpa complètement; mais, en se défendant d'avoir voulu inspirer de l'amour, elle ne se défendit pas moins bien d'en ressentir, de sorte que l'accusateur se trouva vis-à-vis d'elle dans une position embarrassante*.

Alfred de Musset, obligé de revenir de ses injustes soupçons, se demanda ce qui serait arrivé s'ils eussent été fondés, et, en un moment, il imagina toute la comédie du *Chandelier*.

---

* J'ai déjà raconté en peu de mots cette histoire dans la *Notice* jointe aux *OEuvres posthumes*. Je ne vois pas d'inconvénient aujourd'hui à donner de plus amples détails.

P. M.

Je n'étais alors qu'un modeste employé n'ayant que deux heures par jour, — de quatre à six, — à donner aux devoirs du monde et à mes amis, et travaillant le soir pour tâcher d'acquérir un peu de talent, c'est-à-dire l'indépendance, après laquelle je soupirais. Un soir, j'étais resté dans ma chambre à écrire je ne sais quoi; mon frère, plus mondain que moi, était sorti; il ne rentra qu'après minuit, selon son habitude. Entre deux et trois heures du matin, il arrive chez moi, tenant à la main plusieurs feuilles de papier. Il s'assied au pied de mon lit, et commence la lecture de cette scène charmante, où la colère de maître André vient se briser contre le sang-froid de la rusée Jacqueline. — Nous voilà riant aux éclats. — La seconde scène, celle où Clavaroche invente son odieuse machination, fut écrite avant le jour. J'engageai mon frère à penser à la représentation en achevant cette délicieuse comédie. Il me répondit que son siège était fait. « Si quelque théâtre veut s'en accommoder, me dit-il, on trouvera *le Chandelier* dans la *Revue*. » Cette pièce y parut, en effet, le 1er novembre 1835, et ce fut au bout de treize ans qu'on se douta qu'elle pouvait être jouée.

Cette fois, les personnages de la comédie étaient imaginaires. Il n'existait pas de ressemblance entre Jacqueline et la femme qui avait, bien innocemment, fourni le sujet de la pièce. Cependant, l'auteur resta vis-à-vis d'elle dans son rôle de *Fortunio*, quoiqu'il n'eût point de reproche à lui faire. Un matin, en marchant dans la rue de Buci, le visage soucieux, les yeux baissés, il rêvait au danger d'adresser à cette femme une déclaration d'amour par écrit. Tout à coup il s'écria : « Si je vous le disais, pourtant, que je vous aime? » Et, en relevant la tête, il se trouva en face d'un passant qui se mit à rire de cette exclamation. Son incertitude se changea naturellement en sujet de poésie. Il composa les *Stances à Ninon*. Le soir, dans le salon de la dame, en présence de dix personnes, il tira un papier de sa poche, et il le remit à la maîtresse de la maison, en lui disant, de l'air le plus simple du monde, qu'il avait écrit quelques vers, et qu'il désirait savoir ce qu'elle en pensait. La dame lut les vers tout bas, d'un air indifférent, et rendit le papier sans rien dire; puis elle le redemanda, le garda quelque temps ouvert dans sa main, et le mit dans sa poche, comme sans y songer.

Le lendemain, Alfred sortit avant l'heure ordinaire des visites pour courir au-devant de la réprimande à laquelle il s'attendait. Il ne trouva personne; on le fuyait. Lorsque enfin il obtint audience, c'était devant témoins. La dame n'avait point l'air de se souvenir qu'on lui eût adressé des vers. Alfred fit semblant de n'avoir pas plus de mémoire qu'elle; mais l'amour n'y perdit rien. Ce silence finit par une explication brusque et des aveux complets dont il n'y avait plus à se dédire. Dans ce premier épisode, le bonheur de l'amoureux dura trois semaines. Au bout de ce temps, Alfred fut assiégé par de nouveaux soupçons. Tout le poison qu'il avait bu à Venise, l'année précédente, lui revenait sur les lèvres. Avec de la douceur, de la patience, son amie aurait pu le guérir de cette défiance jalouse; mais, par malheur, il avait affaire à un cœur fier, susceptible et décidé, qui ne connaissait ni précautions ni délais. Après une semaine d'orages, la résolution de rompre fut prise, un matin, et formulée en termes d'une énergie accablante. Alfred écrivit une lettre désespérée, dans laquelle il avouait sa faute et ses torts. On lui répondit par la demande de restitution d'une correspondance composée de dix ou douze lettres tout au plus. Il les enveloppa dans un lambeau d'étoffe avec une mèche de cheveux, quelques objets destinés à devenir des souvenirs et une fleur qui n'avait eu qu'à peine le temps de se faner. Ce *fragile et cher trésor* pouvait tenir dans une seule main. Il le renvoya en pleurant, et se retrouva seul en face de lui-même. C'était une véritable amputation. Lorsqu'il songeait à la patience ordinaire des femmes en pareille circonstance, à leur faiblesse, aux ménagements qu'elles savent si bien prendre, Alfred se demandait par quelle fatalité il avait rencontré la seule personne au monde qui fût capable d'un procédé si dur et si cruel.

Du moins, sa muse n'attendit pas six mois, comme la première fois, pour venir le consoler. La publicité était, d'ailleurs, un moyen de faire parvenir jusqu'à son ingrate l'expression de son chagrin et de ses regrets. Un soir, en rentrant vers minuit, par un temps affreux, j'aperçus dans la chambre de mon frère tant de lumières que je le crus en nombreuse compagnie. Il écrivait *la Nuit de décembre.* C'est à l'épisode qu'on vient de lire que se rattache cette poésie empreinte d'une si profonde tristesse. Le lecteur doit y reconnaître que le poète a bu un nouveau calice. Cette peinture de la solitude, cette création de la pâle figure vêtue de noir, qui ne se montre que dans les moments de souffrance et d'abandon, tout cela ne pouvait sortir que d'une situation nouvelle et d'un malheur récent. Je sais que beaucoup de lecteurs ont cru voir, dans *la Nuit de décembre,* un retour sur les souvenirs d'Italie et une sorte de complément à *la Nuit de mai;* c'est une erreur qu'il importait de rectifier. Il importait de ne point laisser de place à un doute sur le passage de cette poésie, où l'amant abandonné adresse des reproches à une femme *qui ne sait pas pardonner.* Connaissant la vérité, je ne pouvais point permettre de confusion entre deux personnes très différentes, dont une seule avait quelque chose à pardonner et le droit de refuser son pardon. Voilà pourquoi j'ai dû parler de ce nouvel amour, dont le prologue de trois semaines a produit *la Nuit de décembre.*

Revenons maintenant à *la Confession d'un enfant*

du siècle. L'auteur, tout à son chagrin, voulait terminer ce roman au point où Brigitte fait à Octave l'aveu de son amour. « Mon héros, disait-il, sera plus favorisé du hasard que moi, puisque je l'ai conduit jusqu'au moment où il se console. N'allons pas plus loin; le lendemain serait trop pénible. » — Mais on lui fit remarquer qu'un dénoûment heureux diminuerait l'importance de ce livre; il consentit à achever le second volume, et, sa résolution une fois prise, il travailla sans relâche*.

Malgré son titre, il ne faut pas chercher dans la *Confession* un document biographique. Quoique les sentiments exprimés soient, en partie, personnels, on n'y trouverait point la vérité dans les faits, même en bouleversant leur ordre chronologique. L'auteur n'a pas eu l'intention d'écrire l'histoire de sa jeunesse; il n'a pas seulement puisé dans ses propres souvenirs; mais il a observé tout ce qu'il voyait vivre et s'agiter autour de lui, et il a recueilli tout ce qui pouvait être présenté comme des signes diagnostiques de la maladie morale qu'il entreprenait de décrire, tout ce qui pouvait venir à l'appui d'une thèse philosophique qui donne à son ouvrage une plus haute portée que celle d'un simple roman de mœurs. Parmi les détails vrais, beaucoup ont été développés ou modifiés pour être transformés en

---

* La première édition de la *Confession d'un enfant du siècle*, — Paris, 1836, — était en deux volumes in-8°.

traits caractéristiques. Si l'on tentait de séparer la part de la réalité de ce qui appartient à l'art ou aux besoins de la cause, on verrait bientôt que ce travail est impossible, et, quand même on en viendrait à bout, on ne répandrait aucune clarté sur la vie de l'auteur.

Quant à Desgenais, je n'ai pas besoin de faire remarquer qu'un type de cette force ne peut pas être un portrait. Ce personnage résume en lui toute une classe de jeunes gens que l'auteur a vus de près et qu'il appelle les *hommes de chair*, par opposition aux hommes de sentiment, dont le type est Octave[*]. *La Confession*, retardée par tant d'événements ignorés du public, était attendue impatiemment. Elle parut dans les premiers jours de l'année 1836. Ceux qui espéraient des révélations furent désappointés. Il n'y eut pas le moindre scandale. Ce que je puis conseiller de mieux aux lecteurs d'aujourd'hui, c'est de ne point faire de conjectures sur cet ouvrage, et d'y apprendre plutôt à se connaître eux-mêmes et à juger le siècle où ils vivent.

---

[*] Alfred de Musset, en assistant un soir à la représentation d'une pièce du Vaudeville qui faisait quelque bruit, fut étonné du sans-gêne avec lequel on s'était emparé des noms de Desgenais et de Marco pour en affubler des personnages à peine ébauchés, comme si un de ses ouvrages les plus considérables et les plus connus eût été nul et non avenu.

P. M.

IX

Depuis le 11 décembre, Alfred de Musset avait vingt-cinq ans. La nouvelle année dans laquelle il entrait commençait aussi mal que la précédente. Précisément parce que nul souvenir affreux, nulle pensée pénible ne venait se mêler à son second chagrin d'amour, il se sentait moins de résolution encore que la première fois pour lutter contre l'ennui et l'abandon. Un cœur bien placé trouve des forces pour surmonter une passion dont il a honte; mais, quand on n'a d'autre secours que celui de la froide raison, le cœur ne veut pas guérir. Alfred sentit qu'il s'était vanté en disant à son ingrate dans *la Nuit de décembre :*

> Qui vous perd n'a pas tout perdu.

Il s'imaginait, au contraire, qu'il avait perdu le

bonheur d'une vie entière, et il ne pouvait se résigner ni à un si grand sacrifice, ni à se laisser condamner sans avoir été entendu. La première fois qu'il revit cette femme après la publication de *la Nuit de décembre*, elle lui dit que la lecture de cette poésie l'avait émue et étonnée, qu'elle n'aurait pas cru l'auteur capable de ressentir tant de chagrin, qu'en le voyant malheureux, elle le plaignait sincèrement, — et, comme si elle eût craint de s'être trop avancée en parlant ainsi, elle ajouta qu'il n'en serait pourtant ni plus ni moins. — Alfred profita de l'occasion pour faire la peinture de ses regrets et de ses souffrances, puis il demanda la permission de retourner chez la dame, en ami, disant qu'elle pouvait le recevoir sans danger, puisqu'il n'en devait être *ni plus ni moins*. Elle se rendit à ces raisons. La permission fut accordée, et le pauvre garçon revint de cette soirée aussi content que s'il eût remporté une grande victoire.

En apprenant le succès dont il était si joyeux et dont il s'empressa de me faire la confidence, je n'hésitai point à lui déclarer que c'était là de fort mauvaise besogne : « Vous ne savez point, lui dis-je en plaisantant, ce que vous voulez ni l'un ni l'autre. Ta belle ressemble à un poisson qui viendrait mordre à l'hameçon en disant au pêcheur: n'espère pas m'attraper; — et toi tu ressembles à un malade qui, ayant une gastrite, consent qu'on le soigne, à condition que ce sera comme d'une fluxion de poitrine. Il est aisé de prévoir ce qui va vous arriver: pour obéir à ton ingrate, tu ne lui souffleras mot de ton amour, mais tu lui prouveras dix fois par jour que tu l'aimes. Elle, de son côté, sera touchée de ta force d'âme et, pour te remercier de ne plus l'aimer, elle t'aimera; si bien qu'au bout de quinze jours de ce régime, il en sera de ton obéissance et de ses résolutions comme de la vertu de cet ivrogne corrigé qui, pour se récompenser d'avoir passé devant la porte du cabaret sans y entrer, retourna sur ses pas, et y entra. »

Au plus fort de tous ses chagrins, Alfred de Musset a toujours aimé qu'on le fît rire aux dépens de lui-même. C'était une de ses consolations. Je le savais et j'en usais souvent; mais, tout en riant de mes gronderies, il sentait bien au fond qu'elles étaient justes. A quelques jours près, tout se passa comme je l'avais annoncé. Alfred voyait trois ou quatre fois par semaine son inflexible maîtresse. Il observait scrupuleusement la consigne, et ne prononçait pas un mot d'amour; mais il enrageait tout bas. La tentation lui vint de recourir encore à la poésie pour rompre le silence, et, comme ce moyen lui avait réussi une première fois, il composa de nouvelles stances pour soulager son cœur, en se proposant de réfléchir ensuite avant de les envoyer. Voici ces vers, qui n'ont jamais été publiés :

A NINON

Avec tout votre esprit, la belle indifférente,
Avec tous vos grands airs de rigueur nonchalante,
Qui nous font tant de mal et qui vous vont si bien,
Il n'en est pas moins vrai que vous n'y pouvez rien.

Il n'en est pas moins vrai que, sans qu'il y paraisse,
Vous êtes mon idole et ma seule maîtresse;
Qu'on n'en aime pas moins, pour devoir se cacher,
Et que vous ne pouvez, Ninon, m'en empêcher.

Il n'en est pas moins vrai qu'en dépit de vous-même,
Quand vous dites un mot, vous sentez qu'on vous aime,
Que malgré vos mépris, on n'en veut pas guérir,
Et que, d'amour de vous, il est doux d'en souffrir.

Il n'en est pas moins vrai que, sitôt qu'on vous touche,
Vous avez beau nous fuir, sensitive farouche,
On emporte de vous des éclairs de beauté,
Et que le tourment même est une volupté.

Soyez bonne ou maligne, orgueilleuse ou coquette,
Vous avez beau railler et mépriser l'amour,
Et, comme un diamant qui change de facette,
Sous mille aspects divers vous montrer tour à tour,

Il n'en est pas moins vrai que je vous remercie,
Que je me trouve heureux, que je vous appartiens,
Et que, si vous voulez du reste de ma vie,
Le mal qui vient de vous vaut mieux que tous les biens.

Je vous dirai quelqu'un qui sait que je vous aime :
C'est ma muse, Ninon; nous avons nos secrets.
Ma muse vous ressemble, ou plutôt, c'est vous-même;
Pour que je l'aime encore, elle vient sous vos traits.

La nuit, je vois dans l'ombre une pâle auréole,
Où flottent doucement les contours d'un beau front;

Un rêve m'apparait, qui passe et qui s'envole ; —
Les heureux sont les fous : les poètes le sont.

J'entoure de mes bras une forme légère ;
J'écoute à mon chevet murmurer une voix ;
Un bel ange aux yeux noirs sourit à ma misère ;
Je regarde le ciel, Ninon, et je vous vois.

O mon unique amour, cette douleur chérie,
Ne me l'arrachez pas, quand j'en devrais mourir !
Je me tais devant vous ; — quel mal fait ma folie ?
Ne me plaignez jamais, et laissez-moi souffrir.

Une fois écrits, ces vers ne pouvaient manquer de parvenir tôt ou tard à celle qui les avait inspirés. Si l'auteur eût essayé de les remettre de la main à la main, comme les premières stances à Ninon, peut-être aurait-on refusé de les prendre ; mais la poste aux lettres semble inventée pour trancher les difficultés de ce genre. Ce fut elle qui porta les secondes stances à leur adresse. Alfred attendit, non sans inquiétude. Il reçut par la même voie une large enveloppe. La dame ne savait guère bien dessiner ; mais cette enveloppe contenait un dessin à la plume, représentant une grande pendule de salon, que l'amoureux n'eut pas de peine à reconnaître, et les aiguilles de cette pendule marquaient *trois heures*.

Le soir de ce jour-là, notre poète était dans une joie qui débordait, malgré ses efforts pour paraître grave et maître de lui. Il ne se possédait plus. Les secondes stances à Ninon avaient eu le même succès que les premières. La dame aimait les beaux vers, et la poésie lui arrachait l'aveu que l'amour n'avait pas pu obtenir. Cette femme était une personne très intelligente. Au lieu d'absorber les loisirs de son ami, elle l'excitait au travail, en lui disant qu'elle voulait considérer comme autant de preuves d'amour les ouvrages qu'il produirait à l'avenir ; — car ils croyaient tous deux à un long avenir. — J'augurais bien de ces dispositions tant que durerait leur bon accord.

Cet accord dura quinze jours. Le hasard en avait disposé d'avance. La rupture n'arriva pas, cette fois, par la faute de l'amoureux : — sa première leçon lui avait profité ; — mais, tandis qu'il se gardait de la jalousie et des soupçons injustes, un autre jaloux avait tout deviné. La Ninon des stances était destinée à porter un jour un autre nom, dans un récit en prose. Sa situation était celle d'Emmeline, comme je l'ai déjà dit ailleurs.

Ce qui ruinera toujours les amours de ce genre, c'est ce moment de combats intérieurs d'où une femme honnête et loyale croit toujours de bonne foi qu'elle sortira victorieuse. Pourquoi mentirait-elle, puisque sa conscience ne lui reproche rien? Dissimuler ce qui se passe en elle, ne serait-ce pas s'avouer coupable? Elle ne veut pas succomber, elle ne succombera pas. — Et puis, un beau jour, l'amour est le plus fort; la prudence arrive, mais trop tard. —

En quelques heures, l'avenir entrevu, le bonheur, les projets, tout fut brisé, anéanti. Peut-être Alfred n'aurait-il pas pu se résigner à une seconde rupture, s'il n'avait eu en face de lui qu'un jaloux; mais, en apprenant qu'il faisait un malheureux et qu'il allait rendre une catastrophe inévitable, il ne résista plus, et s'inclina devant la volonté de son amie, avec autant de respect que de désespoir.

Ainsi finirent les amours d'*Emmeline*. Comme dans la fiction qui porte ce titre, l'intrigue se dénoua tristement aux sons joyeux d'une valse, entre deux figures du *Cotillon*, par l'entremise d'une amie touchée de pitié, mais inébranlable comme le destin. Alfred avait fait la même promesse que son personnage de Gilbert: « *Pour vous, tout au monde!* » Les conditions imposées étaient celles d'une séparation complète. Il voulait partir; il prenait ses mesures et annonçait son prochain départ à ses amis; mais le courage lui manquait. Il demandait un jour de grâce, et encore un jour. Tout à coup, on lui fit savoir qu'il pouvait rester.

Pendant ces tiraillements douloureux, Alfred était soutenu par la grandeur même de son sacrifice. Ne devait-il pas s'estimer heureux de pouvoir rendre le repos à son amie aux dépens du sien? Il voulait aussi donner l'exemple d'une souffrance noblement acceptée. Mais bientôt, les pourparlers étant finis et son malheur consommé, lorsqu'il se retrouva aux prises avec la solitude et l'abandon, il se demanda quelle raison de vivre lui restait encore. Je le voyais rêver à tout ce qu'il avait perdu, et se complaire dans son chagrin; il s'y plongea le plus profondément qu'il put, car il préférait la douleur à l'ennui. Je lui représentais qu'il s'exposait à rendre son mal incurable, et il me répondait : « Il l'est ».

Alfred de Musset professait hautement pour M. de Lamartine autant de sympathie que d'admiration. Un soir du mois de février 1836, à la suite d'un accès de mélancolie, je le trouvai relisant les *Méditations*. Cette poésie, dont il venait d'éprouver les vertus calmantes, lui avait inspiré l'envie d'adresser, par reconnaissance, quelques vers à l'auteur du *Lac*. Il me récita tout le début de l'épître à Lamartine, jusqu'à ce vers où il dit que lord Byron, dans les derniers temps de sa vie,

> Sur terre, autour de lui, cherchait pour qui mourir.

Mais il hésitait à continuer, craignant que la prétention d'intéresser Lamartine par le récit de ses souffrances ne parût trop ambitieuse. Pour le décider à mettre de côté ces scrupules de modestie, je lui donnai hardiment l'assurance que de tels vers feraient autant d'honneur à M. de Lamartine qu'à l'auteur, et que l'Europe entière s'intéresserait à la douleur qui les avait dictés. Aussitôt nous procédâmes ensemble aux apprêts accoutumés des jours

d'inspiration : le grand éclairage et le petit souper.
La muse ne demandait qu'à descendre. Le lendemain, l'épître était fort avancée, et le 1ᵉʳ mars 1836
elle parut dans la *Revue des Deux-Mondes*. Quelque
temps après, Alfred reçut un billet de M. de Lamartine qui l'engageait à venir. Il y courut, et, pendant
trois ou quatre mois, des relations suivies s'établirent entre les deux poètes. En revenant de ces visites, Alfred nous racontait, le soir, en famille, ses
conversations du matin. Je me rappelle, entre autres
détails, qu'il rapporta de la première de ces entrevues la promesse d'une réponse à ses vers ; M. de
Lamartine lui avait demandé le temps de se reconnaître, en disant, avec une bonne grâce charmante,
qu'il aurait fort à faire pour que la réponse fût digne
de l'épître*.

En attendant le jour où il pourrait se glorifier de
cette réponse, Alfred commença par être heureux et
fier de la promesse. On sait qu'il aimait à fureter chez
les marchands de tableaux et d'estampes ; il trouva
dans une boutique une copie au pastel de la *Poésie*

---

* La dix-neuvième livraison des *Entretiens littéraires* de M. de
Lamartine nous a appris, en 1857, pourquoi cette réponse n'a jamais
paru ; mais j'avoue que je n'ai pas bien compris l'explication. Avec
quel étonnement n'y ai-je pas vu que M. de Lamartine avait perdu
totalement le souvenir de ses bons rapports avec Alfred de Musset,
et qu'en le retrouvant à l'Institut, en 1852, il avait cru lui parler
pour la première fois ! On lit encore dans ce dix-neuvième entretien,
que M. de Lamartine conçut d'abord une faible opinion des facultés
lyriques de ce jeune homme, sur la lecture du *Rhin allemand*;

de Carlo Dolci, dont les traits offraient réellement beaucoup de ressemblance avec ceux de l'auteur des *Méditations*. Il s'empressa d'acheter ce dessin, et de lui donner une place parmi les cadres qui ornaient son cabinet de travail. Ses amis se souviennent encore du prix qu'il attachait à ce portrait idéal et de la joie d'enfant qu'il éprouvait à le regarder. Plus tard, lorsque tout Paris courait aux représentations du *Caprice*, madame Allan eut la fantaisie de posséder ce pastel. Alfred n'osa pas le refuser à l'actrice qui faisait le succès de la pièce; mais il regretta toujours de s'en être séparé, et, jusque dans les derniers mois de sa vie, il répétait souvent : « Quel besoin avait madame Allan de m'enlever mon Lamartine? »

Les lecteurs de la *Revue* remarquèrent le soin particulier que l'auteur avait mis dans l'exécution de son épître. Il avait voulu qu'elle fût irréprochable. On connaît maintenant les circonstances dans lesquelles est née cette fleur de poésie, et l'on ne se trompera plus sur les sentiments qui l'ont fait éclore. Pour

---

mais qu'il revint de ses préventions longtemps après, lorsque *un pâtre* lui eut remis, dans le parc de Saint-Point, le numéro de la *Revue des Deux-Mondes* contenant les vers à lui adressés. Or, le *Rhin allemand* n'a été écrit qu'en juin 1841, et l'*Épitre à Lamartine* est du 1er mars 1836; il faut donc nécessairement, ou que la mémoire de M. de Lamartine l'ait encore bien mal servi, lorsqu'il a voulu se rappeler les véritables raisons de son silence, ou que le *pâtre* chargé de lui porter la livraison de la *Revue des Deux-Mondes* ait mis plus de cinq ans à le chercher dans le parc de Saint-Point.

P. M.

comprendre les regrets et la douleur du poète, ne fallait-il pas savoir qu'il s'agissait d'un amour que sa dignité ne lui commandait pas d'arracher de son cœur? Le récit contenu dans les vers à Lamartine est celui d'une soirée d'agitation pendant laquelle les clameurs grossières du carnaval résonnaient dans Paris. Ceux qui s'étaient mépris sur le sujet de *la Nuit de décembre* ont commis la même erreur à propos de la *Lettre à Lamartine*. Alfred de Musset en a souri plus d'une fois, et, quand ses amis lui demandaient des explications, il leur répondait : « Pensez-en ce que vous voudrez. »

Cette réserve était juste et sage ; mais à présent tout a bien changé : un tiers de siècle s'est écoulé. La *Lettre à Lamartine* est devenue autre chose qu'une pièce de vers d'un jeune poète de grande espérance, insérée dans une *Revue* pour l'embellissement du dernier numéro. Celui qui a poussé ce cri de douleur a été enlevé par une mort prématurée, et, comme le cri retentit encore, la conscience publique s'en émeut; elle réclame impérieusement des éclaircissements. On les lui doit.

Il y a des nuances à observer dans les reproches d'un amant à une maîtresse cruelle. Par exemple, qu'on relise tout le passage de la *Lettre à Lamartine* qui commence ainsi :

O mon unique amour! que vous avais-je fait?
Vous m'aviez pu quitter, vous qui juriez la veille
Que vous étiez ma vie, et que Dieu le savait!

C'était d'un ton bien différent que le poète avait parlé dans *la Nuit de mai*. Ces vers font suite à ceux de *la Nuit de décembre*. Ils s'adressent à la même personne ; jamais elle n'a dû en rougir. Le temps des méprises est passé. Rendons à chacun ce qui lui appartient. Je renoncerais à écrire la vie de mon frère s'il m'était interdit de jeter un peu de lumière sur les plus belles pages de ces poésies où je retrouve à chaque mot les plus purs battements de son cœur.

Celle qui avait inspiré l'épître à Lamartine n'eut pas besoin d'éclaircissements pour s'y reconnaître. Peu de temps après la publication, l'auteur trouva dans sa chambre, en rentrant chez lui, le soir, deux vases en porcelaine de Sèvres, accompagnés d'une lettre qui contenait le passage suivant : « Si vous saviez en quel état m'a mise la lecture de ces vers, vous regretteriez d'y avoir dit que votre cœur est pris d'un *caprice de femme*. C'est bien d'un amour vrai et non d'un caprice que nous avons souffert tous deux. Ne me faites jamais l'injure d'en douter. Apprenez que, dans ce moment même, si je ne pensais qu'à moi, je serais encore prête à essuyer les larmes qui obscurcissent ma vue, à tout quitter et à me perdre pour vous. Un mot de votre bouche suffirait. Je ne crains plus de vous le dire à présent. C'est parce que vous m'aimez que vous me laisserez pleurer. »

Ces lignes eurent le pouvoir d'opérer un grand changement dans l'esprit de l'amant sacrifié. Sous la rigueur apparente des procédés, il reconnaissait une pitié sincère; son chagrin était partagé. Cette idée le soulageait. Vingt fois il répéta : « Je n'aurais qu'un mot à dire pour lui faire tout quitter; mais je ne prononcerai jamais ce mot qui la perdrait. »

Le sort devait à Alfred de Musset une compensation à tant de sacrifices. S'il existe un être au monde à qui l'amitié d'une femme puisse être utile, c'est assurément un poète ou un amant malheureux. Il réunissait ces deux conditions lorsqu'il devint l'ami et le *filleul* d'une personne de beaucoup d'esprit qu'il connaissait depuis quelque temps. Cette jeune maîtresse de maison exerçait un ascendant marqué sur tout son entourage. Elle avait, d'ailleurs, un des salons les plus agréables de Paris. On y faisait de la musique une fois par semaine, et, ce jour-là, il y venait beaucoup de monde pour entendre le prince Belgiojoso, Géraldy, la comtesse de Sparre, etc.; les autres jours, on causait en petit comité.

Un soir, on s'amusait à se donner les uns aux autres des sobriquets fantastiques. La maîtresse de la maison ayant été désignée pour trouver un nom à Alfred de Musset, l'appela le prince *Phosphore de cœur volant*. Celle qui l'avait ainsi baptisé lui permit de se dire son filleul et de la nommer sa *marraine*.

De cette gracieuse intimité et du crédit que la marraine prit sur l'esprit de son filleul, il résulta d'une part des avis judicieux, des encouragements, des consolations, des stimulants contre la paresse, de l'autre un désir constant de mériter l'approbation d'une lectrice qui, par amitié, s'efforçait d'être exigeante. Pendant bien des années, Alfred de Musset se fit un devoir de rendre compte à sa marraine de toutes ses impressions. Il ne lui passait pas une idée divertissante dans la tête, un sentiment fugitif dans le cœur sans que la marraine en fût informée. On peut voir, par l'introduction de *Silvia*, qu'il écrivit ce conte en réponse à une lettre qui lui reprochait de laisser reposer sa muse trop longtemps. Je dirai plus loin comment il répondit à un autre reproche plus grave par un sonnet, aussi adressé à sa marraine, et qui ne pouvait être publié que dans cette histoire de sa vie.

X

Les secousses morales que nous venons de raconter n'avaient ni émoussé le cœur du poète ni engourdi ses facultés. On s'en aperçut à l'activité de son esprit. L'exposition de peinture venait de s'ouvrir. Le directeur de la *Revue* proposait à Alfred de Musset de rendre compte du *Salon* de 1836. Ce travail, en l'obligeant à faire un examen approfondi des ouvrages exposés, lui procurait fort à propos une agréable distraction. Les épreuves de son article sur le *Salon* arrivaient de l'imprimerie, lorsque, en mettant la tête à la fenêtre, Alfred vit en face de lui, de l'autre côté de la cour, une grisette fort jolie, appuyée comme lui sur le bord d'une fenêtre de la maison. La grisette se mit à sourire, — probablement de la bonne mine du voisin. — Celui-ci, un peu étonné, répondit à ce sourire par un petit salut, et retourna ensuite à ses épreuves. Peu de jours après, la grisette reparut à la fenêtre, se chauffant aux rayons du soleil d'avril. Alfred la regarda; elle lui sourit comme la première fois, et il répondit encore par un léger salut. Ce manège se répéta; les visites de la jeune fille dans notre maison devinrent quotidiennes, et par conséquent les sourires et les inclinations de tête de plus en plus fréquents. Des regards on passa aux signes; on s'envoya des baisers; on se rencontra, comme par hasard, dans la rue, et finalement on tomba d'accord, sans avoir pris le temps de réfléchir; car il existait encore alors de ces grisettes qui suivaient avec franchise et abandon tous les mouvements de leur cœur.

Alfred, craignant un peu de s'embarquer dans une liaison, se fit inviter par son ami Tattet à venir passer quelques jours à la campagne. M. Tattet le père avait, dans la vallée de Montmorency, une fort belle propriété qu'on appelait Bury. Son fils, non content de cela, louait, en cachette, une petite maison située une lieue plus loin. On menait joyeuse vie dans les deux endroits, bien que le monde n'y fût pas le même. Alfred Tattet avait des chevaux; il aimait la bonne chère; dans les plaisirs de toute sorte, son esprit inventif et dépensier recherchait les excentricités. Il trouva le compagnon qu'il lui fallait pour courir la forêt au milieu de la nuit et souper sur l'herbe à la lueur des torches. Le poëte s'amusa de ce régime bizarre qui le *desheurait*.

Louise, — c'était le nom de la grisette, — pleurait pendant ce temps-là. Elle écrivit quelques lettres de reproches non dépourvues d'éloquence. Alfred, que la souffrance avait rendu accessible à la pitié, se laissa toucher. Il revint à Paris chercher sa maîtresse et l'emmena dans la petite maison de Tattet, à Margency. C'est là que la jeune fille, enivrée par l'air des bois et la liberté, donnant carrière à sa gaieté inaltérable, posa, sans le savoir, pour les deux figures éminemment parisiennes de Bernerette et de Mimi-Pinson. La fidélité d'une grisette n'était pas plus à toute épreuve en ce temps-là qu'aujourd'hui. Après les deux ou trois ruptures et raccommodements d'usage, la liaison finit par se dénouer tout à fait.

A son retour de Bury, lorsqu'il rentra dans son cabinet de travail, Alfred en examina les objets avec intérêt, comme s'il eût retrouvé de vieux amis. Sa mobilité naturelle lui rendait agréables tous les contrastes. Un jour, je le regardais se promener de long en large, tantôt fredonnant la *cavatine* de Pacini que le piano de Liszt et la voix de Rubini venaient de mettre à la mode, tantôt murmurant tout bas des mots qui se groupaient en hémistiches. Il s'arrêta enfin devant sa table de travail, et prit une grande feuille de papier sur laquelle il écrivit ce qui suit :

LA NUIT DE JUIN

LE POÈTE.

Muse, quand le blé pousse il faut être joyeux.
Regarde ces coteaux et leur blonde parure.
Quelle douce clarté dans l'immense nature !
Tout ce qui vit ce soir doit se sentir heureux.

— Enfin, dis-je en lisant ces quatre vers, il y aura donc une de ces *nuits* où nous n'aurons pas la mort dans l'âme !

Cette exclamation le fit rire, et il me promit que, dans *la Nuit de juin*, il ne serait question, en effet, que de plaisir et d'amour. Le moment du dîner approchait. Comme je savais que la muse aimait à descendre à l'heure du berger, je ne doutai point qu'au jour du lendemain la pièce de vers ne fût à moitié faite. Par malheur, Tattet entra ; il venait chercher son ami pour l'emmener dîner chez le traiteur. Je le suppliai de ne pas interrompre un travail de cette importance. Je lui représentai le tort qu'il pouvait faire à l'auteur, au public, à lui-même. Tattet convint que j'avais raison ; mais le dîner était commandé. Il avait annoncé mon frère aux convives, parmi lesquels étaient MM. Alfred et Hippolyte Mosselmann, De Jean, Arvers*. Tattet me promit qu'on se séparerait de bonne

---

* Félix Arvers, garçon de beaucoup d'esprit, original, d'un tempérament mélancolique, auteur de plusieurs vaudevilles très gais qui ont eu du succès. Il est mort jeune.

P. M.

heure, et que la poésie n'y perdrait rien. Alfred partit, à mon grand regret; il revint fort tard à la maison, la tête fatiguée. Je lui demandai le lendemain où en était *la Nuit de juin*. Il me répondit que le mois avait trente jours; mais, comme il sentait bien que la muse offensée ne voulait pas redescendre, il prit son chapeau et s'en alla chez Bernerette. L'occasion avait passé, et *la Nuit de juin* en resta là. Aujourd'hui, en regardant cette grande page blanche retrouvée dans les papiers de l'auteur et jaunie par le temps, en relisant le titre et les quatre vers autographes, je ne puis encore en prendre mon parti, ni me résigner à croire que cette page ne se remplira jamais.

Il y a pourtant une compensation à cette perte. Alfred, enrôlé tour à tour dans les deux bandes joyeuses que dirigeaient son ami Tattet et le prince Belgiojoso, s'arrêta, un matin, en disant que c'était assez de dissipation. Il se comparait lui-même à une balle du jeu de paume renvoyée d'une raquette à l'autre, et déjà il croyait faire acte d'indépendance en rentrant au logis maternel. Il y rapportait une provision d'impressions nouvelles, et par conséquent de nouvelles idées. Il mit sa robe de chambre, s'assit dans son fauteuil et se chapitra lui-même mieux que ne l'eût pu faire un père ou un oncle. De ce dialogue muet sortit la scène entre Valentin et le bonhomme Van Buck, et ensuite la pièce en trois actes : *Il ne faut jurer de rien*. C'est ainsi que, dans la vie d'un véritable poète, il n'y a rien de perdu ni rien d'inutile. Les caractères de cette petite pièce étaient d'un comique si parfait, et le dénouement improvisé avec tant de bonheur, que, le jour où l'auteur voulut la mettre en scène, on ne trouva que bien peu de changements à y faire.

Cette comédie paraissait dans la *Revue* le 1ᵉʳ juillet 1836, et aussitôt après, la *balle élastique* reprenait son vol. Au retour à la maison, même plaisir à revoir le cabinet de travail, même désir de s'y enfermer, mêmes agaceries de la muse, qui feignait d'être fâchée, car la conscience du poète n'avait rien de sérieux à lui reprocher. Il s'agissait pourtant d'autre chose que des gais propos de l'oncle Van Buck.

La Nuit d'août fut réellement pour l'auteur une nuit de délices. Il avait orné sa chambre et ouvert les fenêtres. La lumière des bougies se jouait parmi les fleurs qui emplissaient quatre grands vases disposés symétriquement. La muse arriva comme une jeune mariée. Il n'y avait ni amusement ni fête qui pût soutenir la comparaison avec ces belles heures d'un travail charmant et facile; et comme, cette fois, les pensées du poète étaient sereines, son cœur guéri, son esprit ferme et son imagination pleine de sève, il goûta un bonheur que le vulgaire ne soupçonne pas. Pour se faire une idée de cette ivresse poétique, il ne faut songer ni à ce qu'on raconte des effets de l'opium, du haschich, et des autres poisons enivrants, ni à cette accumulation de plaisirs raffinés et sensuels que les conteurs orientaux prodiguent aux héros de leurs récits fabuleux; mais, selon le degré d'enthousiasme et de sensibilité dont on est doué, on peut comprendre les jouissances qu'éprouvait l'auteur de *la Nuit d'août* à écrire ces beaux vers, en multipliant jusqu'à la dixième puissance l'émotion et le plaisir qu'on ressent soi-même en les lisant.

Aucun levain triste ou amer n'étant venu se mêler à l'ivresse poétique, le bien-être dura plusieurs jours. Le poète se sentait déjà en rapports avec les lecteurs inconnus de *la Nuit d'août;* il en était encore à la conclusion de la dernière stance : « Aime et tu renaîtras; fais-toi fleur pour éclore; » le charme se soutint jusqu'à la publication du morceau. Mais le lendemain, je le trouvai soucieux, essayant de lire je ne sais quel chapitre d'un roman nouveau, sans pouvoir en venir à bout. Quand je lui demandai ce qu'il avait : « Le poisson, me répondit-il, a passé quelques jours dans l'eau, par faveur extraordinaire; aujourd'hui le voilà retombé dans un champ de blé. »

Je l'emmenai à l'école de natation, où, du moins, son corps put se plonger dans le milieu aimé du poisson. Nous y rencontrâmes le prince Belgiojoso et ses amis, qui nous engagèrent à les accompagner chez le traiteur italien Broggi. Après un dîner assaisonné par l'appétit et l'exercice, on fit de la musique, et la soirée se passa gaiement. Nous rentrâmes ensemble fort tard. Avant de se mettre au lit, Alfred voulut achever la lecture de ce roman qu'il avait laissé de côté le matin. Il me lut à haute voix une phrase dans laquelle nous comptâmes un nombre incroyable d'adjectifs. Chaque substantif en traînait deux ou trois à sa suite, ce qui donnait au style l'allure la plus baroque du monde; le lecteur, de bonne humeur, me demanda ce que j'en pensais, et je lui répondis comme Léandre : « Il est fort à la mode. »

— Je voudrais bien savoir, reprit Alfred, l'effet que ce style peut produire sur l'esprit des bonnes gens de la province, et s'ils jugent de la littérature parisienne sur de tels échantillons.

En devisant sur ce sujet jusqu'à une heure fort avancée de la nuit, Alfred conçut la pensée d'écrire une lettre au directeur de la *Revue*, comme le pourrait faire un habitant de quelque petite ville. Notre conversation décida de la forme qu'il lui plaisait de donner à sa critique, et, au lieu d'un provincial, il crut nécessaire d'en faire comparaître deux. Stendhal, qui était de nos amis, avait publié divers articles tantôt sous le pseudonyme de Dupuis, tantôt sous celui de Cotonet. Alfred adopta ces deux noms, en songeant avec plaisir que Stendhal en serait intrigué. Peu de temps après parut, dans la *Revue,* la première lettre de **Deux Habitants de la Ferté-sous-Jouarre**, sur *l'abus des adjectifs**. Sous une forme plaisante et légère, cette lettre traitait une question de goût littéraire avec vigueur et netteté; aussi fit-elle beaucoup de bruit. Stendhal fut enchanté du bon sens de ses pseudonymes; mais on lui attribuait cet article; il avait de la peine à se défendre d'en être l'auteur. On lui écrivait de loin pour l'en complimenter. Le secret ne fut pas gardé longtemps. Franz Liszt l'apprit d'une femme à qui le directeur de la *Revue* l'avait confié, et Liszt se donna le plaisir de le dire à ses nombreux amis.

Une nouvelle désolante se répandit à Paris dans le même temps. Les journaux annonçaient la mort de madame Malibran. Alfred était un de ses admirateurs passionnés**. Cette mort prématurée affecta vivement sa sensibilité poétique. Le 15 octobre, il publia ces stances que tant de gens savent par cœur et qu'on entend citer si souvent. L'auteur sentait peut-être en

---

* Alfred de Musset n'a jamais vu la Ferté-sous-Jouarre quoi qu'en aient dit de prétendus biographes qu'on pourrait appeler autrement. Il a choisi cette ville parce que le nom lui en a plu.

** Mais il ne fut jamais que son admirateur. Un jour j'entendis, dans un wagon de chemin de fer, des inconnus parler entre eux de mon frère et exprimer le regret que madame Malibran n'eût pas été touchée de l'amour qu'il avait eu pour elle, ce qui, disaient-ils, aurait préservé ce jeune et charmant poète d'un autre amour plus dangereux. Ces contes en l'air se débitaient tout haut, comme des choses de notoriété publique! Il y a pourtant une légère difficulté : c'est que Alfred de Musset a vu madame Malibran ailleurs que sur la scène une seule fois en sa vie, dans un salon où elle chantait, et qu'il ne lui a pas même parlé.

P. M.

lui le fatal penchant à *aimer la douleur*, qu'il a reproché à la grande cantatrice dans le moment où il écrivit ce vers célèbre :

Tu regardais aussi la Malibran mourir.

Car il en aurait pu dire autant de lui-même vingt ans plus tard.

L'année 1836 s'acheva au milieu de la rumeur causée par l'attentat de Meunier. C'était la quatrième fois que le roi échappait à la mort. Alfred, qui n'oubliait pas l'hospitalité qu'il avait reçue à Neuilly, partagea l'émotion générale. Il écrivit pour son propre soulagement un sonnet qu'il ne songeait point à publier, mais dont son ami Tattet lui demanda une copie. Tattet communiqua cette copie à M. Édouard Bocher, qui la remit à son frère Gabriel, bibliothécaire du duc d'Orléans ; et les vers sur l'attentat de Meunier arrivèrent par ce chemin jusqu'au prince royal. Un exprès du château apporta le billet suivant à l'auteur :

« Notre ami commun, M. Bocher, vient de me faire lire, mon cher condisciple, une belle page qu'il a dérobée à votre portefeuille poétique. Ces vers vraiment beaux et où l'aridité et l'ingratitude du sujet disparaissent devant l'élévation de la pensée et la noble simplicité de l'expression, m'eussent touché, quand même ils auraient été l'œuvre d'un inconnu ;

et c'est avec un bien véritable plaisir que j'y ai trouvé les sentiments d'un ancien *school fellow*, et que je me suis reporté, en les lisant, *towards happier and younger days*.

« J'ai voulu vous remercier moi-même de ces bonnes étrennes, et je saisis l'occasion du jour de l'an pour vous prier de garder le souvenir qui vous est adressé par un ancien condisciple, admirateur sincère de votre beau talent.

« FERDINAND-PHILIPPE D'ORLÉANS. »

« Tuileries, 1ᵉʳ janvier 1837. »

Quand la procession des compliments officiels fut terminée, Alfred de Musset se rendit au château. Le prince, qui le reçut en lui tendant les deux mains, avait le sonnet dans sa poche. Pour relire ce sonnet, il attira l'auteur dans l'embrasure d'une fenêtre, et, comme il s'était échauffé à cette lecture : « Je n'ai pas encore trouvé le moment, dit-il, de remettre vos vers au roi; mais, si vous voulez m'attendre cinq minutes, je vais les lui porter à l'instant, et, s'ils lui plaisent autant qu'à moi, je dirai que vous êtes là. »

Le prince entra chez le roi. Il en revint au bout d'un quart d'heure, le visage décomposé, l'air triste et embarrassé, disant que le roi n'était pas visible en ce moment, mais que ce serait pour un autre jour qu'il ne fixa pas; et puis il parla d'autre chose.

Alfred crut comprendre que le sonnet avait été lu, et qu'il avait déplu. Il supplia le prince de lui dire ce qui, dans ses vers, avait blessé les oreilles royales. Le duc d'Orléans avoua, en rougissant, que c'était la familiarité et le *tutoiement!* « Je ne l'aurais pas deviné en mille, répondit le poète, en rougissant à son tour. »

Les deux condisciples se séparèrent aussi consternés l'un que l'autre. Lorsque mon frère me raconta cette étrange conversation, nous relûmes ensemble le sonnet. Je me demandai s'il était possible que le roi, qui était homme d'esprit et très instruit, eût été réellement choqué d'un langage que Boileau avait tenu à Louis XIV. Cela nous sembla impossible. Vraisemblablement, le prince avec sa vivacité de jeune homme avait dérangé son père en arrivant mal à propos. Le roi l'avait écouté à moitié, d'une oreille distraite, et s'était débarrassé de lui en donnant le premier prétexte venu. Le prince royal se tira galamment d'affaire avec son ancien condisciple, en le faisant inviter aux bals du château. Une circonstance singulière vint prouver qu'au moment où le sonnet avait été communiqué au roi, le duc d'Orléans, voyant que l'impression n'était pas favorable, avait eu le bon goût de ne pas nommer l'auteur. Le jour qu'il fut présenté, Alfred de Musset, quand on prononça son nom, vit Louis-Philippe s'approcher de lui en souriant : « Ah! dit le roi, comme s'il eût été agréablement surpris, vous arrivez de Joinville ; je suis bien aise de vous voir. »

Alfred avait trop d'usage du monde pour témoigner le moindre étonnement. Il fit un salut respectueux, et, tandis que le roi passait outre pour aborder une autre personne, il chercha dans sa tête ce que pouvaient signifier les paroles qu'il venait d'entendre et le sourire qui les accompagnait. Il se souvint alors que nous avions à Joinville un cousin, homme d'un esprit charmant et très cultivé, parfaitement digne de cet accueil bienveillant, et qui était inspecteur des forêts du domaine privé. Le roi avait oublié le temps où il envoyait ses fils au collège et les noms des enfants qu'il avait reçus à Neuilly ; mais il connaissait à fond l'état et le personnel de son domaine. Ce nom de Musset lui représentait un inspecteur, gardien vigilant de ses bois et dont il faisait grand cas, avec raison. Pendant les onze dernières années de son règne, une fois ou deux par hiver, il revit, toujours avec le même plaisir, le visage du prétendu inspecteur de ses forêts ; il continua de lui adresser des sourires capables de faire envie à plus d'un courtisan, et qui passèrent peut-être pour des encouragements à la poésie et aux belles-lettres ; mais il est certain que jamais Louis-Philippe n'a su qu'il avait existé sous son règne un grand poète du même nom que son inspecteur des forêts.

TROISIÈME PARTIE

1837-1842

XI

Ce mépris de la littérature que le roi témoignait, sans s'en douter, par des sourires et des mots gracieux, Alfred de Musset n'en riait pas, comme il aurait pu le faire; car, en songeant au règne de Louis XIV dont la pensée lui revenait souvent à l'esprit, il sentait avec chagrin la différence des temps. J'avais beau lui dire que, dans notre siècle, le véritable Mécène, c'est le public, il avait sur le cœur l'indifférence du chef de l'État. Il en rougissait et ne voulait en parler que sous le manteau de la cheminée. Cependant, les bons procédés et les mots affectueux du prince royal eurent le pouvoir de le consoler. Il se disait qu'un jour ce prince apporterait sur le trône d'autres idées que celles de Louis-Philippe. En effet, le duc d'Orléans eut une conversation confidentielle avec son ancien condisciple, dans laquelle il exprima librement son opinion sur la politique du roi son père, sur l'isolement de la France entre les nations malheureuses, dont elle avait abandonné la cause, et les gouvernements étrangers toujours hostiles et dédaigneux. Le prince ne craignit pas de laisser entrevoir l'éventualité d'une guerre comme une chose probable pour la première année de son règne. Il cita même, à ce propos, une phrase de *Fantasio:* « Nous irons faire un tour en Italie, et nous entrerons à Mantoue sans qu'il y ait besoin pour cela d'autres cierges que nos épées. » Le prince ajouta : « Et quand la paix sera signée, nous nous amuserons; nous donnerons de l'occupation aux poètes et aux artistes; vous nous ferez des vers, et vous viendrez nous les lire. »

La princesse Hélène arriva d'Allemagne sur ces entrefaites. On sait avec quelle pompe le mariage fut célébré. Au milieu des vastes galeries de Versailles, Alfred rêva un avenir plus beau et plus digne d'une grande nation que le temps du *juste-milieu* et de la paix à tout prix. Son imagination, *mobile comme la boussole*, découvrait au loin une nouvelle renaissance des arts et des lettres, un règne brillant et chevaleresque. A vingt-six ans, de tels rêves étaient permis; l'espoir en paraissait fondé sur les idées et les projets du prince royal, sur le noble caractère de la duchesse d'Orléans, et sur les talents remarquables de la princesse Marie. A côté de la vieille cour se formait, dans le salon de l'héritier du trône, une autre cour plus jeune, plus animée et dans laquelle se trouvait la belle et gracieuse figure d'une nouvelle Marguerite de Valois. Alfred voulut se préparer à l'avènement plus ou moins proche de cette époque glorieuse, qui devait, selon lui, donner un nom au XIXe siècle. Il se préoccupa plus qu'il ne l'avait fait jusqu'alors de la perfection de ses ouvrages et du soin de sa réputation. Pendant les deux années 1837 et 1838, il travailla sans fièvre, sans surexcitation, toujours sous l'inspiration de son cœur, car elle ne pouvait lui venir d'autre part, mais d'un cœur plus libre et plus joyeux. Il prenait les ennuis de ce monde avec plus de patience ; il restait volontiers enfermé au milieu de ses livres, comme il s'est plu à le dire dans ce couplet de *la Nuit d'octobre :*

> Jours de travail ! seuls jours où j'ai vécu !
> O trois fois chère solitude !

Et, comme cette heureuse disposition le poussait aux entreprises qui demandaient de l'assiduité, il résolut d'écrire une série de *Nouvelles*, autant pour le public et pour ses amis que pour la future cour de François Ier et de la reine de Navarre. Quand il eut repris de l'estime pour l'art de bien conter, en relisant les charmants récits de Boccace, il sentit le désir de déployer des qualités de narrateur qu'on ne lui connaissait point encore. *La Confession d'un enfant du siècle* était une sorte de réquisitoire passionné plutôt qu'un roman. Dans l'intérêt de son œuvre, et afin de varier ses travaux, il voulut y ajouter un volume de prose. Depuis le 18 août 1836, il s'était engagé par écrit avec la *Revue des Deux-Mondes* à composer un roman de mœurs contemporaines. Le sujet qu'il se proposait de traiter était celui d'*Emmeline*; mais, quand le temps eut mis cet épisode de sa vie dans la perspective du passé, il reconnut que le chagrin le lui avait fait voir comme sous un verre grossissant. Il lui rendit ses justes proportions qui étaient celles d'une *nouvelle*, et il promit d'arriver au bout du volume avec d'autres récits du même genre, si le premier était bien accueilli.

Un sujet bien différent lui traversa l'esprit tout à coup. Parmi les témoignages de sympathie qu'il recevait souvent, se trouva une bourse anonyme en filet, dont il ne put deviner l'auteur. Après avoir soupçonné toutes les femmes de sa connaissance, il puisa dans ses conjectures le sujet d'une peinture de la vie parisienne. C'est ainsi que lui vint l'idée du *Caprice*. Dans l'intention de créer un type original et vrai de femme du monde, il choisit pour modèle sa *marraine*, quoiqu'elle ne fût pour rien dans le complot de la bourse en filet. Aussitôt le personnage de madame de Léry lui apparut avec sa gaieté, sa malice, son langage pittoresque, son esprit incisif, son caractère frivole en apparence. Dans tous les pays du monde, il y a fort peu de femmes capables, comme madame de Léry, d'employer au profit de la morale tout l'arsenal de la coquetterie, de faire une action honnête comme on ferait un poisson d'avril, et de se tirer d'un pas dangereux, les bagues sauves, avec autant d'esprit que de grâce; mais, si la chose est possible quelque part, c'est à Paris; aussi cette figure si fortement accentuée est-elle considérée comme le portrait exact de la parisienne par excellence. Ceux qui trouvent ce portrait flatté sont libres de prendre cette création aimable de madame de Léry pour un remerciement de l'auteur aux femmes de Paris, dont les suffrages ne lui ont jamais manqué.

Lorsque la *Revue* publia *le Caprice* (le 15 juin 1837), on en parla dans les salons; mais le monde littéraire n'eut pas l'air d'y faire attention, comme s'il eût senti avec une sorte de mauvaise humeur que l'appréciation de ce tableau n'était point de sa compétence. L'auteur ne s'inquiéta pas de ce silence; il écrivit en quelques jours *Emmeline*, dont il ne livra pas le manuscrit aux imprimeurs sans un peu d'hésitation. C'était, à vrai dire, son premier roman; il s'agissait d'intéresser, de toucher le cœur par le simple récit d'un chagrin d'amour et d'un sacrifice à la raison et au devoir. Réduit à ses seules ressources, l'art de bien dire, sans rhétorique, constituait pour le poète de la jeunesse une épreuve nouvelle. Dès le lendemain de la publication, sa famille et ses amis le rassurèrent complètement sur le résultat de cette expérience, et la *Revue* lui demanda instamment d'autres récits. Il commença aussitôt l'historiette des *Deux Maîtresses*, que sa modestie lui fit encore envisager comme une épreuve. Après avoir tracé le portrait de Valentin, où il s'était peint lui-même, il s'arrêta. Les faits qu'il s'apprêtait à raconter ne lui étaient point arrivés, bien qu'il se fût trouvé, il y avait longtemps, dans une situation d'esprit à peu près semblable à celle de son héros. Comment imprimer le cachet de la vérité dans un récit dont le sujet devait sembler paradoxal à bien des gens? Qu'il fût possible d'aimer deux personnes à la fois, cela n'était point douteux pour le prince *Phosphorus*, comme disait la *marraine*; mais de le prouver par un exemple n'était pas aussi facile.

Les six premières pages des *Deux Maîtresses* traînaient sur la table de travail; l'auteur indécis avait planté là Valentin pour aller chez son ami Tattet. Il y tomba dans une partie de *bouillotte*, perdit son argent, et revint plus soucieux à la maison se renfermer dans sa chambre. Le lendemain matin, il se boudait lui-même quand sa mère lui apporta un gros bouquet de roses dans un verre d'eau qu'elle posa devant lui, en disant avec un sourire : « Il y en a pour quatre sous. » Tandis que sa mère se retirait doucement, Alfred sentit des larmes lui venir dans les yeux : « Ah! s'écria-t-il, voilà du moins quelque chose de vrai! Je ne crains pas de me tromper en racontant ce que j'éprouve. »

Il écrivit cette page sur les plaisirs du pauvre, qui termine le premier chapitre de sa *nouvelle*. Une fois réconcilié avec son sujet, il travailla tout le reste du jour et prit bravement son parti de présenter, sous la forme d'un récit véridique, des scènes et des événements romanesques qui ne s'étaient passés que dans sa tête. Il n'alla pourtant pas jusqu'au bout de son petit roman, et voici l'explication de ce nouveau retard :

Composer une *nouvelle* et imaginer une fable, en tracer le plan, c'était l'affaire d'une heure de causerie au coin du feu; mais Alfred sentait avec impatience combien le travail matériel marche lentement. Souvent il lui arrivait de rêver à un sujet de poésie tout en écrivant de la prose. Il assurait même que ce double exercice, loin de nuire à l'un ou à l'autre travail, leur était également profitable à tous deux: Sachant bien d'avance ce qu'il voulait dire en prose, il regagnait le temps employé à tracer des mots sur le papier, en roulant dans sa tête une autre idée. C'était, disait-il, comme de regarder une étoile dans le ciel pour mieux voir scintiller l'étoile voisine. Une circonstance fortuite se présenta, d'ailleurs, qui ramena le romancier à la poésie. Un soir qu'il avait causé longuement avec une femme qui était la franchise et la bonté même, il la soupçonna, je ne sais pourquoi, de mensonge et d'hypocrisie, et, comme il reconnut son injustice tout de suite après, il chercha en lui-même d'où venaient ses odieux soupçons. Il crut découvrir que la cause en était dans la première occasion de sa vie où il s'était trouvé aux prises avec la trahison et le mensonge.

Tout en racontant les amourettes de Valentin et de madame Delaunay, l'auteur se mit à rêver à d'anciens souvenirs et à des chagrins passés. Ces souvenirs devenant plus vifs, il conçut l'idée d'un supplément et d'une conclusion à la *Nuit de mai*. Il sentait dans son cœur comme une marée montante. Sa Muse lui frappa tout à coup sur l'épaule. Elle ne voulait pas attendre; il se leva pour la recevoir, et fit bien, car elle lui apportait *la Nuit d'octobre,* qui est, en effet, la suite nécessaire de *la Nuit de mai*, le dernier mot d'une grande douleur et la plus légitime comme la plus accablante des vengeances, le pardon. Le 15 octobre, la *Revue* publia la dernière des *Nuits*, et, le 1ᵉʳ novembre suivant, les *Deux Maîtresses*.

Pour mettre à profit ses bonnes dispositions au travail, Alfred chercha dans ses souvenirs un autre sujet de *nouvelle*. C'est alors que la figure de la rieuse Bernerette lui revint à l'esprit. L'aventure véritable était quelque peu décousue; il en sut faire pourtant un de ses récits les plus attachants et les plus estimés. Pensant que la mort seule pouvait faire excuser les fautes de la fille égarée et attendrir le lecteur sur des péchés de jeunesse sévèrement expiés, il condamna son héroïne à une fin tragique. Tandis que la vraie Bernerette courait les champs on ne sait où, la Bernerette idéale mourait à vingt ans, pour le bon exemple, et ses amours commencées par le rire et l'étourderie se dénouaient par le désespoir et le suicide.

Comme l'histoire de Valentin, celle de Frédéric et Bernerette n'alla pas jusqu'au bout sans interruption. L'auteur était tourmenté depuis longtemps par le problème insoluble de la destinée de l'homme et du but final de la vie. Je le voyais souvent la tête dans ses mains, voulant à toute force pénétrer le mystère impénétrable, cherchant un trait de lumière dans l'immensité, dans le spectacle de la nature, dans son propre cœur, demandant des preuves, des indices à la science, à la philosophie, à toute la création, et ne trouvant que des systèmes, des rêveries, des négations, des conjectures, et, au bout de tout cela, le doute.

Ce sujet de réflexion devenant une idée fixe, il m'invitait à en causer avec lui, et souvent nous y étions encore à trois heures du matin. Il lisait avec une ardeur incroyable les anciens, les modernes, les Anglais, les Allemands, Platon, Epictète, Spinosa, — jusqu'à M. de Laromiguière lui-même ; et, comme on peut le croire aisément, il ne s'en trouva pas plus avancé. Souvent, rebuté par l'outrecuidance dogmatique des uns, l'indécision et l'obscurité des autres, il fermait le volume et reprenait, où il l'avait laissée, l'histoire de la pauvre Bernerette. Mais le jour même où il coucha son héroïne dans la tombe, comme les larmes lui étaient venues aux yeux en écrivant la dernière page, sa défaillance avait cessé. Il me dit ce mot que je n'ai jamais oublié : « J'ai assez lu, assez cherché, assez regardé. Les larmes et la prière sont d'essence divine. C'est un Dieu qui nous a donné la faculté de pleurer, et, puisque les larmes viennent de lui, la prière retourne à lui. » Dès la nuit suivante, il commença l'*Espoir en Dieu*.

Probablement les lecteurs de la *Revue*, quand ils virent paraître dans ce recueil, à un mois de distance l'une de l'autre, l'histoire d'une grisette et une invocation au Créateur, ne se doutèrent pas de la corrélation qui pouvait exister entre deux morceaux si différents. Il est certain pourtant que la mort de Bernerette, en provoquant dans l'âme de l'auteur un attendrissement passager, pour une souffrance imaginaire, avait noyé toutes les philosophies du monde dans une goutte d'eau. Les vers sur la *Mi-carême*, qui suivirent de très près les deux autres publications, prouvèrent encore la mobilité de cet esprit si jeune et si impressionnable. Un soir, dans je ne sais quel bal, le *cotillon* avait été mal conduit; Alfred saisit l'occasion de faire un éloge de la valse qu'il méditait depuis le jour où il avait lu, dans les poésies de lord Byron, une critique amère de cette danse. Quand il eut vengé la *belle nymphe aux brodequins dorés*, il revint aux *nouvelles*.

Dès le temps où il avait rencontré, parmi les notices sur les peintres italiens, le sujet d'*André del Sarto*, il s'était épris d'un autre sujet trop métaphysique pour être traité sous la forme du drame ou de la comédie, et qu'il tenait en réserve. Encouragé à continuer ses petits romans par le directeur de la *Revue*, il rechercha dans ses notes l'historiette du Tizianello. Après avoir appris la peinture à bonne école, dans l'atelier de son père, disait l'histoire vraie ou fausse, le fils du célèbre Titien ne produisit qu'un seul ouvrage, le portrait de sa maîtresse; mais ce portrait était un chef-d'œuvre.

Pour entrer plus avant dans les idées de son héros, l'auteur ne manqua pas de les adopter et de soutenir cette thèse : Qu'un chef-d'œuvre suffit à la gloire d'un homme, et que l'artiste de génie, quand il a prouvé une fois ce qu'il sait faire, devrait s'en tenir là, et ne point s'exposer au reproche de radotage, comme il est arrivé à Corneille, au Guide et au Titien lui-même. Dans nos conversations, je plaidai la cause contraire, celle du travail et de la fécondité. L'obscurité où est resté le nom du fils du Titien et l'immense réputation de son père me donnaient beau jeu. Mon frère se mit en mesure de me convaincre par l'exemple de son héros, dont on ne savait rien, si ce n'est qu'il eut beaucoup de talent et ne daigna le prouver qu'une seule fois. De tous ses petits romans, le *Fils du Titien* est assurément celui que l'auteur a écrit avec le plus d'entrain et de plaisir. Il en voulait faire un bijou, et il y ajouta l'ornement de deux sonnets composés exprès, afin de donner, argent comptant, des preuves irrécusables de l'esprit du héros et de son talent de poète, puisqu'on ne pouvait le montrer grand peintre que par écrit. Tout le mois d'avril fut employé à ce travail, et cette fois, sans interruption, si j'ai bonne mémoire.

Le Fils du Titien parut dans la *Revue* le 1ᵉʳ mai 1838. On y reconnaîtra désormais quelques souvenirs personnels, dans l'épisode de la bourse et dans les mœurs d'enfant prodigue du héros. Plus d'un lecteur se donnera sans doute le plaisir d'observer avec quel art ces légers reflets de la vie de l'auteur sont jetés au milieu d'une œuvre d'invention sur un sujet des temps passés. Alfred considérait ce roman comme une de ses meilleures productions, tant à cause des deux sonnets qu'il croyait irréprochables que de la distinction du sujet. Il l'avait traité avec une telle conscience qu'il se reposa pendant six semaines après la publication, pour faire un peu comme le Tizianello. Mais le jour n'était pas encore venu où il devait prononcer le vœu de paresse et donner les raisons de son silence.

Un soir, des conversations de café dans lesquelles des envieux se permirent de dénigrer devant lui tous les talents contemporains, lui avaient échauffé la bile. La fantaisie lui vint de mettre en vers les doctrines qu'il avait combattues et de porter la guerre dans le camp de ses adversaires. L'idylle de *Dupont et Durand* fut le résultat de cette boutade satirique.

Chez madame la duchesse de Castries, Alfred de Musset rencontra une fort belle dame qui venait de lire *l'Espoir en Dieu;* elle lui fit compliment de la beauté de ses vers, et il répondit, en badinant, mais du ton le plus respectueux, qu'il regrettait de ne pouvoir pas se parer d'un compliment si flatteur comme d'une fleur qu'on porte à sa boutonnière. La dame partait pour la campagne le lendemain. Quelques jours après, Alfred reçut sous enveloppe un tout petit bouquet de fleurs blanches nouées avec un fil de soie. Il n'était pas homme à laisser sans réponse une pensée si gracieuse ; il y répondit par les vers *A une fleur*. De loin en loin, il revit cette femme dont la beauté était une de ses admirations. Elle mourut, encore jeune, toujours belle et à la mode, pleine de vie et de santé, d'une mort subite, imprévue et terrible*.

Pauline Garcia venait d'arriver en France, presque enfant et déjà célèbre. On ne l'avait encore entendue qu'une fois à Paris, chez le ministre de Belgique; la seconde fois, ce fut à une matinée de musique chez la *marraine*, qui avait convoqué pour cette occasion un

---

* Elle fut brûlée par accident.

P. M.

auditoire de vrais *dilettanti*. Le prince Belgiojoso s'y trouvait, ainsi que Desaüer, compositeur de beaucoup de talent, qui s'en alla mourir en Allemagne bientôt après. Mademoiselle Garcia commença par chanter le bel air de Desaüer, *Felice donzella*, en *ré* mineur; l'auteur l'accompagnait lui-même. Je crois entendre encore le frémissement de joie qui parcourut l'assemblée dès les premières mesures. C'était la voix de la Malibran, disions-nous, mais plus étendue, plus veloutée, plus fraîche et dégagée de ces sons un peu rauques qui ne disparaissaient entièrement qu'après un quart d'heure d'exercice. Notre émotion ne tarda pas à réagir sur la jeune chanteuse ; les applaudissements la mirent si bien en verve qu'elle demeura longtemps au piano, malgré les efforts de sa mère pour l'en arracher. Après le morceau de Desaüer, vint un air de Bériot, puis un autre de Costa, et tout le répertoire des boleros et ariettes. Les connaisseurs avaient mesuré avec ravissement la prodigieuse étendue de la voix, apprécié la qualité du son et l'excellence de la méthode. Pendant ce temps-là, Alfred de Musset, présenté par sa marraine, s'empressa de faire causer la jeune fille sur des questions d'art de l'ordre le plus élevé; il la trouva — comme il se plaisait à le dire — aussi ferrée qu'un vieux professeur. Il revint de cette séance ivre de joie et répétant sans cesse : « La charmante chose que le génie ! Qu'on est heureux de vivre dans un temps où il en existe encore et de le voir de près! » — Comme s'il n'en eût pas eu lui-même plein la tête!

D'autres conversations avec Pauline Garcia, sur la musique et le théâtre, le confirmèrent dans la persuasion qu'elle réussirait, avec de la prudence et un peu de savoir-faire, à recueillir la succession de la Malibran. Cette année 1838 était celle des espérances. Ne fallait-il pas une cantatrice adorée pour la future cour de France et pour le moment prévu de la renaissance des arts? Le hasard l'avait choisie exprès du sang des Garcia. C'était une prédestination évidente. Deux événements nouveaux vinrent encore ajouter aux brillantes promesses de l'avenir : la naissance du comte de Paris et les débuts de mademoiselle Rachel. Dans les premiers jours d'août, le canon annonçait à la population l'heureuse délivrance de madame la duchesse d'Orléans. La couronne de Juillet avait devant elle deux générations d'héritiers. Alfred crut devoir témoigner au prince qui l'honorait de son amitié la part qu'il prenait au bonheur de la famille royale. Il composa des vers sur ce sujet, le jour même, et le morceau était achevé quand on apprit par *le Moniteur* les noms et titres du nouveau-né. Son père avait voulu le mettre sous la protection particulière de la ville de Paris.

Trois jours après la naissance du prince, le 1ᵉʳ septembre 1838, la *Revue des Deux-Mondes* publia des stances que les amis de l'auteur firent connaître au duc d'Orléans. Un exprès du château apporta au poète un porte-crayon orné d'un diamant. On a dit, dans les notices plus ou moins inexactes qui ont paru depuis la mort d'Alfred de Musset, que la place de bibliothécaire du ministère de l'intérieur lui avait été donnée en rémunération de ses vers sur la naissance du comte de Paris. Ce n'est pas tout à fait ainsi que les choses se sont passées. La vérité est que la place se trouvait vacante, et que le ministre la proposait à M. Buloz. Le directeur de la *Revue des Deux-Mondes* ne crut pas devoir l'accepter; il présenta pour bibliothécaire un de ses collaborateurs, en assurant que ce serait une faveur bien placée; puis il prononça le nom de son candidat.

Il va sans dire que le ministre n'avait jamais lu ni un vers ni une ligne de l'écrivain recommandé. La seule chose qu'il connût par ouï-dire était la *Ballade à la lune*, et il dit à M. Buloz ces propres paroles : « J'ai entendu parler d'un certain point sur un i qui me paraît un peu hasardé, et je craindrais de me compromettre. »

Alfred de Musset, averti de la démarche obligeante de M. Buloz, sollicita l'appui du duc d'Orléans. Le prince consentit à intercéder auprès du ministre, qui avait déjà en vue une autre personne. Il fallut encore six semaines de pourparlers. M. Edmond Blanc s'en mêla un peu; enfin la nomination fut signée le 19 octobre seulement, et la bibliothèque du ministère de l'intérieur fut livrée à l'auteur du *point sur un i*.

Nous avions alors pour voisin, dans la maison où nous demeurions, un médecin, homme fort instruit et professeur de lithotritie, avec lequel Alfred aimait à causer de physiologie et de médecine[*]. Un jour, le voisin ramena de la campagne une petite servante de quatorze ans extrêmement jolie, habillée à la mode de son village, et coiffée d'un bavolet. Avec la permission du docteur, Alfred interrogea la jeune fille et lui fit raconter son enfance. Elle ne lui donna pas de longs renseignements; mais Alfred portait dans sa mémoire un bon bagage de conversations avec des enfants et des jeunes filles, car il avait plus que personne le culte de l'innocence et de l'ingénuité. Le tableau de la ferme des *Clignets*, auquel il n'avait guère

---

[*] Il s'appelait Léon Labat. Sa destinée est assez bizarre. Dans un voyage qu'il entreprit en Orient, accompagné de sa femme, il guérit le shah de Perse d'une maladie de vessie chronique et réputée incurable. Le shah ne voulut plus le laisser partir, le nomma son premier médecin et l'accabla d'honneurs, de décorations et de présents. M. Labat prit son parti de vivre en Perse; mais il n'oublia point son pays natal. Son ascendant sur l'esprit du shah devint fort utile à tous les Français établis dans les États de ce prince. Une occasion se présenta où des négociants anglais et français se disputèrent certains privilèges. M. Labat usa de son crédit pour faire pencher la balance en faveur de ses compatriotes. Peu après, ses domestiques lui donnèrent du poison. Il se soigna lui-même, et fort habilement; mais sa santé était détruite. Il revint en France mettre ordre à ses affaires avec beaucoup de sang-froid, et s'en alla mourir à Nice, persuadé que sa mort était le résultat d'une vengeance britannique.

P. M.

songé depuis vingt ans, lui revint à l'esprit. L'imagination du poète créa le reste, car il n'y avait encore, dans tout cela, que le paysage. La fable fut bientôt inventée, et, le 1er octobre, la *Revue* publia l'historiette de *Margot*.

C'était le moment où se révélait un de ces génies puissants qui dominent la mode. Une enfant de dix-sept ans venait de ressusciter la tragédie qu'on croyait ensevelie pour l'éternité dans le linceul de Talma. Il semblait que cette jeune fille eût découvert tout à coup le sens véritable de vers que tout le monde savait par cœur. Le succès ne manque jamais à un grand artiste lorsqu'il tente de rajeunir, par une interprétation nouvelle, des chefs-d'œuvre consacrés, et même vieillis. Le goût public revient toujours volontiers de cent cinquante ans en arrière, ce qui ne l'empêche pas de continuer le lendemain sa marche en avant. Mademoiselle Rachel n'eut besoin que d'ouvrir les volumes de Corneille et de Racine, et presque aussitôt sa fortune fut décidée. Après s'être fait entendre trois ou quatre fois dans le désert où prêchaient les fidèles gardiens de la tradition, elle eut, un soir, quelques auditeurs attentifs. De proche en proche, on se donna le mot. Les journaux, craignant d'arriver les derniers, s'empressèrent de signaler l'astre nouveau. Tout Paris accourut avec une curiosité qui se changea bien vite en enthousiasme, et l'on convint que la tragédie était encore de ce monde, parce qu'il existait une grande tragédienne.

Alfred de Musset avait été des premiers à reconnaître le talent de mademoiselle Rachel. Pendant deux mois il ne manqua pas une des représentations où elle jouait, et je l'entendis, dès le premier jour, s'écrier avec joie : « Nous avons deux Malibran au lieu d'une, et Pauline Garcia a une sœur! » Comme il s'y attendait, les classiques poussèrent des cris de triomphe. Déjà ils décrétaient que la résurrection d'un genre d'ouvrages abandonné depuis longtemps était la condamnation à mort des autres genres implantés récemment au théâtre. De leur côté, les romantiques, pour dissimuler leurs alarmes, disaient que le public s'était engoué sottement, et que le fantôme de la tragédie ne tarderait pas à rentrer dans son tombeau. Alfred de Musset, voyant autant d'injustice et de déraison d'un côté que de l'autre, entreprit de faire cesser le malentendu. Il publia une dissertation où il prouva que la tragédie et le drame romantique pouvaient parfaitement exister tous deux, et qu'il ne dépendait de personne de les empêcher de vivre. Après avoir défini le caractère du génie de la jeune débutante, et établi que ce mot de *génie* n'était ni trop flatteur ni trop ambitieux pour elle, l'auteur abordait la question littéraire. Il commençait par enlever aux romantiques l'espoir de voir bientôt s'évanouir le nouvel engouement du public pour la tragédie ; mais il ne laissait pas plus d'espérance aux classiques de voir disparaître à jamais le genre qui se passe des unités. Il faisait ensuite un historique rapide de la tragédie antique et de celle du XVIIe siècle, en démontrant que toutes deux avaient répondu au goût des spectateurs d'Athènes et de Versailles. Aujourd'hui, les conditions du théâtre étant différentes, l'auteur exprimait le vœu de voir paraître un troisième genre d'ouvrages dramatiques plus en rapport avec nos mœurs, et participant à la fois du drame moderne et de la tragédie antique. En peu de mots, il traçait toute une poétique nouvelle, et il terminait en ajoutant :

« Telles sont les questions que j'oserais adresser aux écrivains qui sont en possession d'une juste faveur parmi nous, si le talent de la jeune artiste qui remet en honneur l'ancien répertoire les engageait, comme il est probable, à écrire un rôle pour elle*. »

Cette poétique nouvelle, qui aurait pu réveiller la muse antique sans lui sacrifier les conquêtes de l'art moderne, personne n'en a profité. L'auteur de l'article était seul capable de la mettre en pratique. Cependant on se tromperait si l'on croyait qu'il songeait à se faire dire : « Écrivez vous-même une tragédie pour mademoiselle Rachel. » Depuis la pitoyable al-

---

* De la tragédie à propos des débuts de mademoiselle Rachel (*Revue des Deux-Mondes*, 1er novembre 1838).

garade du parterre de l'Odéon, le théâtre, dans sa pensée, lui était pour toujours interdit. D'ailleurs, il n'était pas de ces gens qui, voyant un artiste en faveur, ne craignent pas de forcer leur talent pour attacher leur fortune à la sienne. L'idée d'écrire un rôle pour Rachel ne pouvait lui entrer dans l'esprit que si elle l'en priait elle-même. C'est ce qui arriva deux fois, comme on le verra plus loin, et l'on ne saurait trop déplorer que deux fois ce projet soit tombé dans l'eau. Aux autres signes du temps, on peut ajouter celui-ci : Qu'en matière d'art et de poésie, toute belle et bonne chose avortera infailliblement toutes les fois que, pour arriver à bien, il lui faudra, je ne dis pas l'appui ou le concours de plusieurs personnes, mais seulement l'accord soutenu de deux volontés; tant les esprits sont étrangers à tout ce qui n'est pas matière, argent, fortune! La grande tragédienne elle-même n'échappa point à la maladie du siècle, et la fin de sa carrière d'artiste s'en ressentit. Mais, au moment où nous en sommes de cette histoire, on ne pouvait pas deviner tout cela*.

Rachel avait déjà ramené au théâtre cinq ouvrages du vieux répertoire, quand parut l'article de la *Revue*. C'étaient *Cinna, Horace, Andromaque, Mithridate* et *Tancrède*. Dans les derniers jours de novembre, elle en ajouta un sixième à cette liste, et se montra dans

---

* Cette page a été écrite en 1862.

le rôle de Roxane. Cette fois, tous les journaux se trouvèrent d'accord pour lui reprocher, comme une faute grave, d'avoir abordé un rôle qui, disaient-ils, ne lui convenait pas. Ses amis étaient plus effrayés qu'elle, car elle n'en ressentit que de la colère. Alfred crut devoir prendre sa défense, précisément parce qu'il n'était point critique de profession. Il n'eut pas de peine à prouver que Rachel avait déployé dans Roxane les mêmes qualités et le même talent que dans tous ses premiers rôles; qu'elle y avait trouvé, comme toujours, des effets nouveaux qui appartenaient à sa manière particulière de sentir; puis il affirma que, si elle eût commencé ses débuts par la pièce de *Bajazet*, la critique n'aurait pas manqué de l'accabler d'éloges, et de déverser sur elle tout le répertoire habituel des épithètes et des phrases louangeuses. Mais ce rôle de Roxane arrivait le sixième. C'était là un grand tort. On avait épuisé les épithètes; il ne restait plus de phrases louangeuses dans le sac; et puis, après avoir admiré, cela fait bien de se montrer difficile et mécontent. « Et voilà, disait l'auteur de l'article, comment on juge, du moins, dans les journaux. »

La mauvaise humeur des feuilletons du lundi se tourna de la grande tragédienne sur son défenseur; mais Alfred s'en moqua : le public était de son avis[*].

---

[*] Le 6 décembre 1838, Jules Janin publia dans le *Journal des Débats* un article contre les *défenseurs de mademoiselle Rachel*, où

Les représentations de *Bajazet* attirèrent la même affluence de spectateurs que celles des tragédies précédentes, et les applaudissements vengèrent Roxane offensée. Rachel joua toute sa vie ce beau rôle, malgré le conseil charitable qu'on lui avait donné d'y renoncer, et ceux-là même qui, pendant longtemps, soit pour se singulariser, soit par d'autres motifs, ont fait à l'artiste de génie une guerre impie et cruelle, de son vivant, plus tard ont battu monnaie sur le corps de Rachel morte, et répandu sur sa tombe les fleurs artificielles et les larmes frelatées de la spéculation.

Au milieu de ces lances rompues, qui le faisaient vivre de la bonne vie des arts, Alfred fut averti que mademoiselle Garcia devait chanter dans un concert au théâtre de la Renaissance (le théâtre Italien d'aujourd'hui, place Ventadour). Depuis la matinée de musique où la *marraine* nous avait réunis, nous avions formé, entre douze ou quinze admirateurs de ce talent si précoce, une ligue défensive pour l'aider dans ses débuts à Paris. Parmi les plus ardents de cette phalange, on peut citer MM. Maxime Jaubert, conseiller à la cour de cassation, Berryer, Auguste Barre le statuaire, le prince Belgiojoso, le

---

il appelait Alfred de Musset poète de troisième ordre. Le même critique osa mettre bien au-dessus de Rachel une certaine demoiselle Maxime, complètement oubliée aujourd'hui. De telles énormités ne se commettent pas de bonne foi, et rien ne peut les racheter.

P. M.

baron Deniez, Alfred de Musset et son frère, plus un certain nombre de gens du monde, qui, par leur position, leurs lumières et leur autorité, pouvaient exercer une influence considérable. Toutes les fois que l'occasion se présentait de rencontrer Pauline Garcia, non seulement pour l'entendre chanter, mais pour causer avec elle, nous accourions au rendez-vous. Nous nous informions des projets de la jeune fille; nous étions préoccupés de ses intérêts, qui étaient un peu les nôtres, car nous voulions l'attirer et la fixer à Paris. Pour lui en rendre le séjour attrayant, il fallait lui assurer les succès dus à son talent. Lorsqu'elle daignait nous consulter, nous pesions le *pour* et le *contre* de chaque chose avec une attention extrême, et nous approuvions fort, dans ces consultations, le bon sens, la prudence et l'expérience de sa mère, la veuve du grand Garcia.

Avertis par une circulaire, nous arrivâmes au concert du théâtre de la Renaissance (dans le courant de décembre 1838). Mademoiselle Pauline Garcia eut sujet d'être satisfaite. Elle n'eut pas besoin du secours de ses amis; le public l'applaudit avec une chaleur à laquelle ne nuisaient pas les regrets laissés par la Malibran. Alfred de Musset n'avait pas pu assister au concert; mais il se rendit chez la jeune cantatrice, qui lui chanta tous les morceaux du programme. Dans un article de la *Revue*, il disait, avec sa modestie habituelle, qu'il n'était pas musicien; mais en même temps il faisait preuve d'un sentiment profond de cet art qu'il était censé ne pas connaître. Je ne crois pas que le talent de Pauline Garcia ait été jamais plus justement défini et apprécié que dans ces six pages de la *Revue des Deux-Mondes*. Depuis trois mois qu'il plaidait pour les deux jeunes Muses de la tragédie et de la musique, le critique impartial et sincère s'était seul montré; il fallait que le tour du poète arrivât. Un incident fort simple fit naître l'occasion.

Alfred l'a raconté lui-même dans un article de la *Revue des Deux-Mondes*, du 1er janvier 1839, qui finit par une pièce de vers bien connue, adressée à Rachel et à Pauline Garcia.

« Il ne m'appartient malheureusement pas, disait le poète trop modeste, de suivre ces deux jeunes filles. »

Et qui donc pouvait les suivre, si ce n'était lui? — Il aurait dû dire : « C'est à moi qu'il appartient, non de les suivre, mais de les diriger par la main dans le droit chemin de l'art, du beau et de la vérité. » — C'était pourtant sincèrement qu'il poussait ce soupir de regret. Ce soupir signifiait : Ah! si l'on m'en croyait digne, avec quel plaisir je mettrais mon talent au service de tels interprètes !

Ainsi finit l'année 1838, la plus féconde et la plus heureuse de sa vie, parce qu'elle fut la plus riche en illusions.

Mais ce n'était point assez des amours poétiques,

des plaisirs d'artiste, ni des succès que je viens de raconter. Il fallait aussi la part du cœur, pour que son bonheur fût complet. Dès l'année 1837, Alfred rencontrait souvent dans le monde une très jeune et très jolie personne, d'un naturel enthousiaste et passionné, indépendante par situation, — et qui achetait les livres du poète, bien que ce ne fût point la mode alors. Ils causaient ensemble dans les salons de Paris. Ils s'écrivirent pendant un séjour que cette jeune femme fut obligée de faire en province. De littéraire qu'elle était d'abord, la correspondance devint amoureuse. J'en ai vu des fragments, qu'on pourrait mettre à la suite des *Lettres portugaises.* La franchise, la loyauté de cœur de la dame, étaient chose si nouvelle pour Alfred, qu'il se prit d'une passion sérieuse. Cet amour dura deux ans, pendant lesquels il n'y eut ni querelle, ni orage, ni refroidissement, ni sujet d'ombrage ou de jalousie; c'est pourquoi il n'y a pas de récit à en faire. Deux années d'amour sans nuage ne se racontent pas. Le vrai bonheur n'a point d'histoire.

XII

Un soir du mois de janvier 1839, après une bonne journée de travail, Alfred de Musset comptait devant moi les feuillets de son roman de *Croisilles* qu'il venait de terminer. Quand il eut évalué approximativement combien le manuscrit fournirait de pages de la *Revue*, il s'écria : *Finis prosæ!* — Je lui demandai ce qu'il entendait par là.

« J'entends par là, me répondit-il, que tout le monde peut raconter, avec plus ou moins de charme, une histoire d'amour, bien qu'il y ait des degrés depuis Boccace jusqu'à un feuilleton; et, puisqu'il m'est permis de m'exprimer dans une langue que le premier venu ne parle pas, je veux et je dois m'y tenir. »

Ces scrupules me paraissant respectables, je ne plaidai en faveur des travaux en prose qu'au point de vue du budget de l'auteur.

« Regarde, reprit-il, ces deux jeunes filles de génie dont nous suivons les débuts avec tant d'intérêt. Ce ne sont pas elles qui manqueraient à leur vocation. Il n'y a pas d'offre d'argent qui puisse les détourner de leur chemin. Pauline Garcia ne s'engagerait pas à l'Opéra-Comique; Rachel ne saurait réciter une tirade de mélodrame. Je prétends, comme elles, suivre mon chemin. »

Là-dessus il me lut sa *nouvelle* de *Croisilles*, que je trouvai charmante, mais à laquelle manquait évidemment la dernière scène. Cette scène finale était si bien préparée qu'il me semblait impossible d'y renoncer. Après avoir amené la vieille tante de Croisilles en carrosse de louage pour demander au financier la main de sa fille, on ne pouvait pas en rester là. Ne fallait-il pas montrer les grands airs de la vieille dame, le saisissement du père, sa colère s'apaisant, ses idées changeant du noir au blanc, et le bonhomme accordant par vanité ce qu'il avait refusé par orgueil? C'était une scène de comédie toute tracée, et qui aurait à peine coûté deux heures de travail. Rien ne put déterminer ce méchant garçon à l'écrire. « Non, répondit-il à toutes mes observations, je l'ai décidé; je n'y reviendrai plus. » — *Croisilles* parut le 15 février 1839, et, lorsqu'on reprochait à l'auteur la brusquerie

du dénoûment, il se frottait les mains en répétant :
« *Finis prosæ!* »

Il adressait alors ses hommages à une femme, artiste de talent, qui le traitait avec une défiance et une dureté d'autant plus inexplicables qu'il lui avait rendu de véritables services. Je n'ai compris que longtemps après comment et par qui cette personne, d'une intelligence rare, s'était laissé prévenir défavorablement contre un homme dont les galanteries poétiques pouvaient la rendre immortelle. Cette rigueur injuste et sans motif chagrinait Alfred de Musset. Dans un accès de dépit, il écrivit les stances à mademoiselle***, qui commencent ainsi :

> Oui, femmes, quoi qu'on puisse dire,

Mais ce reproche terrible ne fut pas son dernier mot, car, l'année suivante, il adressait à la même personne les vers intitulés *Adieu*, où l'on voit que sa colère s'était fort adoucie. Au moment d'un départ, le poète ne sentait plus que le regret d'une séparation. D'ailleurs, ni les stances à mademoiselle*** ni l'*Adieu* ne furent envoyés à leur adresse, et celle qui les avait inspirés les aura peut-être lus dix ans plus tard sans s'y reconnaître. Alfred communiquait ces poésies personnelles à sa marraine, dépositaire de ses plus secrètes pensées, et lui en remettait des copies ; le lendemain, c'était autre chose qui l'agitait. D'autres morceaux du même genre, qu'il composa au printemps de 1839, sont probablement encore enfermés parmi des chiffons de femme, d'où ils sortiront un jour, s'il plaît à Dieu.

Alfred continuait à observer avec sollicitude les progrès des deux *nobles enfants*, — c'est ainsi qu'il appelait Rachel et Pauline Garcia. Le 26 mars, par une lettre circulaire, la marraine invita tous ses amis à se rendre au théâtre du Gymnase dramatique où mademoiselle Garcia devait chanter avec madame Damoreau dans une représentation au bénéfice de madame Volnys. Peu de jours après, mademoiselle Garcia partait pour l'Angleterre. Les journaux de Londres nous apprirent bientôt qu'elle y avait débuté dans le rôle de Desdemona. Une lettre adressée à la *marraine*, et qui nous fut communiquée, contenait le passage suivant : « Le public m'a redemandé l'air du second acte : *Che smania!* Mais je n'ai pas voulu interrompre l'action dramatique, et j'ai continué tout droit. Je me suis contentée de reparaître après la chute du rideau. Au troisième acte, on voulut absolument me faire redire la romance du *Saule* et la prière. Cela n'était pas possible, car il aurait fallu faire venir un vitrier chez Othello, pour raccommoder le carreau de vitre brisé, afin qu'il pût se rebriser de nouveau. Aussi, malgré les *bis* et le tapage, je n'ai pas voulu m'arrêter. » Alfred ne pouvait se lasser d'admirer le courage et la conscience de cette jeune fille sans expérience, plus préoccupée de la bonne exécution de la pièce que de son propre succès, et tenant tête au public de Londres, le jour même de son premier début. Il voyait dans ces prémices tout l'avenir d'une seconde Malibran.

Rachel, dont il ne manquait pas une représentation, ne l'intéressait pas moins. Un soir du mois de mai, il la rencontra dans les galeries du Palais-Royal, en sortant du Théâtre-Français. Elle l'emmena souper avec une bande d'amis et d'artistes. On peut lire dans les *Œuvres posthumes* la curieuse relation de ce souper; c'est à la fois, comme le dit l'auteur, un tableau de Rembrandt et un chapitre de *Wilhelm Meister*. Bientôt après, les ouvrages d'Augustin Thierry et de Sismondi s'entassèrent sur sa table; il composait le plan de la *Servante du roi*. J'ai dit ailleurs pourquoi cette tragédie ne fut jamais achevée; mais, au moment où il en écrivait le quatrième acte (juillet 1839), rien ne pouvait faire croire que ce beau projet dût avorter. Rachel lut le monologue de Frédégonde et, sur cet échantillon, demanda le reste de la pièce. Tandis que le poète y rêvait, ses amis et surtout le directeur de la *Revue* lui reprochaient son silence. Quoique la paresse n'y fût pour rien, ce long silence était préjudiciable à ses intérêts.

On sait qu'il n'appartient qu'aux éditeurs anglais de payer grandement la marchandise littéraire d'une qualité supérieure. Dans les publications françaises, il n'en est point ainsi. Rien ne supplée à la quantité;

il n'y a point de bonne rémunération, si l'on ne remplit beaucoup de pages. Alfred gouvernait assez mal ses finances; l'équilibre entre les recettes et les dépenses lui fut toujours aussi inconnu que l'art moderne de grouper les chiffres. Le moindre incident, l'impression la plus fugitive suffisaient pour faire descendre sa muse; mais quand tout cela ne fournissait pas grande matière aux typographes, il avait recours aux crédits supplémentaires, de sorte que bien souvent le produit de son travail était dissipé d'avance, ce dont il éprouvait un regret bien sincère le jour du règlement des comptes. Cependant, sans occuper un grand espace dans les livraisons de la *Revue*, les *nouvelles* avaient produit des sommes assez rondes pour que l'auteur s'en aperçût. Bien des gens, à sa place, auraient fait de cette remarque la base d'une spéculation. Pour lui, ces travaux, mieux rétribués que la poésie, devinrent la cause d'un chagrin qui alla jusqu'au désespoir. Mais ce sont là des cas de conscience littéraires que les hommes de la génération présente auraient trop de peine à comprendre si on ne leur en donnait l'explication.

Un jour, j'engageais mon frère à revenir, au moins pour un temps, aux *nouvelles* en prose. Je lui représentais que ses affaires s'embrouillaient, et que les malheurs de Galsuinde et l'ambition de Frédégonde n'y mettraient pas ordre. D'abord, il rejeta bien loin la proposition d'interrompre ses lectures historiques et de détourner le cours de ses idées, et puis il s'alarma en songeant que les crédits extraordinaires allaient se convertir en dettes pressantes. Deux ou trois historiettes devaient fournir de quoi parer à toutes les difficultés. Alfred consentit à chercher avec moi dans ses notes. Il y trouva le plan tracé en six lignes d'un petit roman dont le peintre florentin Christophe Allori était le héros. Il s'enflamma tout à coup pour ce sujet, qui était, en effet, très beau. Nous en causions depuis une heure, lorsque M. Félix Bonnaire entra. Il venait à tout hasard demander quelque morceau, vers ou prose, pour la *Revue*, et il s'attendait à la réponse habituelle : « Je n'ai rien pondu, ni ne veux rien pondre, ô Bonnaire ! » Ce fut donc une surprise agréable pour lui d'apprendre les projets de travail en question. Alfred se croyait si sûr de ses bonnes dispositions, qu'il s'engagea par écrit à livrer trois *nouvelles* en trois mois. M. Bonnaire s'en alla fort content d'avoir assuré à la *Revue* quelques feuilles d'impression. Alfred se félicita d'être débarrassé de deux créanciers qui l'inquiétaient, et je me réjouis à l'idée que *le Fils du Titien* aurait bientôt un pendant digne de lui.

Mais, dans la nuit, les vents changèrent. Lorsque j'entrai dans sa chambre, le lendemain, mon frère m'accabla de reproches. « Vous avez fait de moi, me dit-il, un manœuvre de la pensée, un serf attaché à la glèbe, un galérien condamné aux travaux forcés. »

L'exagération s'en mêlant, il me fit une peinture terrible du prosateur péniblement courbé sur sa table, ayant deux cents pages dans la tête et réussissant à grand'peine à en écrire une dizaine en six heures, s'arrêtant épuisé, les yeux rougis, les doigts roidis par la fatigue, jetant un regard douloureux sur ces pattes de mouche, faible produit de sa journée, rêvant à tout ce qu'il lui reste à dire, s'effrayant d'en avoir dit si peu, et passant de la lassitude au découragement.

Comme le père prudent de la *Jeune Veuve* de Lafontaine, je laissai le torrent couler; et puis j'essayai de faire entendre au poète en fureur qu'on ne pouvait pas mettre au jour une *nouvelle* d'un coup de baguette, que *le Fils du Titien, Emmeline* et *Croisilles* lui-même avaient été écrits avec trop de verve pour qu'on y sentît le moindre effort, que la facilité de l'exécution ajoutait au plaisir de la lecture, et que, d'ailleurs, je n'avais jamais vu l'auteur dans cet état de prosateur galérien dont il venait de faire l'effroyable portrait.

« Tout à l'heure, s'écria-t-il, je serais dans cet état si je vous écoutais. Il ne me manque, pour y tomber, que de remplir mes engagements. Rendez-moi mes embarras et mes créanciers. Je veux avoir des dettes, moi; je veux manger de la vache enragée si cela me plaît; qu'on me reconduise aux carrières! »

Persuadé que ce grand désespoir se calmerait bientôt, j'attendis patiemment le retour d'une veine laborieuse. Au bout de quinze jours, le poète était moins agité, mais plus sombre. Lorsque, en exécution du traité, on eut mis ordre à ses affaires, il m'avoua le soulagement qu'il en ressentait; mais il ne se décidait toujours pas à commencer son travail, et il ne voulait même plus parler du peintre Allori. J'éprouvais de véritables remords de l'avoir mis dans cette position critique, ou de manquer à ses engagements, ou de travailler à contre-cœur.

Par un hasard fatal, Alfred trouva, un matin, dans un journal, je ne sais quel feuilleton écrit d'un style plat, où il releva plusieurs erreurs grossières. Avec une sagacité dont je m'étonne encore aujourd'hui, il devina trois ans d'avance que cette littérature nouvelle amènerait bientôt une révolution, et qu'elle corromprait profondément le goût public.

« Tiens, regarde cela, dit-il en me montrant ce feuilleton, et dis-moi si la littérature d'imagination peut vivre longtemps, quand on abrutit ainsi ses lecteurs en s'abrutissant soi-même. »

Je tentai de démontrer que tous les écrivains n'étaient point solidaires des anachronismes contenus dans un feuilleton, et que l'auteur d'*Emmeline* n'avait pas à craindre d'être confondu avec les fabricants à la mode.

« Eh! ne vois-tu pas, me répondit-il, que cette littérature de portières va faire sortir de terre tout un monde nouveau de lecteurs ignorants et à demi-barbares? Je sais bien qu'elle se tuera elle-même par ses propres excès; mais, avant cela, elle aura dégoûté les esprits délicats de la lecture. En attendant, je la renie; désormais, il n'y aura plus rien de commun entre elle et moi, pas même l'ustensile; je ne veux plus toucher une plume. Dieu merci! pour écrire un vers, il suffit d'un morceau de craie ou d'une allumette brûlée. »

Les jours et les semaines s'écoulaient. Félix Bonnaire revint de temps à autre demander où en étaient les *nouvelles* promises. Un jour, Alfred lui répondit : « Revenez demain; tout sera fini. »

Bonnaire me regarda pour savoir ce que cela signifiait, et je lui fis signe que je n'y comprenais rien. Quand il fut parti, mon frère me dit : « Celui qui s'est laissé mettre dans une impasse, et qui ne peut plus retourner en arrière parce qu'il a l'épée dans les reins, n'a plus qu'à faire un trou au mur et à passer au travers. »

Après le dîner, pendant lequel il parla peu, Alfred s'enferma dans sa chambre. Au milieu de la nuit, je crus le voir entrer chez moi, une lumière à la main, et marcher sur la pointe du pied; mais il ne fit pas assez de bruit pour m'éveiller tout à fait. Le lendemain, en me levant, je me rappelai cette espèce de vision. Je regardai un certain rayon de ma bibliothèque où je mettais une boîte de pistolets de combat. La boîte ne s'y trouvait pas, mais j'avais par prudence enfermé les capsules et la poudrière dans un tiroir de bureau où elles étaient encore.

A l'heure du déjeuner, Alfred vint s'asseoir à table, comme à l'ordinaire. Il paraissait triste, et répondait à peine aux questions que je lui adressais sur sa visite nocturne. On lui apporta une lettre qu'il lut et relut. Mademoiselle Rachel l'invitait à venir passer quelques jours chez elle à Montmorency, où elle avait loué une maison de campagne. Il partit d'un air joyeux, oubliant la boîte de pistolets que je remis à sa place. Je ne sais ce que contenait la lettre de Rachel, outre l'invitation; mais il est certain que, durant son séjour à Montmorency, le poëte amusa si bien son hôtesse par des dissertations sur les arts et des conversations légères ou sérieuses, qu'on ne le laissa retourner à Paris qu'avec bien du regret. Rentré à la maison dans une bonne disposition d'esprit, il écrivit à sa marraine une lettre où il ne parlait presque point de son séjour à Montmorency, contrairement à son habitude de rendre un compte exact de ses impressions à cette chère marraine; mais il racontait d'autres impressions plus récentes, à la suite desquelles cette lettre contenait la phrase suivante : « Qu'elle était charmante, l'autre soir, courant dans *son* jardin, les pieds dans *mes* pantoufles! » Je me borne à citer ce passage, en laissant au lecteur le soin d'en tirer les déductions et conclusions qu'il lui plaira d'imaginer;

il ne risquera pas de se tromper en pensant que cet incident dut produire une heureuse diversion aux *galères* de l'intelligence. Ce fut comme un coup de vent qui emporta bien des idées sombres. Cependant le traité avec la *Revue* n'en existait pas moins, et, une fois rentré chez lui, le galérien sentit le poids du boulet à son pied. Le visage de Félix Bonnaire ne tarda pas à reparaître. Pour lui échapper, Alfred s'enfuit à la campagne chez M. Berryer, où il retrouva sa marraine. Il oublia tous ses ennuis au milieu d'une société charmante et nombreuse. Le directeur de la *Revue* était trop de ses amis pour exiger à la rigueur et dans le délai prescrit l'accomplissement des conventions faites ; mais il fallait pourtant bien finir par lui donner une satisfaction quelconque.

A son retour du château d'Augerville, Alfred, assailli par le souvenir de ses engagements et incapable de surmonter ses répugnances, demeura dans sa chambre sans vouloir y recevoir personne. Je n'osais lui demander ce qu'il y faisait, et je ne le voyais plus qu'aux heures des repas. Un jour, en sortant de table, il me dit avec une étrange expression d'amertume et de chagrin : « Vous voulez absolument de la prose, eh bien, je vous en donnerai. » Je le priai instamment de me communiquer ses projets. Sa table de travail était couverte de feuilles de papier manuscrites. Il n'y avait point de titre sur la première page, et quand je lui demandai ce que c'était : « Tout à l'heure, me répondit-il, tu me diras comment cela s'appelle. Ce n'est ni un mémoire, puisque l'histoire n'est pas tout à fait la mienne, ni un roman, puisque je parle à la première personne. Il y a trop de choses inventées pour que ce soit une confession, et trop de choses vraies pour que ce soit un conte fait à plaisir. C'est une œuvre sans nom. Ce qu'il y a malheureusement de trop réel, c'est la douleur qui me l'a dictée et les larmes que j'ai versées en l'écrivant. »

Il prit alors son manuscrit, et me lut cette œuvre bizarre. En voici l'introduction :

« Bien que le motif qui vous pousse soit une chose assez misérable, puisque ce n'est qu'un peu de curiosité, vous saurez de moi tout ce que vous voudrez. Vous m'êtes à peu près inconnus ; votre pitié ou votre sympathie m'est absolument inutile. Ce que vous en direz m'importe encore moins, car je n'en saurai rien. Cependant je vous montrerai le fond de mon âme aussi franchement et aussi volontiers que si vous étiez mes plus chers amis. N'en soyez ni surpris ni flattés. Je porte un fardeau qui m'écrase, et, en vous en parlant, je le secoue, avant de m'en délivrer pour toujours.

« Quel récit je vous ferais si j'étais un poète ! Ici, au sein de ces déserts, en face de ces montagnes, que vous dirait un homme tel que Byron, s'il avait à peindre mes souffrances ? Quels sanglots vous entendriez ! Et ces glaciers les entendraient aussi. La nature entière s'en remplirait, et, du haut de ces pics, un éternel écho en descendrait dans l'univers. Mais Byron vous dirait cela en plein air, au bord de quelque précipice. Moi, messieurs, je vais fermer la fenêtre ; c'est dans une chambre d'auberge qu'il me convient de parler ; et il est juste que je me serve d'un langage que je méprise, d'un grossier instrument sans cordes dont abuse le premier venu. C'est mon métier de parler en prose, et de raconter en style de feuilleton, entre un grabat et une poignée de fagots, une profonde, une inexprimable douleur. Il me plaît même qu'il en soit ainsi; j'aime à revêtir d'un haillon le triste roman qui fut mon histoire, à jeter dans le coin d'une masure le tronçon d'épée brisé dans mon cœur.

« Ne croyez pas que mes maux soient d'une espèce bien relevée; ce ne sont point ceux d'un héros. On n'y trouverait seulement pas le sujet d'un roman ou d'un mélodrame. Vous écoutez le vent qui souffle sous cette porte et la pluie qui bat sur ces vitres; écoutez-moi de même et pas davantage. J'ai été poète, peintre et musicien; mes misères sont celles d'un artiste, et mes malheurs sont ceux d'un homme. Lisez-les comme votre journal. »

A la suite de cette première page venait l'histoire d'un jeune homme heureusement doué, enfant gâté d'une famille aisée, faisant des vers, de la peinture, de la musique pour son plaisir et avec succès. Ce récit était composé de quelques impressions de l'enfance et de la jeunesse de l'auteur. Avant d'arriver à son chagrin présent, et pour mieux en faire ressortir la misère et la vulgarité, Alfred commençait par l'histoire de son premier chagrin et de la première blessure qu'il avait rapportée d'Italie*. Un revers de fortune imprévu changeait tout à coup la position du héros. Obligé de subvenir aux besoins d'une grand'mère et de quatre jeunes sœurs, il met-

* On en a lu des extraits pages 136 et suivantes, 144, 146 et 147.

tait à profit ses talents pour vivre. Il écrivait des romans. Ses premiers ouvrages réussissaient; le libraire l'invitait à en écrire d'autres. Chaque jour il s'imposait une certaine tâche. Bientôt son imagination s'épuisait, sa tête se fatiguait, et cependant la nécessité ne lui laissait pas de relâche. Il fallait écrire, toujours écrire. Au bout d'un an de ce supplice, le malheureux jeune homme perdait courage, comme on le verra par la scène suivante :

« Une nuit, ou plutôt un matin, car j'avais écrit jusqu'au jour, j'étais assis devant une table; je venais de finir un volume. Non seulement il m'avait fallu livrer à l'imprimeur mes pages encore humides, mais forcer mes yeux fatigués à relire sur du papier gris le triste résultat de mes veilles. Mes sœurs dormaient dans la chambre voisine, et, tandis que je luttais contre le sommeil, je les entendais respirer à travers la cloison. Je sentais une telle lassitude que le découragement me prenait. Je vins cependant à bout de ma tâche, et, quand ce fut fini, je laissai ma tête tomber dans mes mains. Je ne sais pourquoi chaque soupir des enfants me remplissait d'une profonde tristesse. Au dernier chapitre de mon livre se trouvait racontée la mort de deux amants, ébauchée à la hâte, comme le reste, et ce chapitre était devant moi. J'y jetai les yeux machinalement; un étrange souvenir me frappa. Je me levai à demi assoupi; j'allai prendre le poëme de Dante dans ma bibliothèque, et je me mis à relire le récit de Françoise de Rimini. Vous savez que ce passage n'a guère que vingt-cinq vers; je les relus plusieurs fois de suite, jusqu'à ce que le sentiment pénétrât tout entier dans mon âme. Alors, sans faire davantage attention à mes sœurs qui dormaient, je récitai les vers à haute voix.

Lorsque j'arrivai au dernier, où le poète tombe comme un cadavre, je me laissai tomber à terre en pleurant.

« Vingt-cinq vers, me disais-je, rendent un homme immortel! Pourquoi? Parce que celui qui lit ces vingt-cinq vers, après cinq siècles, s'il a du cœur, tombe à terre et pleure, et qu'une larme est ce qu'il y a de plus vrai, de plus impérissable au monde. Mais ces vingt-cinq vers, où sont-ils? noyés dans trois poèmes. Ce ne sont pas les seuls beaux, il est vrai, et nul ne peut dire que ce soient les plus beaux; mais ils suffisaient à eux seuls pour préserver le poète du néant. — Eh bien, qui sait si ce qui les entoure, si ces trois longs poèmes, et tant de pensées, et tant de voyages, et la muse exilée, et l'ingrate patrie, si tout cela n'était pas nécessaire pour que ces vingt-cinq vers se trouvassent dans ce livre qui n'est pas lu tout entier par deux cents personnes par an? C'est donc l'habitude du chagrin et du travail, c'est donc l'infortune, sinon la misère, qui fait jaillir la source; et qu'une goutte en reste, c'est assez, n'est-ce pas? Mais, si au lieu de cela, travail et chagrin, misère et habitude se réunissent pour dessécher la source, pour amoindrir l'homme et l'user, cette goutte qui serait peut-être tombée, cette larme qui aurait pu être féconde, que deviendra-t-elle? Elle coulera sur le carreau et sera perdue[*]! »

A ce moment de la lecture, l'auteur s'arrêta. Son auditeur, aussi ému que lui, avait la poitrine oppressée. Nous gardâmes tous deux le silence pendant quelques secondes, et puis je demandai la suite. Après la peinture de cette nuit d'angoisses venait une dissertation sur le poète et le prosateur[**]. Le reste

---

[*] Extrait du *Poète déchu*.
[**] Elle fait partie de l'*Œuvre posthume*.

n'existait encore qu'en projet. Voici ce qui devait arriver : Le héros de l'histoire, dégoûté du métier d'écrivain, s'adonnait avec ardeur à la peinture, et devenait, en peu de temps, un peintre de genre assez habile. Bientôt il se retrouvait aux prises avec les mêmes difficultés. Les charges de la famille et les besoins de chaque jour l'obligeaient à laisser souvent ses pinceaux pour donner des leçons à des écoliers et pour manier le crayon du lithographe. Son talent en souffrait. Il s'en allait au Louvre pleurer devant le visage souriant de la Joconde, comme il avait pleuré devant l'ombre de Françoise de Rimini. Le lendemain, il abandonnait la peinture, se mettait à son piano et passait les nuits à étudier les œuvres des grands musiciens. Encouragé par le succès de ses premières compositions, il partait pour l'Allemagne. Malgré ses efforts, malgré deux ou trois soirées de triomphe, il ne pouvait réussir à sortir de la foule des musiciens de concert. Revenu à Paris, il y retombait dans l'obscurité. Pour la troisième fois, il versait les larmes stériles du découragement, en exécutant sur son piano le *Requiem* de Mozart.

C'était pendant cette nuit de désespoir que l'artiste concevait la pensée de s'affranchir par le suicide. Mais, avant de mourir, il voulait tenter de laisser en ce monde une trace de son passage; il voulait se livrer une fois en sa vie à l'inspiration de son cœur, et faire entendre son dernier cri de douleur à tous ceux qui auraient souffert les mêmes tourments que lui.

Dans ce dessein, il s'échappait, un matin, sur l'impériale d'une diligence, et se rendait en Suisse. Il y écrivait à la hâte un fragment de ses Mémoires dans une chambre d'auberge. Au récit de ses souffrances, il ajoutait quelques morceaux de poésie. Le dernier était un adieu à la vie en stances. Il composait de la musique sur ces vers; et puis il ouvrait sa boîte de couleurs et faisait son portrait.

Je demandai qu'on délibérât sur le dénoûment. L'auteur voulait pousser les choses à l'extrême, précipiter son héros dans un abîme des Alpes, et arranger les circonstances de telle façon que sa mort pût être attribuée à un accident, ou bien procéder plus simplement, et allumer un réchaud de charbon. Je me prononçai contre ce dénoûment sinistre. A mon sens, c'était commettre une injustice envers notre pauvre siècle déjà si décrié, que d'y représenter un jeune homme doué des plus belles facultés succombant sous le poids de maux immérités et dans l'accomplissement de devoirs honorables. Je soumis à l'auteur le dilemme suivant : ou l'on ne croira pas que le héros eût de véritables talents, ou on l'accusera d'avoir manqué de courage et de persévérance; à quoi le poète me répondit : « C'est affaire à moi de prouver qu'il avait quelque talent; il suffit pour cela que ses vers soient bons et sa prose éloquente. » La délibération continuant, j'exprimai le désir que les trois derniers ouvrages, l'*Adieu à la vie*, le morceau de musique et le portrait, inspirés tous trois par un sentiment vrai, fussent remarqués de quelque personne intelligente, et reconnus pour des chefs-d'œuvre.

— Et la modestie de l'auteur, interrompit mon frère, qu'est-ce que tu en fais?

Je répondis que l'auteur saurait bien mettre sa modestie à l'abri de tout reproche, s'il voulait s'en donner la peine.

— Je ne vois donc, reprit-il, qu'un moyen de te satisfaire; c'est d'introduire sur la scène une jeune fille voyageant en Suisse avec son père. Elle aura l'oreille fine et entendra le chant de l'*Adieu à la vie*. Le sens des vers et l'accent du chanteur lui apprendront que ce garçon-là ne fait pas de la musique pour se divertir. Poésie, musique et portrait lui sembleront admirables, et le jeune homme plus aimable encore. Le héros sera sauvé par l'amour, et j'échapperai au reproche de fatuité, car l'engouement d'une femme pour les élucubrations de son amant ne prouve pas que ce soient des chefs-d'œuvre.

Sans s'arrêter définitivement à cette idée, Alfred me promit, du moins, d'y réfléchir; mais je compris qu'il revenait au dénoûment tragique, un soir qu'en parlant de Jacopo Ortis, il me dit : « Le monde n'a de pitié que pour les maux dont on meurt. » Peu de jours après, il me lut son *Idylle* de *Rodolphe et Al-*

bert, en me demandant si cette pièce de vers, glissée dans les papiers de son héros, suffirait à le faire accepter du lecteur pour un poète. Je lui répondis que l'*Idylle* n'avait d'autre défaut que d'être trop belle, et qu'on ne croirait pas facilement que de tels vers n'aient pas eu le pouvoir de sauver leur auteur.

« Eh! pourquoi ne le croirait-on pas? s'écria-t-il. Ou je me suis trompé, ou mon personnage est un vrai poète, c'est-à-dire un enfant incapable de se faire à lui-même une destinée. Sa joie ou son chagrin, sa fortune ou sa misère dépendent des circonstances et non de sa volonté. Il chante l'air que la nature lui a appris, comme le rossignol; si on veut l'obliger à chanter comme le merle, il se tait ou meurt. De plus grands esprits que Gilbert et Chatterton n'ont été appréciés qu'après leur mort. Quand les poètes sont jetés au milieu d'un monde distrait ou indifférent, ils n'ont plus qu'à s'en aller, ou à se faire commis ou soldats, selon qu'on est en paix ou en guerre; mais leurs contemporains sont responsables de leur perte vis-à-vis de la postérité. Or, dans ce genre-là, les hommes ont commis assez de sottises pour qu'on puisse ajouter à la liste un malheur imaginaire. D'ailleurs, dans ce roman, je n'accuse pas la société, comme j'en aurais le droit s'il s'agissait d'un personnage historique, et comme Alfred de Vigny a eu raison de le faire dans *Stello*. Il faut même que le titre prouve que je n'ai voulu intenter de procès à personne ; c'est pourquoi je cherche encore si je dois appeler cet ouvrage *le Rocher de Sisyphe,* ou bien *le Poète déchu.*

Je suppliai mon frère de choisir le premier titre ; je lui représentai le plaisir qu'éprouveraient les envieux à faire encore de cet ouvrage une nouvelle confession de l'enfant du siècle. Alfred releva la tête avec fierté, en répondant : « Ils n'oseraient ! » Mais mon observation l'avait frappé ; il se mit à chercher dans les livraisons de la *Revue* la date de sa dernière publication, et il s'effraya en découvrant que, depuis le 15 février, il n'avait travaillé que pour lui. Au lieu de réserver pour son roman les beaux vers qu'il venait d'écrire, il les envoya au directeur de la *Revue*. Nous étions aux derniers jours de septembre. L'*Idylle* parut le 1er octobre, et le poète dormit tranquillement ce soir-là.

Nous avions appris depuis peu une nouvelle importante pour les *dilettanti*, l'engagement de Pauline Garcia au Théâtre-Italien. On avait donné à M. Viardot la direction de ce théâtre. L'ouverture devait se faire à l'Odéon par suite de l'incendie de la salle Favart. Pauline Garcia débuta dans *Otello*. Tous les amis étaient à leur poste ; mais, dès le second acte, la jeune sœur de la Malibran pouvait compter au nombre de ses amis la salle entière. Alfred de Musset voulut exprimer son avis sur cette représentation. Je recommande aux lecteurs curieux l'analyse du talent de Pauline Garcia écrite en 1839. On y remarquera des nuances et des détails qui s'appliqueraient parfaitement à l'interprète des chefs-d'œuvre de Gluck en 1861.

La différence entre les deux manières de jouer Desdemona de la Malibran et de Pauline Garcia était analysée avec une rare pénétration. Ce n'est pas parce que, dans les articles de ce genre, il fallait, selon l'usage, une restriction aux éloges, que l'auteur se permit de donner un conseil à la jeune débutante, mais bien parce que le conseil était juste et bon.

« Le moment, disait-il, où elle tombe à terre repoussée par Othello, a semblé pénible à quelques personnes. Pourquoi cette chute? Il y avait là autrefois un fauteuil, et le libretto dit seulement que Desdemone s'évanouit. Si je fais cette remarque, ce n'est pas que j'y attache une grande importance; mais ces grands mouvements scéniques, ces coups de théâtre précipités sont tellement à la mode aujourd'hui que je crois qu'il en faut être sobre. La Malibran en usait souvent, il est vrai; elle tombait, et toujours bien; mais aujourd'hui les actrices du boulevard ont aussi appris à tomber, et mademoiselle Garcia, plus que toute autre, me paraît capable de montrer que, si on peut réussir avec de tels moyens, on peut aussi s'en abstenir. »

Où Alfred de Musset avait-il trouvé qu'autrefois *il y avait là un fauteuil* ? Je n'en sais rien, mais il ne se trompait pas; je retrouve dans ses papiers une lettre de madame Garcia, datée du 2 novembre (l'article avait paru le 1ᵉʳ), dans laquelle la veuve du grand Garcia s'exprime ainsi : « Cet article est charmant, et la critique excellente. Nous tâcherons de profiter des bons conseils qu'il nous donne ; et, pour commencer, nous aurons le *fauteuil*, pour la prochaine fois, quoique Émilia dise : *Al suol giacente*, ce qui veut dire *par terre*, ou *sur le plancher gisant*. Mais cela nous est égal. Mon pauvre mari arrivait dans sa chambre, absorbé par ses pensées jalouses et poignantes ; il s'asseyait dans un siège quelconque de l'époque, et, en se levant, il le disposait d'une certaine façon sans en avoir l'air, pour que la Pasta pût s'y laisser tomber sans affectation. Mais, pour à présent, *assez causer*. »

Depuis ce jour, mademoiselle Garcia s'évanouit dans le fauteuil, et laissa aux autres Desdemones, qui ne sentaient pas, à beaucoup près, aussi vivement qu'elle, les mouvements exagérés et les chutes étudiées d'avance. L'article de la *Revue* n'eût-il été bon qu'à cela, ce serait encore quelque chose ; mais, au dernier paragraphe, le poète donnait à la débutante et au public français des avis qu'ils auraient bien fait de suivre, et qui, sous la forme d'un souhait, ont pris avec le temps tous les caractères d'une prophétie.

« Que deviendra maintenant Pauline Garcia, disait-il ? Personne ne doute de son avenir; son succès est certain, il est constaté ; elle ne peut que s'élever plus haut. Mais que fera-t-elle? La garderons-nous? Ira-t-elle, comme sa sœur, se montrer en Allemagne, en Angleterre, en Italie? Quelques poignées de louis de plus ou de moins lui feront-elles courir le monde? Cherchera-t-elle sa gloire ailleurs, ou saurons-nous la lui donner? Qu'est-ce à tout prendre qu'une réputation? Qui la fait et qui en décide? Voilà ce que je me disais l'autre soir en venant de voir l'*Otello*, après avoir assisté à ce triomphe, après avoir vu dans la salle bien des visages émus, bien des yeux humides; et j'en demande pardon au parterre qui avait battu des mains si bravement, ce n'est pas à lui que cette question s'adressait. Je vous en demande pardon aussi, belles dames des avant-scènes, qui rêvez si bien aux airs que vous aimez, qui frappez quelquefois dans vos gants, et qui, lorsque le cœur vous bat aux accents du génie, lui jetez si noblement vos bouquets parfumés. Ce n'était pas non plus à vous que j'avais affaire, subtils connaisseurs, honnêtes gens qui savez tout, et que par conséquent rien n'amuse! Je pensais à l'étudiant, à l'artiste, à celui qui n'a, comme on dit, qu'un cœur et peu d'argent comptant, à celui qui vient là une fois par extraordinaire un dimanche, et qui ne perd pas un mot de la pièce; à celui pour qui les purs exercices de l'intelligence sont une jouissance cordiale et salutaire, qui a besoin de voir du bon et du beau, et d'en pleurer, afin d'avoir du courage en rentrant, et de travailler gaiement le lendemain, à celui enfin qui aimait la sœur aînée et qui sait le prix de la vérité[*]. »

Que de choses dans ce peu de mots! Est-ce la faute du parterre, ou des belles dames, ou des connaisseurs blasés? Est-ce la faute du spectateur modeste qui n'a qu'un cœur et peu d'argent comptant? Est-ce la faute

---

[*] *Débuts de mademoiselle Pauline Garcia.* (*Revue des Deux-Mondes* du 1ᵉʳ novembre 1839.)

de la jeune cantatrice? Lequel, dans tout ce monde, a manqué à ses devoirs ou méconnu ses véritables intérêts? Quoi qu'il en soit, Pauline Garcia partit pour la Russie; peu s'en fallut qu'on ne l'oubliât tout à fait; et, pendant plus de quinze ans de suite, on vit d'autres Desdemones se jeter à terre méthodiquement; et le Théâtre-Italien descendit par degrés... au point où il en est aujourd'hui. Ce fut au bout de vingt ans de cris, de fadaises, de mauvais goût, de décadence radicale et complète qu'un beau soir l'art pur, le chant simple et la musique dramatique se réveillèrent à l'extrémité de Paris, au Théâtre-Lyrique. La sœur de la Malibran avait reparu dans l'*Orphée* de Gluck.

Tandis que les admirateurs de mademoiselle Garcia lisaient l'article sur l'*Otello*, Alfred écrivait avec sa facilité habituelle son joli conte en vers de *Silvia*. Au moment où il avait publié l'*Idylle*, la marraine avait fait savoir à son filleul ce qu'elle pensait de ce morceau. Sa lettre finissait par un reproche amical touchant le long silence que la muse avait gardé : « Paresse, disait-elle, est manque de courage. » Le filleul répondait gaiement et victorieusement à ce reproche, et les vers à la marraine allaient aussi à l'adresse du public.

Je ne savais encore rien de tout cela, lorsque, dans la livraison du 15 décembre, je trouvai, sur une feuille volante en papier bleu, la liste des travaux que la *Revue des Deux-Mondes* promettait à ses lecteurs. L'ouvrage en prose d'Alfred de Musset y était annoncé sous le titre que je n'approuvais pas : *le Poète déchu*. Je ne pus réprimer un mouvement d'impatience que mon frère remarqua. Il me montra du doigt le manuscrit du conte imité de Boccace, dont il avait déjà écrit plus de deux cents vers : « Regarde, me dit-il ; je ne suis encore qu'à la moitié de ce petit poème, et dans trois jours j'aurai fini. Quelle preuve de plus te faut-il de ma vigueur cérébrale ? On ne ferait jamais rien de hardi si on pensait aux envieux et aux malveillants. »

Je répondis que j'avais peut-être trop de prudence, et que je m'en rapporterais à l'opinion de Tattet ou à celle de la marraine. Tattet venait si souvent que je ne l'attendis pas longtemps. Mon frère lui lut le *Poète déchu*. Tattet interrompit plusieurs fois la lecture par des cris d'admiration ; je vis des larmes dans ses yeux.

« Depuis Jean-Jacques Rousseau, disait-il, on n'a rien écrit de plus éloquent. »

Après la lecture, je le laissai seul avec son ami. Mon frère lui-même se chargea de lui soumettre mes objections. Tattet ne les trouva pas fondées ; mais le lendemain Alfred m'apprit qu'il avait brûlé plusieurs pages de ce roman. Ce n'était pas là ce que je lui demandais. Il déposa le reste dans un carton, en disant que cette prose contenait de bonnes idées à mettre en vers. Le poème de *Silvia*, qui parut le 1ᵉʳ janvier 1840, fit oublier aux lecteurs de la *Revue* les promesses de la livraison précédente. Longtemps après, quelques pages du manuscrit furent encore jetées au feu, et mon frère me fit promettre d'anéantir ce qui pourrait lui survivre de cet ouvrage, à l'exception de certains passages cités plus haut, et pour lesquels je lui demandai grâce. Aujourd'hui vingt et quelques feuilles d'écriture, dernier débris de ce précieux document, existent encore. Elles sont admirables; je viens de les relire avec une émotion profonde, et, si je pouvais en disposer, je n'hésiterais pas à les publier, persuadé qu'elles feraient autant d'honneur au caractère de l'homme qu'au talent de l'écrivain; mais, quelque regrettables qu'elles soient, je l'ai promis : elles seront détruites.

XIII

Il ne faut pas sourire des souffrances du poète. Lui seul sait donner à ses plaintes la forme qui les fait écouter ; mais combien d'autres souffrent du même mal que lui sans pouvoir l'exprimer ! combien de jeunes gens, détournés de leur vocation par la nécessité, ont versé au milieu de la nuit cette larme amère que les vers de Dante avaient arrachée au héros du *Poète déchu !* Combien sont malheureux par cette seule raison que la nature les a doués de plus d'intelligence que le vulgaire ! Ceux-là, il est vrai, envieront au poète ses tourments, ses dégoûts et sa gloire ; mais il n'en est pas moins certain que le génie est un don fatal, quand il n'a pas pour sauvegarde une vanité immense. Alfred de Musset n'avait point reçu du ciel ce préservatif infaillible contre les maux de l'esprit et du cœur. On a vu, par les détails rapportés au chapitre précédent, à quel point mon frère se trouvait malheureux. Son refus de publier l'ouvrage annoncé par la *Revue* compliquait sa situation, et cependant ni ses engagements ni mes exhortations au travail ne purent le déterminer à revenir à la prose pour laquelle les romans-feuilletons lui inspiraient une horreur invincible. « C'est en vers, disait-il, qu'un poète peut se permettre de livrer au public l'expression vraie de ses sentiments, et non dans le langage *dont abuse le premier venu.* »

Le manuscrit en prose qui contenait cette expression vraie fut donc relégué dans un coin; mais il ne dépendait pas de l'auteur d'enfermer ses ennuis dans le même carton. Une Revue est une espèce de Minotaure. Des quatre cents vers de *Silvia*, la livraison du 1ᵉʳ janvier 1840 ne fit qu'une bouchée. M. Félix Bonnaire venait trois fois par semaine causer au coin du feu. Ces visites amicales étaient assurément celles du créancier le plus patient et le moins incommode, mais d'un créancier à qui l'on devait ses pensées, son âme, les pleurs de ses yeux. C'est dans ces termes qu'Alfred a toujours parlé de tout engagement de travail pris d'avance. Je confesse que cette exagération me semblait déraisonnable. Comme le directeur de la *Revue*, comme Alfred Tattet, comme la marraine, j'ai quelquefois appelé ces dédains et ce silence défaillance ou paresse. Nous nous trompions tous; nous n'avions pas la seconde vue des poètes.

Il fallait toujours qu'Alfred fût amoureux, et il l'a toujours été; quand j'oublie de le dire, on peut le sous-entendre. Sa double admiration pour Pauline Garcia et Rachel passait en lui de l'esprit jusqu'au cœur, à la sortie du théâtre, chaque fois qu'il les entendait. C'était dans ce moment-là qu'il aurait dû écrire l'historiette du double amour de Valentin pour la marquise et pour madame Delaunay. Il en aurait fait certainement un récit où l'on aurait trouvé de curieuses analyses de sentiments. Cette *nouvelle* a été composée trois ans trop tôt. La part de l'idéal eût été plus belle, puisque le héros n'aurait été qu'un amoureux et non un amant.

Pendant l'hiver de 1840, la période agréable de cette double inclination était finie. Je m'aperçus que le poète, un peu désabusé, préoccupé de ses engagements, ennuyé des exhortations au travail et des remontrances, ne voulait plus confier ses chagrins à personne. Dans les parties de plaisir auxquelles ses amis l'invitaient, il s'amusait encore de la gaieté des autres, mais la verve de Fantasio l'avait abandonné. Sa tristesse se trahissait dans toutes ses paroles; elle nous gagnait à nos repas de famille. Un soir, après un dîner chez le traiteur à frais communs, avec Tattet et quelques autres amis, — on avait fait bonne chère et bu plus que de raison, — les convives, en disposition de se divertir, cherchèrent Alfred en sortant de table, et ne le trouvèrent plus. Il s'était échappé pour venir passer quelques heures dans ma chambre. Je l'interrogeai sur l'emploi de sa soirée. « J'ai fait de mon mieux, me répondit-il, pour m'amuser comme les autres ; mais je n'ai réussi qu'à m'étourdir, car je n'ai plus le *sentiment du plaisir.* »

Je lui demandai ce qu'il entendait par là. Les explications qu'il me donna me parurent singulières ; je l'engageai à les résumer et à les mettre par écrit. — C'est un conseil que je lui ai donné souvent, et dont malheureusement il n'a guère tenu compte. — Cependant il est probable que, cette fois, il écrivit ses réflexions avant de se mettre au lit ; je crois reconnaître un souvenir de la conversation que je viens de rapporter dans les lignes suivantes que je retrouve parmi ses papiers :

« L'exercice de nos facultés, voilà le plaisir ; leur exaltation, voilà le bonheur. C'est ainsi que, depuis la brute jusqu'à l'homme de génie, toute cette vaste création se meut sous le soleil dans l'accomplissement de sa tâche éternelle. C'est ainsi qu'à la fin d'un repas, les uns, échauffés par le vin, saisissent des cartes et se jettent sur des monceaux d'or, le front sous une lampe ; les autres demandent leurs chevaux et s'élancent dans la forêt ; le poëte se lève, les yeux ardents, et tire son verrou derrière lui, tandis qu'un jeune homme silencieux court au logis de sa maîtresse. Qui peut dire lequel est le plus heureux ? Mais celui qui reste immobile à sa place, sans prendre part au mouvement qui l'entoure, est le dernier des hommes ou le plus malheureux.

« C'est ainsi que va le monde. Parmi les coureurs de

tavernes, il y en a de joyeux et de vermeils ; il y en a de pâles et de silencieux. Peut-on voir un spectacle plus pénible que celui d'un libertin qui souffre ? J'en ai vu dont le rire faisait frissonner. Celui qui veut dompter son âme avec les armes des sens peut s'enivrer à loisir ; il peut se faire un extérieur impassible ; il peut enfermer sa pensée dans une volonté tenace ; sa pensée mugira toujours dans le taureau d'airain. »

La mélancolie qui inspirait de telles réflexions n'était pas facile à surmonter. Quand on a perdu le sentiment du plaisir dans l'acception que le poète donnait à ce mot, les dissipations ne sont plus bonnes à rien. Pendant le carnaval, Alfred s'imposa comme un devoir de se mêler deux ou trois fois à des bandes joyeuses ; il ne rapporta de ces excursions que de la fatigue et un surcroît d'ennui.

Un jour, il voulut recommencer quoiqu'il se sentît en mauvaise disposition. « Je fais, disait-il, comme feu M. de Turenne : mon corps ne voudrait pas aller à la bataille, mais ma volonté l'y mène malgré lui. »

Cette fois, la nature se fâcha ; il revint à la maison avec une fluxion de poitrine. M. Chomel, qui était pourtant un des plus habiles médecins de Paris, ne jugea pas bien la maladie et la prit d'abord pour une fièvre cérébrale. Si l'on eût suivi ses premières prescriptions, la méprise aurait pu coûter cher. Heureusement l'instinct maternel, plus clairvoyant que la science, devina l'erreur et la répara.

Ce n'était pas trop de trois personnes, assistées

d'une sœur de *Bon-Secours*, pour veiller un malade indocile et plein de forces. Dix jours d'insomnie et des saignées à outrance ne firent que l'exaspérer. Dans un moment de rébellion, où nous ne savions plus que devenir, la marraine arriva. Elle trouva son filleul dans un transport de colère, assis sur son séant, et demandant à grands cris ses habits pour aller, disait-il, chercher du pain chez le boulanger, puisqu'on lui en refusait à la maison. D'abord, il ne voulut rien entendre; mais peu à peu le sermon de la marraine l'apaisa. D'un geste impérieux elle lui commanda enfin de se coucher. Il ne résista pas, et, tout en grondant, demeura immobile sous la pression d'une petite main qui lui couvrait à peine la moitié du front. La princesse Belgiojoso, qui ne manque jamais une occasion de faire du bien, vint aussi plusieurs fois s'asseoir au chevet du malade, et lui présenter des potions qu'il n'osait refuser de la main d'une si grande dame. Un jour qu'il se sentait fort mal, la princesse lui dit avec une tranquillité parfaite : « Rassurez-vous, on ne meurt jamais en ma présence. » Il fit semblant de la croire par reconnaissance; mais, quand elle lui avait promis de revenir le voir, c'était sérieusement qu'il disait : « Je ne mourrai pas ce jour-là. »

Sur le déclin de la maladie, je fus témoin d'un phénomène assez étrange. Nous étions assis, un matin, la sœur Marcelline et moi, près du lit de mon frère. Il paraissait calme et un peu abattu. Sa raison luttait contre le délire causé par l'insomnie et par un reste d'engorgement du poumon. Des visions passaient devant ses yeux; mais il se rendait compte de toutes ses sensations, et il m'interrogeait pour distinguer les objets réels des imaginaires. Guidé par mes réponses, il analysait son délire, l'observait avec curiosité, s'en amusait comme d'un spectacle, et me décrivait les images qui se produisaient dans sa tête. Bientôt son cerveau composa des tableaux complets. Un de ces tableaux mouvants est resté gravé dans sa mémoire, aussi bien que dans la mienne.

Nous étions alors en mars. Le soleil donnait au milieu de la chambre sur la table de travail, pour le moment couverte de fioles. Malgré l'encombrement de cette table, le malade la revit dans l'état où il l'avait laissée le jour qu'il s'était alité, c'est-à-dire garnie de papiers et de livres, avec l'écritoire et les plumes rangées symétriquement. Bientôt quatre petits génies ailés s'emparèrent des volumes, des papiers et de l'écritoire, et, après avoir fait table rase, apportèrent les fioles et médicaments dans l'ordre où ils étaient arrivés de chez le pharmacien. Quand apparut la fameuse potion de Venise, dont M. Chomel avait permis l'emploi, le malade lui adressa de la main un salut à l'italienne, en murmurant : « C'est encore Pagello qui m'a sauvé. » Les autres médicaments prirent aussi leur place, et la vision se trouva d'accord avec la réalité pendant un moment très court. Du milieu de l'armée de fioles s'éleva une bouteille de vin de Champagne garnie de son cachet de métal; elle était tristement portée sur une civière par deux des petits génies qui prirent pour cette cérémonie une attitude recueillie et mélancolique. Le convoi se mit en marche par un sentier montant qui serpentait dans le lointain. Par un autre sentier descendait une carafe coiffée de son bouchon de cristal et couronnée de roses; elle glissa doucement sur la pente du sentier, tandis que les petits génies jetaient des fleurs sur son chemin, et les fioles, formant une double haie pour la recevoir, lui cédèrent la place d'honneur.

Après cette entrée solennelle, la carafe ôtant sa couronne, s'installa modestement sur la cheminée. Les génies effacèrent les traces de la cérémonie, enlevèrent les fioles désormais inutiles et rétablirent les choses dans leur premier état, pour livrer au poète en bonne santé sa table de travail. Chaque volume, chaque papier revint à la place qu'il occupait la veille de la maladie; les plumes se rangèrent symétriquement auprès de l'écritoire. Leur service étant fini, les génies s'éloignèrent; ils venaient de sortir, quand le poète, passant l'inspection de sa table, s'écria : « Cela n'est pas exact; il y avait de la poussière en plusieurs endroits, et notamment sur l'écritoire en laque de la Chine. »

A peine eut-il exprimé ce juste sujet de plainte qu'il aperçut un petit homme, haut de trois pouces et portant sur son dos une fontaine de marchand de *coco* ambulant. Ce Lilliputien se promena sur l'écritoire et sur les livres en tournant le robinet de sa fontaine d'où sortait une fine poussière; si bien qu'en peu d'instants l'ordre désiré régna sur la table. « Voilà qui est parfait, dit le maître en tirant ses couvertures sur ses yeux. A présent, je puis dormir, et je crois bien que je suis guéri. »

Il l'était, en effet, car, à son réveil, le cerveau reposé avait repris le calme et la lucidité de l'état normal. Lorsqu'il raconta lui-même ces détails au médecin, le bon M. Chomel lui dit en souriant : « Vous avez eu là une vraie fluxion de poitrine de poète. Je vois bien que vous ne serez jamais comme tout le monde, ni malade ni en bonne santé. Tâchez pourtant de profiter des avis que vous vous donnez à vous-même. Ce n'est pas assez de l'apothéose de la carafe, il faut encore vous souvenir que la nature a fait le jour pour veiller et la nuit pour dormir.

— Cet aphorisme, répondit Alfred, est moins profond que ceux d'Hippocrate; mais je vous promets de le méditer. »

Le mot de convalescence ne suffit pas pour exprimer le curieux état de béatitude où se trouva le poète en relevant de cette maladie. C'était une véritable renaissance. Il avait dix-sept ans, des joies d'enfant, des idées de page, comme le Chérubin du *Mariage de Figaro*. Toutes les difficultés, tous les sujets de désespoir qui avaient précédé la maladie s'étaient évanouis dans un horizon couleur de rose. Le soir, nous nous réunissions en famille autour de la fameuse table de travail, pour causer ou dessiner, tandis que la sœur Marcelline tricotait de petites amphores en laine de diverses couleurs. Auguste Barre, qui demeurait dans notre voisinage, vint travailler à la composition d'un album de caricatures dans le goût de ceux de Töppfer, et qui représenta une série d'événements et de péripéties touchant un projet de mariage plusieurs fois rompu et renoué dont s'entretenait alors le monde parisien. Sans avoir besoin d'être convalescents pour cela, nous nous amusions tous de ces dessins comiques. Alfred et Barre tenaient le crayon; les autres rédigeaient le texte explicatif, non moins bouffon que les dessins. Cet album se compose de cinquante et un croquis. Plus de la moitié sont de la main d'Alfred de Musset. Ce ne fut pas sans un peu de regret et de jalousie que je vis le prodigue filleul donner à sa marraine ces folles inventions qui me rappelleraient aujourd'hui les heures les plus douces de notre intérieur. Qui nous rendra ces délicieuses soirées de rires, de causeries et de badinages, où, sans bouger de place et sans rien tirer du dehors, toute notre maisonnée savait être si heureuse?

Le premier chagrin du convalescent fut causé par les adieux de la sœur Marcelline. Non seulement la douceur angélique et les soins dévoués de cette sainte fille nous avaient tous attachés à elle, mais elle avait pris sans y songer un empire considérable sur l'esprit de son malade, en lui laissant voir la sérénité d'âme qu'elle devait à la pratique de ses devoirs, en lui racontant avec une simplicité touchante quelques-unes des circonstances de sa vie, celles entre autres qui l'avaient déterminée à prendre le voile. Dans son zèle à seconder le médecin, elle donna des conseils à son malade sur le régime à suivre, d'abord pour la santé du corps et ensuite pour celle de l'âme. Comment refuser à une personne si pieuse et si bonne la permission de s'intéresser aux sentiments religieux de celui qu'elle venait de sauver par son dévouement? Marcelline usa discrètement de cette permission, et ses exhortations douces produisirent plus d'effet que celles d'un docteur en théologie; elle en reçut l'assurance et partit contente, en promettant à son malade de prier pour lui. Depuis lors, toutes les fois qu'il eut besoin de secours, Alfred demanda la sœur Marcelline; mais, soit par hasard, soit de parti pris, on ne la lui renvoya qu'une fois. De temps à autre, à des intervalles de plusieurs années, elle s'échappa pour venir s'informer de son malade. Elle causait avec lui pendant un quart d'heure, et puis elle s'envolait. C'étaient des apparitions angéliques, malheureusement trop rares, mais qui arrivèrent toujours si à propos qu'Alfred les considérait comme les faveurs d'une puissance mystérieuse et consolatrice.

Suivant la marche ordinaire de son esprit, le poète privé de cette sœur qu'il regrettait, commença par penser à elle de toutes ses forces; et puis ses pensées devinrent des paroles et les paroles formèrent des vers. Un jour, il m'apprit qu'il avait composé des stances *A la sœur Marcelline;* mais il refusa obstinément de les mettre par écrit. « Ces vers-là, disait-il, sont faits pour moi seul; ils ne regardent que moi, et je ne les dois à personne. J'ai bien le droit de composer une douzaine de stances pour mon usage particulier et de me les réciter à moi-même, quand cela me convient. Je te les dirai une seule fois : tâche de te les rappeler si tu peux. »

Il me les récita, en effet, une seule fois. Tattet les entendit à son tour et supplia vainement son ami de lui en donner une copie. Plus tard, une autre personne, dont les soins ne furent pas moins utiles que ceux de la sœur Marcelline, nota dans sa mémoire quelques-uns de ces vers. En réunissant nos souvenirs, nous recomposâmes à grand'peine quatre stances, encore leur ordre n'est-il pas bien certain. Lorsque je fis part à mon frère de cette indiscrétion, il ne s'en fâcha point, et, comme il ne m'a jamais demandé le secret, je ne vois pas de raison pour rejeter dans un oubli éternel une des plus pures inspirations de la muse évanouie. Voici tout ce que j'ai pu retrouver des stances à la sœur Marcelline :

> Pauvre fille, tu n'es plus belle.
> A force de veiller sur elle,
> La Mort t'a laissé sa pâleur.
> En soignant la misère humaine,
> Ta main s'est durcie à la peine,
> Comme celle du laboureur.
>
> Mais la fatigue et le courage
> Font briller ton pâle visage
> Au chevet de l'agonisant.
> Elle est douce ta main grossière,
> Au pauvre blessé qui la serre,
> Pleine de larmes et de sang.
>
> . . . .
>
> Poursuis ta route solitaire.
> Chaque pas que tu fais sur terre
> C'est pour ton œuvre et vers ton Dieu.
> Nous disons que le mal existe,
> Nous dont la sagesse consiste
> A savoir le fuir en tout lieu ;
>
> Mais ta conscience le nie.
> Tu n'y crois plus, toi dont la vie
> N'est qu'un long combat contre lui,
> Et tu ne sens pas ses atteintes,
> Car ta bouche n'a plus de plaintes
> Que pour les souffrances d'autrui[*].

[*] On trouve une allusion au tendre souvenir laissé par les soins de la sœur Marcelline dans une lettre d'Alfred de Musset à sa marraine, datée du 31 juillet 1840. En réponse à une lettre précédente, dans laquelle le poëte racontait en badinant comment il avait *coqueté* avec plusieurs jeunes femmes, la marraine demandait ce que devenait le sentiment pour la bonne sœur au milieu de ces amourettes. C'est évidemment à cela que se rapporte le mot d'*Histoire sainte*. Il ne faut pas se fier à la légèreté apparente avec laquelle le filleul répond à cette question. Je pense qu'il ne voulait point

Apparemment la sœur Marcelline avait obtenu de son malade la promesse de se livrer à quelque pratique religieuse. En partant, elle lui laissa une plume qu'elle avait brodée avec des fils de soie de diverses couleurs, et sur laquelle on lisait cette devise : *Pensez à vos promesses.* A dix-sept ans de là, cette plume ainsi qu'une petite amphore en laine tricotée, furent enfermées dans le cercueil du poète. — C'était une de ses dernières volontés.

En relevant de sa maladie, Alfred eut l'envie d'écrire pour Rachel une tragédie d'*Alceste*. Il acheta la pièce d'Euripide, et se remit au grec pour la lire dans l'original. Son ami Tattet courut les bibliothèques publiques et particulières à la recherche d'un plan de tragédie sur ce sujet, dont quelques biographes signalaient l'existence parmi les papiers de Racine. Dans son examen de l'*Alceste* de Gluck, J.-J. Rousseau avait fait une critique judicieuse des défauts du *libretto* de M. le bailli du Rollet. Ces défauts étaient le peu de variété dans les situations et, par suite, une monotonie de langage si difficile

---

mêler ce sujet sérieux aux plaisanteries qu'il adressait, dans le but de la divertir, à une femme dont il aurait redouté le tour d'esprit malin, non pour lui, mais pour une personne qu'il respectait profondément. C'est sur un ton bien différent qu'il parlait de la sœur Marcelline à la duchesse de Castries, comme on le voit par une lettre à son frère du mois de juin 1840. Lorsqu'il dit à la marraine que l'*Histoire sainte* passe un peu à l'état d'ancien testament, c'est probablement une manière de ne pas répondre.

P. M.

à éviter que le poète grec lui-même y était tombé. Alfred ne se rebuta pas et prit ces critiques pour des avertissements utiles. On verra tout à l'heure pourquoi ce projet fut abandonné.

De peur de ramener le cours de ses idées vers les sujets pénibles, je me gardais de parler au convalescent de tout ce qui l'agitait avant sa maladie. M. Félix Bonnaire, dans ses visites du matin, ne soufflait mot ni d'engagements ni de travail. Soit insouciance, soit pressentiment, Alfred répétait de temps à autre que tout s'arrangeait en ce monde et que ses affaires s'arrangeraient. La sœur Marcelline l'avait prédit; cela devait donc arriver; et, en effet, les embarras du poète allaient finir de la manière la plus imprévue. M. Charpentier venait de faire une révolution en librairie. Ses éditions dans le format in-18 mirent un beau jour à la portée des petites fortunes, les livres que les gens riches eux-mêmes trouvaient trop chers. Depuis deux ans déjà, M. Charpentier avait édité un grand nombre de livres, lorsque M. Buloz lui suggéra l'idée de publier dans son nouveau format les œuvres d'Alfred de Musset. Pour prêter les mains à la conclusion de cette affaire, M. Buloz consentit à sacrifier un certain nombre d'exemplaires de son édition in-8° du *Spectacle dans un fauteuil*, qui restait encore dans la librairie de la *Revue*. Un matin, M. Charpentier vint proposer à l'auteur des *Contes d'Espagne* de réunir toutes ses poésies en un seul volume du nouveau format. Ces propositions changeaient absolument la face des choses. M. Charpentier ne se trompait pas dans ses calculs. Les poésies réimprimées se vendirent à un nombre considérable d'exemplaires, et les autres ouvrages du même auteur vinrent à leur tour donner de l'occupation aux imprimeurs. Pour notre poète, c'était une révolution financière. Il répéta plusieurs fois : « Marcelline me l'avait annoncé, et pourtant cette pauvre sœur ne sait pas seulement ce que c'est qu'un vers ! »

Pour jouir amplement de ses loisirs et de sa liberté d'esprit, notre convalescent voulut se régaler de quelque lecture interminable. Il relut tout *Clarisse Harlowe*, après quoi il demanda le *Mémorial de Sainte-Hélène*, s'y plongea, le lut et le relut jusqu'à en maculer les pages ; puis il voulut connaître tous les mémoires publiés sur l'empire, sans oublier le journal d'Antomarchi. Selon son habitude, il épuisait le sujet. Lorsqu'il se passionnait ainsi pour un personnage, ses lectures, ses pensées, sa conversation devenaient une véritable monographie. Je l'interrogeai pour savoir ce qui l'attirait si fort vers l'époque impériale. « C'est la grandeur, me répondit-il, le plaisir de vivre en esprit dans un temps héroïque et le besoin de m'absenter du nôtre. Je suis las des petites choses et je m'adresse à l'endroit où l'on peut m'en servir de grandes. Je prends plus d'intérêt à savoir comment cet homme mettait ses bottes que je n'aurais de curiosité pour tous les secrets de la politique actuelle de l'Europe. Je sais bien que nos beaux esprits ne craignent rien tant que le ridicule du *chauvinisme;* mais moi je me moque de ce ridicule-là. »

Le mois de juin arrivé, les Parisiens se dispersèrent. Tattet invita son ami à venir respirer l'air de Bury. Comme les années précédentes, on courut à cheval le jour et la nuit dans les bois de Montmorency. A la place même où il avait composé, en 1838, le joyeux sonnet : *Quel plaisir d'être au monde!...,* Alfred sentit le changement opéré en peu de temps dans ses idées et ses goûts. La vie turbulente qu'on menait à Bury ne lui inspirait que des envies de pousser son cheval dans quelque allée solitaire. Ses amis m'ont raconté qu'un matin, comme il tardait à se lever, ils entrèrent dans sa chambre et trouvèrent sur sa table un sonnet que plus tard, en le publiant, il a intitulé *Tristesse*. Après avoir laissé deviner l'état de son cœur et de son esprit à des compagnons actifs dont il ne partageait plus l'ardeur au plaisir, il craignit de les gêner et déserta.

La politique, en ce temps-là, sortit pour un moment de sa langueur. On croyait à une guerre imminente. La France, encore une fois seule en face de ses vieux ennemis, faisait mine de vouloir tenir tête à une nouvelle coalition brassée par l'Angleterre. Tant que le gouvernement conserva son attitude belliqueuse, on louvoya de l'autre côté du détroit; mais le jour où ce roi de France qui passait pour habile, eut l'imprudence d'avouer dans ses *ultimatum* qu'il n'irait pas jusqu'à un conflit, ses adversaires redoublèrent d'arrogance, comme il aurait dû le prévoir. On sait le rôle pitoyable que joua la France en 1840; son influence fut anéantie pour longtemps en Orient. Comme tous les gens de cœur, Alfred de Musset ressentit avec douleur l'abaissement de son pays, et le jour où le dénoûment honteux se trouva consommé, il s'écria dans un accès de dépit : « Ce règne dure trop longtemps. »

Quand la politique de la paix à tout prix fut retombée dans ses ornières, Alfred s'efforça de l'oublier. Il faisait ses galeries du Théâtre-Français, quel que fût le spectacle et malgré les chaleurs de l'été. Un soir que la salle était peu garnie, — on ne jouait que du Molière, — il écrivit, en rentrant, cette curieuse pièce de vers qu'il appela *Une soirée perdue*, et qui tient à la fois de la satire et de l'élégie. La *Revue des Deux-Mondes* profita de cette gracieuse fantaisie.

Peu de temps après, madame Berryer nous invita, mon frère et moi, à venir rejoindre la marraine et d'autres personnes aimables réunies chez elle. Nous partîmes ensemble pour Augerville vers le milieu de septembre. La première partie du voyage se passa fort gaiement; mais, pendant le trajet de Fontainebleau à Malesherbes, mon frère devint rêveur, et sa mélancolie me gagna. Sans nous faire part de nos impressions, nous nous reportions tous deux au même temps. Ces ombrages profonds, ces futaies hautes comme des églises gothiques, ces coteaux noirs qui se découpaient sur un ciel de feu, rien de tout cela n'avait changé d'aspect depuis 1833. Qu'est-ce que sept ans de plus pour des arbres trois fois centenaires ? Alfred sentait à chaque pas ses souvenirs de jeunesse se réveiller plus forts et plus vivaces. Le peu de mots qu'il m'en dit, je le retrouvai cinq mois après dans ces vers aujourd'hui si connus :

> Que sont-ils devenus les chagrins de ma vie ?
> Tout ce qui m'a fait vieux est bien loin maintenant ;
> Et rien qu'en regardant cette vallée amie,
> Je redeviens enfant.

Tandis que sa pensée s'arrêtait à la promenade chérie et aux *lieux charmants*, j'allais plus loin que lui et je songeais au sombre jour du départ pour l'Italie, à l'horrible hiver de 1834, à notre intérieur désolé, aux six semaines d'attente sans nouvelles de l'absent, à son retour plus triste encore que son départ : et la fraîcheur de cette forêt me donnait le frisson. A force de rouler sur le sable fin et de cahoter sur le pavé, notre méchant véhicule atteignit enfin l'asile hospitalier où nous attendait belle et bonne compagnie, et, le soir après dîner, nous introduisions, dans une charade en action, le drame affreux de Pouch Lafarge, mal nourri par sa douce moitié, car c'était le moment où le public se divisait en partisans et en accusateurs de Marie Capelle.

Grâce à ce procès, il fut beaucoup question, à Augerville, de l'art d'empoisonner et des moyens de constater l'empoisonnement; de là vint le désir de rimer le conte de *Simone*. En relisant les derniers vers, on y reconnaîtra de légères allusions aux débats de la cour d'assises. L'introduction révèle la préoccupation du mauvais chemin que prenait la littérature. Déjà, deux mois auparavant, l'auteur avait signalé la route déplorable où s'égarait le théâtre. Quand on revient aujourd'hui à ces pages écrites depuis si longtemps, on est frappé du caractère prophétique de tout ce qui est observations critiques sur l'état des esprits et celui des lettres. Mais, hélas! c'est en vain que les poètes ont reçu le don de voir au delà du présent. Leurs prédictions n'ont pas tout à fait le même sort que celles de la pauvre Cassandre. On les écoute, on les admire, on s'étonne qu'ils sachent si bien dire ce que pensent les gens de goût... et puis le torrent poursuit son cours.

Au château d'Augerville, Alfred eut l'air de s'amuser comme un enfant en vacances, et cependant, au bout de dix jours, il prétexta je ne sais quelle affaire et partit. Quoique Rachel n'eût plus besoin de défenseur, j'espérais qu'il revenait à Paris pour elle; mais il était écrit que ces deux êtres, dont l'accord était si désirable, ne pourraient demeurer bons amis plus de quinze jours. A peine Alfred eût-il revu Rachel qu'ils se trouvèrent brouillés ensemble.

Ce qui donna à ces riens une importance très sérieuse, c'est que, par suite de la querelle, il ne fut plus question ni d'*Alceste* ni de la *Servante du roi*, et que l'acte déjà écrit de cette dernière pièce alla dormir dans un carton. Bien des gens pourront trouver que l'auteur ne comprenait guère ses véritables intérêts. Sans aucun doute, parmi les auteurs dramatiques vivants, plus d'un aurait poursuivi son travail sans se soucier ni des propos de Rachel ni de son ingratitude. Plus d'un se serait dit : « Qu'elle parle de moi comme elle voudra; pourvu qu'elle accepte un rôle de ma façon et que la pièce me rapporte beaucoup d'argent, le reste est peu de chose. » Mais Alfred de Musset ne ressemblait pas à tout le monde, et puisque la sensibilité des poètes, si déraisonnable qu'elle paraisse, est la source de leur génie, il faut bien la leur pardonner.

Le moyen d'oublier Frédégonde, Rachel et les tracasseries de coulisses, c'était de se plonger dans le monde idéal, et de travailler pour quelque autre personne, par exemple pour la marraine, à qui le sujet de *Simone* plaisait beaucoup. Ce petit poème qu'Alfred écrivit avec plaisir et entrain, parut dans la *Revue*, le 1ᵉʳ décembre 1840.

Le 11 du même mois, l'auteur eut trente ans accomplis. Ce matin-là, je lui trouvai dans l'air et le maintien plus de gravité qu'à l'ordinaire. Il s'informa de l'heure précise de sa naissance. Je compris le sujet de ses réflexions, et nous en causâmes longuement. « Je touche, me dit-il, à une période climatérique de ma vie. Voilà dix ans, et même un peu plus, que j'ai dit au public mon premier mot. Tu sais ce que j'ai pensé, ce que j'ai souffert; tu connais mon bagage, et tu dois l'estimer ce qu'il vaut. Tu peux apprécier mieux que moi où en est ma réputation. Réponds-moi donc sincèrement : trouves-tu qu'on me rende justice? »

Je répondis sans hésiter que non.

« Je le pensais, comme toi, reprit-il, mais je craignais de me tromper. Le public est en retard avec moi. Il se fait autour de mes publications un silence qui m'étonne. Je n'ai pas la moindre envie de jouer le rôle de grand homme méconnu; mais après dix ans de travail, j'ai le droit de me retirer dans ma tente. Je veux bien dire que j'ai été jusqu'à présent un enfant; mais je ne veux plus que les autres me le disent. On me rendra justice, parce qu'il en est temps; sinon, je me tairai. »

Alfred veilla fort tard dans la nuit du 11 décembre 1840, ce qui n'a rien d'extraordinaire puisqu'il se mettait bien rarement au lit avant deux heures du matin. Ce fut, selon toute apparence, pendant cette nuit-là qu'il écrivit les réflexions suivantes sur un bout de papier que j'ai vu traîner longtemps sur sa table :

« A trente ans !

« Il y a un triste regard à jeter sur le passé, pour y voir... les mortes espérances et les mortes douleurs ; — un plus triste regard à jeter sur l'avenir, pour y voir... l'hiver de la vie !

« Il y a une chose folle à tenter : c'est de continuer d'être un enfant. — Et cependant cela fut beau chez les aimés des dieux : Mozart, Raphaël, Byron, Weber, morts à trente-six ans !

« Il y a une froide chose à faire : c'est de renoncer à tout, de se dire : Rien ne m'est plus ! — Et cependant cela fut beau chez Goethe.

« Il y a une chose sotte : c'est de se croire supérieur à soi-même, de prendre le titre d'homme fait, et de vivre en égoïste expérimenté.

« Il y a une chose paresseuse et lâche : c'est de ne pas écouter l'heure qui sonne.

« Il y en a une courageuse : c'est de l'entendre, et de vivre pourtant, malgré les dieux. Mais alors il ne faut croire à rien d'éternel.

« Il y en a une sublime : c'est de ne pas même savoir que l'heure sonne. Mais, pour cela, il faut croire à tout.

« Quoi qu'il en soit, il est certain qu'à cet âge le cœur des uns tombe en poussière, tandis que celui des autres persiste. — Posez vos mains sur votre poitrine. Le moment est venu. — Il hésite, — a-t-il cessé de battre ? — Devenez ambitieux ou avare... ou mourez tout de suite, autant vaut. — Bat-il encore ? Laissez faire les dieux ; rien n'est perdu ! »

Le poète avait posé ses mains sur sa poitrine. Il avait écouté son cœur attentivement. Son cœur battait encore ; rien n'était perdu.

XIV

Lord Byron écrivit ses adieux à la jeunesse à l'âge de trente-six ans. Alfred de Musset, toujours ardent à dévorer le temps, avançait de quelques années cette époque où l'avenir nous apparaît sous un jour nouveau. Depuis le mois de septembre, il rêvait souvent à son excursion dans les bois de Fontainebleau. Les impressions qu'il avait rapportées de ce voyage étaient mêlées de douceur et d'amertume; mais l'élément amer, à peine sensible, s'éteignit bientôt tout à fait. Ces souvenirs auraient fini par se dissiper entièrement sans une circonstance imprévue qui vint leur donner une force nouvelle et les faire tourner au profit de la poésie. Dans les couloirs du Théâtre-Italien, Alfred rencontra une femme dont l'image, effacée de son cœur depuis bien des années, lui avait traversé l'esprit sous les ombrages de la forêt. Il rentra chez lui fort agité. Sa muse l'y attendait pour l'inviter au travail. Il voulut la fêter comme aux plus beaux jours, en lui offrant le grand éclairage et le petit souper. On aurait dit une entrevue d'amants réconciliés. La muse, touchée de cet accueil, s'abandonna sans réserve. Des stances entières coulaient sur le papier d'un seul jet. Le poète ne se coucha qu'aux premières lueurs du matin, et l'inspiration se soutint même pendant le sommeil, car, en s'éveillant, il courut reprendre la plume. Le *Souvenir* parut dans la *Revue* le 15 février 1841.

Quand il eut reçu les félicitations de sa mère, celles de son ami Tattet et la lettre de sa marraine qui, en pareille circonstance, ne lui manqua jamais, Alfred me dit : « C'est tout ce qui me reviendra de mon sacrifice au public. J'ai livré aux bêtes mon cœur tout saignant. Je m'irrite à la pensée qu'un étourdi ou un sot peut réciter, s'il lui plaît, comme une chanson, ces deux vers :

> Mes yeux ont contemplé des objets plus funèbres
> Que Juliette morte, au fond de son tombeau.

« J'ai prononcé ces mots-là seul, au milieu du silence de la nuit, et les voilà jetés en pâture aux badauds ! Est-ce qu'il n'aurait pas été temps après ma mort ? Heureusement, tu verras que personne n'en dira mot. »

Il commençait à s'apercevoir, en effet, qu'au moment de leur apparition ses poésies les plus remarquables semblaient tomber dans le vide. Depuis que son génie avait pris un vol plus élevé, depuis que ses vers étaient à la portée de tout le monde, puisqu'il ne fallait que du cœur pour en sentir les beautés, la presse semblait feindre de n'en avoir pas connaissance, et, lorsqu'elle prononçait par hasard le nom de l'auteur, c'était pour citer, avec une légèreté blessante, le poète des *Contes d'Espagne* ou de l'*Andalouse*, comme si, depuis 1830, il n'eût pas fait un pas.

Longtemps Alfred de Musset refusa de croire à cette conspiration du silence, qui n'échappait au regard de personne. Il avait trop de bienveillance pour en admettre facilement la pensée, trop de grandeur dans le caractère pour voir des petitesses, trop de dignité pour faire jamais une seule de ces démarches qui passent pour indispensables au succès d'un ouvrage. A la fin, cependant, quand la vérité lui creva les yeux, il fallut bien la reconnaître. En plusieurs occasions, il sentit le mauvais vouloir des distributeurs de réputation. Ce déni de justice l'affligea ; mais il était trop fier pour laisser voir son chagrin. Parfois, sa modestie se tournait en dénigrement de lui-même ; il se jugeait avec une rigueur incroyable, en faisant l'oraison funèbre de la poésie et des arts. Dans ces moments de découragement, il fallait abonder dans le même sens que lui, pousser les choses aussi loin que possible, et alors un mot suffisait pour amener une réaction dans son esprit ; mais, en lui rendant le sentiment de sa force, on lui rendait aussi l'indifférence. Combien de fois, lorsqu'on l'engageait à travailler, a-t-il répondu : « A quoi bon ? Qui s'en souciera ? Qui m'en saura gré ? »

On a vu que, déjà, en 1840, il ne voulait plus écrire qu'en vers. Après la publication du *Souvenir*, il ne voulut plus rimer que pour son plaisir. A partir de cet instant, des sonnets, des chansons, des stances commencèrent à traîner pêle-mêle sur sa table. Il s'amusait à les écrire à la hâte, quelquefois en abrégé, sur des chiffons de papier, sur une enveloppe de lettre, sur la marge d'une lithographie ou la couverture d'une romance, comme pour établir que tout cela n'intéressait que lui et ne devait pas voir le jour. J'attendais qu'un stimulant quelconque vînt le réveiller ; malheureusement il ne lui arrivait du dehors que des impressions fâcheuses, car il y a des moments dans la vie où les ennuis s'appellent entre eux, se complètent, s'aggravent les uns par les autres avec une sorte d'enchaînement logique.

J'ai dit comment les relations amicales entre Rachel et son défenseur s'étaient refroidies. Pendant ce temps-là, Pauline Garcia s'était éloignée. Il faut bien l'avouer à la honte des Parisiens, le fond du public n'avait pas suivi l'impulsion donnée par les gens de goût dans les premiers débuts de la jeune cantatrice.

La sœur de la Malibran chantait à sa manière et selon son sentiment. Il existait déjà, au Théâtre-Italien, des procédés sûrs pour se faire applaudir, par certains hoquets, certains cris, certains points d'orgue toujours les mêmes, qui ne manquaient jamais de réussir. C'était une routine aussi commode pour les artistes que pour les habitués de ce théâtre, puisqu'elle dispensait l'auditoire de se connaître en musique. Pauline Garcia ne voulut pas de ces recettes vulgaires; elle suivit une direction opposée à celle de la mode, et dédaigna les vieux *effets* qu'on attendait à certains endroits de ses rôles. Elle eut, en revanche, des traits de génie qui passèrent inaperçus. En un mot, elle était originale; il fallait la comprendre, et on ne la comprit pas. Après avoir chanté Desdemona, Rosine, Tancrède et Cendrillon, avec un succès décroissant, elle jugea l'épreuve suffisante, et s'en alla en pays étranger, au grand regret du poète qui avait chanté ses débuts et salué l'*ère nouvelle,* déjà éteinte au bout de deux ans.

Une personne à laquelle Alfred de Musset s'était beaucoup attaché pendant sa maladie, venait de s'éloigner pour longtemps. La princesse Belgiojoso, dont le salon était un des plus agréables de Paris, passait l'hiver en Italie. Elle y faisait un noble emploi de sa grande fortune, en fondant, à quelques lieues de Milan, un établissement considérable de charité. Comme la sœur Marcelline, elle avait tenu au poète un langage fort sérieux. Alfred écrivit à cette belle conseillère pour lui faire savoir combien il regrettait ses sermons affectueux auxquels sa parole donnait tant de douceur que, pour les entendre encore, il eût fait volontiers une petite maladie. La princesse lui répondit en l'invitant à venir chercher, en Italie, un ciel clément, un régime sain et d'autres sujets d'inspiration poétique que ceux du boulevard de Gand. Elle lui promettait liberté complète, un vaste logement, une bibliothèque de famille pleine de livres rares, et autant de sermons qu'il en pourrait souhaiter. Cette gracieuse invitation le remplit de joie et de reconnaissance. Bien des fois il répéta, pendant l'hiver de 1841 : « Je ne suis pas oublié de tout le monde. Quand je m'ennuierai trop ici, je sais où trouver l'hospitalité. »

Mais, tandis qu'à Paris il parlait d'aller en Italie, il écrivait à Milan que ce projet de voyage était un rêve.

Au mois de mai, ce fut le tour de la marraine. Ordinairement elle ne faisait pas de longues absences. Cette année-là, elle partit pour la campagne dans le dessein d'y demeurer une grande partie de l'été. Il est vrai qu'elle se garda de faire part de ses intentions à son filleul; mais lui, tout en l'attendant de jour en jour, il revenait à son triste refrain : que ses amis l'abandonnaient et que le désert s'étendait autour de lui.

Un matin, il se leva portant sur son visage la devise de Valentine de Milan qu'il aimait à citer souvent; il semblait, en effet, que rien au monde n'aurait pu le tirer de sa langueur de cœur et d'esprit, quand la chanson du poète Becker lui tomba sous les yeux par hasard. Ce coup d'éperon le réveilla subitement. Le vicomte Delaunay, dans un de ses spirituels feuilletons, s'est amusé à raconter, d'une manière fort piquante, l'origine du *Rhin allemand*. La seule qualité qui manque à l'historiette, c'est l'exactitude. Tout en est inventé d'un bout à l'autre. Voici maintenant la vérité :

Le 1ᵉʳ juin 1841, nous déjeunions en famille; on apporta la livraison de la *Revue des Deux-Mondes* qui contenait la chanson de Becker et la *Marseillaise de la paix*. Alfred de Musset, voyant des vers de Lamartine au sommaire, courut d'abord à cette page de la brochure. En lisant les six couplets de Becker, dans lesquels, en si peu de mots, se trouvaient tant d'insultes à la France, il fronça quelque peu le sourcil; mais, en prenant lecture de la réponse, il le fronça bien davantage. Sans doute, il aurait approuvé le sentiment qui avait inspiré la *Marseillaise de la paix*, si ce morceau eût paru isolément. Convier tous les hommes à se donner la main, sans distinction de races, de noms et de frontières, rien de plus légitime; cette thèse philosophique en valait bien une autre; mais répondre à une provocation insolente en tendant les mains au provocateur, c'était mal choisir le moment. Alfred de Musset comprit la chose ainsi, et, comme la *Marseillaise de la paix* ne répondait pas, selon lui, à la chanson de Becker, l'envie le prit de faire la réponse. A mesure que nous en causions, tout en déjeunant, son visage s'animait, le feu lui montait aux oreilles; enfin, il donna un coup de poing sur la table, rentra dans sa chambre et s'y enferma. Deux heures après il en sortit pour nous réciter *le Rhin allemand*. Quoique M. de Lamartine l'ait appelé chanson de cabaret, le retentissement fut immense. Le duc d'Orléans envoya, sous main, ses compliments à l'auteur, car la situation politique, depuis la reculade de l'année précédente, ne permettait pas à l'héritier du trône de se prononcer ouvertement. Je n'exagère pas en disant que cinquante compositeurs, au moins, mirent en musique cette chanson. Un de ces airs, adopté par l'armée, se chantait dans les casernes. Des officiers prussiens écrivirent à l'auteur quelques lettres de provocation, les unes en allemand, les autres en français, et lui donnèrent des rendez-vous à Bade, en le priant de s'y trouver tel jour, à telle heure, pour se battre avec eux. Chaque fois qu'une de ces lettres lui arriva, il la mit soigneusement dans un tiroir : « Voilà, disait-il, de braves jeunes gens dont j'estime le patriotisme. Je vois avec plaisir que mes vers ont touché au bon endroit; Becker a son clou rivé. Mais pourquoi ne m'écrit-il pas? C'est à lui que je donnerais volontiers un coup d'épée. Quant à mes jeunes Prussiens, qu'ils aillent se battre avec les officiers français qui ont défié Becker, s'il y en a. »

Le Rhin allemand avait été composé dans la matinée du 1er juin. Par égards pour l'auteur de la *Marseillaise de la paix*, Alfred ne voulut pas le publier dans la *Revue des Deux-Mondes*. D'ailleurs, il aurait fallu attendre pendant quinze jours la livraison suivante. Ce morceau fut offert à la *Revue de Paris* qui publiait un numéro par semaine; il y parut le dimanche 6 juin, et le vicomte Delaunay en fit le sujet de son courrier dans le journal *la Presse**.

De la Touraine où elle passait l'été, la marraine envoya ses félicitations à son filleul. « *Le Rhin allemand*, disait-elle, est supérieur aux meilleures chansons de Béranger; on y sent un souffle poétique plus élevé. » Aux compliments, la marraine ajoutait des exhortations au travail. Le filleul répondit que sa fibre patriotique n'aurait pas, tous les matins, l'occasion de s'émouvoir, et que son cœur, profondément endormi, ne serait pas facile à réveiller. La marraine répliqua par le reproche de paresse, dont le filleul ne se défendit que par des plaisanteries : « C'est votre faute, disait-il, si je m'ennuie comme un mort, et si je ne sais plus que faire de mes soirées.

* C'est par une erreur typographique que le *Rhin allemand* est daté de février 1841, dans l'édition in-4° de 1866.

Or, l'ennui et l'indifférence sont les meilleurs remèdes à cette maladie qu'on nomme poésie. Par conséquent, je me porte bien. De quoi donc me grondez-vous? »

Cet été de 1841 lui parut, en effet, d'une longueur interminable. Le directeur de la *Revue* avait d'aussi bonnes raisons que celles de la marraine pour crier contre la paresse, et parfois je me joignais à lui. Alfred aimait sincèrement M. Buloz; il regrettait de ne pouvoir pas le satisfaire. Enfin, après un silence de six mois, pressé de s'expliquer par tant de sollicitations, il écrivit les vers *Sur la paresse* qu'il adressa, sous la forme d'une épître, à celui que cette question intéressait le plus. Ordinairement, une satire perd, en peu de temps, son à-propos. Celle-ci semble composée d'hier; ce qui prouve que l'auteur avait bien compris les travers de son siècle, et que le siècle ne s'en est point corrigé. On peut relire les passages sur l'hypocrisie, sur l'amour effréné de l'argent, sur la *mangeaille* et l'égoïsme hébété, sur la médiocrité qui ne comprend rien qu'elle. Tout cela est encore de saison au bout de trente ans. Cette épître fut publiée le 1er janvier 1842. « Voilà, me dit l'auteur, ce que j'aurai fait de plus habile dans toute ma carrière littéraire. »

Et comme je lui demandais en quoi consistait l'habileté : « Ne vois-tu pas, me répondit-il, que je donne les raisons de mon silence, et que ces raisons, bonnes ou mauvaises, renferment implicitement une sorte d'engagement de me taire? A la vérité, il reste à savoir si je tiendrai parole; mais quand on verra que mon dédain est réel et sincère, comme il l'est en effet, je ne donnerai plus d'ombrage à personne. Ceux qui font semblant de ne pas savoir que j'existe, consentiront à s'en apercevoir. Suis-je un expéditionnaire ou un commis rédacteur pour qu'on me chicane sur l'emploi de mon temps? J'ai beaucoup écrit; j'ai fait autant de vers que Dante et que le Tasse. Qui, diantre, s'est jamais avisé de les appeler des paresseux? Lorsqu'il a plu à Gœthe de se croiser les bras, qui donc lui a jamais reproché de s'amuser trop longtemps aux bagatelles de la science? Je ferai comme Gœthe jusqu'à ma mort, si cela me convient. Ma muse est à moi; je montrerai au public qu'elle m'obéit, que je suis son maître, et que, pour obtenir d'elle quelque chose, c'est à moi qu'il faut plaire. »

Lorsque Tattet vint à son tour demander des explications sur les résolutions de son ami, il lui fut répondu par ces deux vers :

> Le mal des gens d'esprit, c'est leur indifférence;
> Celui des gens de cœur, leur inutilité.

Quinze jours après la publication de l'épître *Sur la paresse*, le numéro suivant de la *Revue des Deux-Mondes* devait contenir un article de M. Sainte-Beuve. En lisant les épreuves de cet article, M. Buloz y rencontra un paragraphe dont les termes lui semblèrent faits pour mettre la modestie d'Alfred de Musset à une épreuve un peu trop grande. L'avant-veille de la publication du numéro, il m'écrivit un billet à la hâte pour me prier de venir le soir même. Je me rendis à son invitation, et il me donna lecture du paragraphe. C'était une classification de tous les poètes vivants, non par ordre de mérite, mais par ordre de célébrité, selon l'opinion du critique, — chose inutile, qui ne prouve jamais rien, et dont le moindre défaut est de blesser, à coup sûr, les gens nommés aussi bien que ceux omis, comme l'auteur de l'article le disait lui-même. — Dans cette classification, Alfred de Musset se trouvait rangé en troisième ligne, au milieu d'un groupe si nombreux qu'il y avait même *des dames*. Le critique ajoutait pourtant que, si ce jeune poète écrivait souvent d'autres satires comme les vers *Sur la Paresse* et d'autres *méditations* comme *la Nuit de mai*, « il aurait peut-être grande chance de sortir de son groupe ».

M. Buloz me demanda ce que je pensais de cette appréciation. Je répondis que, si l'auteur de l'article était resté sur la lecture de la *Nuit de mai*, il fallait lui envoyer les vingt livraisons de la *Revue* dans lesquelles étaient les autres *Nuits*, les poésies diverses et toutes les *Méditations* publiées depuis six ans; que je ne m'attendais pas à trouver l'auteur de l'épître *Sur la paresse* confondu dans un groupe, avec des poètes auxquels le directeur de la *Revue* avait souvent renvoyé leurs vers sans plus de ménagements pour les *dames* que pour les messieurs; que tout me paraissait injuste dans cette appréciation, jusqu'au mot de *méditation* appliqué à des poésies d'une originalité incontestable; que ce n'était point à la *Revue des Deux-Mondes* à parler en ces termes d'un de ses rédacteurs les plus aimés; mais que, s'il s'agissait d'étonner ses lecteurs par l'insertion d'une phrase dont les admirateurs d'Alfred de Musset seraient plus blessés que lui-même, le but de l'article se trouvait parfaitement atteint, et qu'il n'y avait rien à y changer. M. Buloz s'empressa de m'assurer que ce n'était pas là son intention, et il me promit d'engager M. Sainte-Beuve à modifier ou à supprimer ce passage de son article.

Cependant, le 15 janvier, au moment où l'on apporta la livraison de la *Revue*, connaissant bien l'humeur susceptible et l'amour-propre intraitable de Sainte-Beuve, j'eus comme un pressentiment que le passage ne serait point changé. Alfred prit la brochure, l'ouvrit au hasard, et tomba justement sur la page où il était nommé. Au bout d'une minute, il remit le numéro de la *Revue* sur la cheminée, en disant tout bas : « Et toi aussi, Sainte-Beuve ! »

Puis il parla d'autre chose, et ne voulut pas revenir sur ce sujet. Moi seul, je me plaignis, comme j'en avais le droit, et je subis les conséquences de mes récriminations; mais, depuis lors, j'en ai subi bien d'autres, et je ne suis pas au bout. Maintenant, qu'on jette un regard sur les poésies d'Alfred de Musset, et l'on verra que, depuis 1842, il n'a pas ajouté à son œuvre beaucoup de satires ni de *méditations*, et, cependant, M. Sainte-Beuve est revenu de lui-même sur son jugement. Il a placé le poète de *la Nuit de mai* au rang des dieux, — après sa mort, bien entendu; — c'est pourquoi je lui fais réparation aujourd'hui, et, si ma réparation arrive tard, c'est que la sienne aussi s'est fait attendre bien longtemps.

Sans fréquenter beaucoup de monde, en 1842, Alfred retourna dans les deux ou trois salons où il avait des amis. Il en revint plusieurs fois avec des sonnets ou des rondeaux dans la tête, qu'il adressait le lendemain à quelque femme, et dont, malheureusement, il ne garda pas toujours copie. Quant au charmant conte allégorique du *Merle blanc*, composé pour une publication illustrée, dont l'éditeur avait su gagner son amitié, il n'appelait pas cela un travail.

La maladie si bien soignée par la sœur Marcelline lui avait laissé une fâcheuse disposition aux affections de poitrine. Il aurait eu besoin de précautions, et jamais il n'en voulut prendre. Aux nombreux rhumes que lui procura l'institution de la garde nationale, il en ajouta beaucoup d'autres qu'il se donna par imprudence. Souvent il se voyait, avec chagrin, condamné à garder la chambre; mais sa constitution avait tant de ressort qu'il se rétablissait en quelques heures. Je le quittais alité, abattu; je revenais un moment après, pour lui tenir compagnie, et je le trouvais debout, chaussant ses bottes pour sortir. En deux occasions, nous appelâmes les médecins, dans le cours de l'hiver; ils le saignèrent trop souvent.

Quoi qu'ils en aient dit, je suis persuadé que leurs lancettes lui ont fait un mal irréparable. Un matin du mois de mars, pendant le déjeuner, je m'aperçus que mon frère, à chaque battement du pouls, éprouvait un petit hochement de tête involontaire. Il nous demanda pourquoi nous le regardions d'un air étonné, ma mère et moi. Nous lui fîmes part de notre observation. « Je ne croyais pas, nous répondit-il, que cela fût visible; mais je vais vous rassurer. »

Il se pressa la nuque, je ne sais comment, avec l'index et le pouce, et, au bout d'un moment, la tête cessa de marquer les pulsations du sang: « Vous voyez, nous dit-il ensuite, que cette épouvantable maladie se guérit par des moyens simples et peu coûteux. »

Nous nous rassurâmes par ignorance, car nous venions de remarquer le premier symptôme d'une affection grave, à laquelle il devait succomber quinze ans plus tard.

Au retour de la belle saison, Alfred exprima le désir de chercher du repos à la campagne. Les médecins le lui conseillaient. Notre excellent ami et cousin, l'inspecteur des forêts, avait quitté les bois de Joinville pour ceux d'Ivry, et, comme il espérait que ce changement de résidence serait le dernier, il avait acheté, près de Pacy-sur-Eure, le petit château de Lorey, qui avait appartenu à la célèbre Taglioni. On s'amusait dans la vallée de l'Eure ; on y jouait la comédie, on y dansait, — non seulement à Lorey, mais aussi à Breuil-Pont, chez le comte Louis de Talleyrand, et au Mesnil, chez les dames Rœderer. — Alfred se rendit aux invitations réitérées de son cousin. Le 14 juillet, au milieu d'une partie de plaisir où la compagnie était nombreuse, il s'aperçut que les personnes légitimistes de la réunion se parlaient à voix basse. Quelqu'un venait de recevoir une nouvelle étrange ; on n'osait encore se la dire qu'à l'oreille. Le maître de la maison changea de visage, et poussa un cri de surprise et de douleur, en apprenant cette nouvelle : le duc d'Orléans était mort. Alfred revint le jour même à Paris, non pour mêler ses inutiles condoléances à tant d'autres plus ou moins sincères, mais pour assister à la cérémonie funèbre, et pour s'enfermer ensuite et se plonger librement dans ses regrets et son chagrin. La catastrophe du 13 juillet 1842 lui portait un coup profond. La mort de ce prince, qui l'avait honoré du titre d'ami, abattit tout à fait son courage. Bien des illusions s'étaient déjà envolées en peu de temps ; cette fois, c'était sa dernière espérance qui l'abandonnait : « Le sort, disait-il, ne veut pas que notre pauvre France ait un seul jour d'avenir. Quant au mien, il n'existe plus. Je ne vois devant moi qu'ennui et tristesse; je n'ai plus qu'à souhaiter de m'en aller le plus tôt possible. »

Je lui rappelais son culte de l'imprévu et le plaisir qu'il éprouvait souvent à se regarder vivre : « Nul ne sait, lui disais-je, ce que la destinée lui garde. La nature et le hasard sont inépuisables. » — A quoi il me répondait que cela était bon à dire autrefois; mais qu'à présent l'inconnu n'avait plus rien à lui offrir, pas même d'autres ennuis et d'autres chagrins, lesquels seraient bien venus, s'il pouvait les ressentir, comme d'utiles dérivatifs, en vertu de la doctrine d'Hippocrate, qu'une inflammation en détruit une autre.

Lorsqu'on lui représenta que son amitié pour le prince royal lui faisait un devoir d'exprimer publiquement ses regrets, il rejeta bien loin l'idée de faire des vers sur un pareil sujet. M. Asseline, secrétaire de la duchesse d'Orléans, lui apporta la gravure du prince d'après le portrait d'Ingres. Alfred lui dit, en le priant de transmettre ses remerciements, qu'il parlerait à son tour, quand les pleureurs officiels auraient essuyé leurs yeux.

Ce fut dans le même temps que Tattet prit la résolution de quitter Paris et d'aller habiter Fontainebleau. Les motifs qui le décidèrent à rompre avec sa vie passée étaient trop sérieux pour être discutés. Alfred trouva dans cette séparation un nouveau sujet de chagrin plus vif qu'il ne l'avait souhaité. Ce n'était pas un *dérivatif*, selon son expression, mais un surcroît. Tattet n'était pas seulement un charmant compagnon et un ami fidèle ; il avait aussi des qualités précieuses de confident et d'auditeur. Son admiration pour le talent, le caractère et l'esprit de son poète préféré se manifestait avec une chaleur dont tout le monde subissait le charme autour de lui, à plus forte raison celui qui en était l'objet. D'ailleurs, Tattet prenait à cœur les contrariétés, les plaisirs et les peines de son ami comme les siens propres. Chez lui se réunissaient un petit nombre d'hommes aimables, que son départ allait disperser. On se promettait bien de se retrouver à Fontainebleau ; mais il ne fallait plus compter sur les confidences de chaque jour, sur les longs entretiens, les lectures, les échanges continuels d'idées et d'impressions. C'était encore une perte réelle ajoutée à la perte des illusions et des espérances.

Chose singulière : cet homme si abattu, si découragé, si revenu de tout, qui répétait de bonne foi : « Plus ne m'est rien, » ce cœur qui dormait, disait-il, *à tout jamais fermé**, devenait tous les jours plus accessible aux moindres émotions, et, par con-

---

* Voir le sonnet à Alfred Tattet sur son départ de Paris.

séquent, plus poète que jamais. Le malheur, les regrets, le chagrin ne faisaient qu'exaspérer sa sensibilité. Les larmes lui venaient aux yeux pour un mot, pour un vers, pour une mélodie. Dans le moment où il se plaignait de n'avoir plus la force de vivre, ses impressions augmentaient de vivacité, et les objets extérieurs agissaient sur son organisation avec une puissance plus grande.

Un jour, il trouva, dans son édition des quatre grands poètes italiens, quelques sonnets de Michel-Ange Buonarotti. La profondeur des pensées, la concision vigoureuse de la forme lui plurent extrêmement. Il s'amusait à rechercher, dans la manière du poète, les qualités particulières du sculpteur et du peintre, et, quand il rencontrait un vers où la pensée semblait à l'étroit, contenue tout entière dans un petit nombre de mots, il s'écriait : « Voilà du raccourci ! »

L'envie lui vint ensuite de dessiner, comme Michel-Ange, quelque grande figure sculpturale. Il était alors en relations fréquentes avec une fort belle et fort grande dame pour laquelle il avait beaucoup d'amitié, mais qui le traitait parfois avec une brusquerie et une sévérité qu'il ne supportait pas toujours patiemment, en sorte que cette amitié était souvent mêlée de brouilles et d'orages*. Je n'ai jamais su

---

* Voir la *Correspondance* à l'année 1842.

quel sujet de plainte lui fut donné; mais il fallait assurément qu'il eût reçu quelque traitement dur, blessant et injuste, le jour qu'il rentra chez lui, décidé à rompre tout de bon. Dans la disposition d'esprit que je viens de raconter, il écrivit les vers *Sur une morte*. La rupture était complète, irrémédiable. Pour juger si l'auteur de ces vers a commis une faute, il faudrait connaître le grief et la blessure dont il avait à se plaindre, et personne n'en sait la gravité. On n'a jamais blâmé le grand Corneille d'avoir cédé à un mouvement de colère poétique contre une femme qui avait eu l'imprudence de se moquer de lui. Le moyen de ne point sentir la griffe du lion, c'est de ne pas l'irriter.

Outre les sonnets de Michel-Ange, Alfred relisait sans cesse, jusqu'à les savoir par cœur, les poésies de Giacomo Leopardi, dont les alternatives de sombre tristesse et de douce mélancolie répondaient à l'état présent de son esprit. Lorsqu'il frappait sur la couverture du volume, en disant : « Ce livre, si petit, vaut tout un poème épique, » il sentait que l'âme de Leopardi était sœur de la sienne. Les Italiens ont la tête trop vive pour aimer beaucoup la poésie du cœur. Il leur faut du fracas et de grands mots. Plus malheureux qu'Alfred de Musset, Leopardi n'a pas obtenu justice de ses compatriotes, même après sa mort. Alfred en était révolté. Il voulut d'abord écrire un article, pour la *Revue des Deux-Mondes*, sur cet homme qu'il considérait comme le premier poète de l'Italie moderne. Il avait même recueilli quelques renseignements biographiques, dans ce dessein; mais, en y rêvant, il préféra payer en vers son tribut d'admiration et de sympathie au *Sombre amant de la Mort*. De là sortit le morceau intitulé *Après une lecture*, qui parut le 15 novembre 1842.

En faisant la part de son exagération naturelle et de son excessive sensibilité, il faut pourtant reconnaître que, dans cette fatale année 1842, les blessures ne furent pas épargnées à Alfred de Musset. Il se plaignait que, de tous les côtés à la fois, lui venaient des sujets de désenchantement, de tristesse et de dégoût. « Je ne vois plus, disait-il, que les revers de toutes les médailles. »

Il n'y avait pas jusqu'à la dégradation des lettres qu'il ne ressentît avec douleur. Le roman-feuilleton touchait alors à son plus haut degré de vogue, d'audace et de cynisme, et tout ce qui tenait une plume pouvait, à bon droit, s'en trouver humilié. Alfred en rougissait, comme tous les esprits délicats. D'une part, il voyait la littérature d'imagination salie et polluée, l'honnêteté littéraire, l'amour du beau, le goût public faire partout défaut, tandis que, d'une autre part, les talents perdaient courage. A trente-deux ans, il se plaignait d'avoir trop vécu. Qu'on ajoute à cela ses idoles brisées, l'image de Rachel déflorée, Pauline Garcia partie et oubliée, l'exil volontaire de Tattet, Sainte-Beuve qui rabaissait l'auteur des vers *Sur la paresse* au niveau des lauréats femelles, Lamartine qui, depuis six ans, lui faisait attendre une réponse, le duc d'Orléans misérablement tué par un vulgaire accident de voiture, et l'on m'accordera bien que, même pour une organisation moins impressionnable, il y avait là de quoi se plaindre et s'attrister. Il est certain que, dans ce moment, tout sembla se concerter pour l'affliger, tout ce qui exerçait une action quelconque sur son cœur ou son esprit lui donna quelque sujet de chagrin. Enfin, moi-même, qui cherchais à le consoler par tous les moyens en mon pouvoir, je ne l'épargnai pas plus que les autres. Depuis plusieurs années je rêvais un voyage en Italie. Ce fut précisément à la fin de 1842 que ce voyage, tant désiré, put s'arranger. Je partis le 19 novembre. De peur de troubler mon plaisir, Alfred ne me dit pas un mot du vide énorme que mon absence allait faire dans sa vie, au moment où il avait si grand besoin de moi. Il voulut me reconduire à la malle-poste, quoiqu'il fût indisposé ce jour-là, et il me dit adieu en souriant. Une lettre de la marraine vint m'apprendre ce qu'il avait ressenti en me serrant la main par la portière de la voiture. « J'étais encore trop heureux, avait-il dit à sa marraine; je pouvais, à toute heure de jour et de nuit, confier mes peines à un ami. Il fallait bien que ce bonheur-là me fût aussi ravi. »

Je n'étais qu'à la première étape de mon voyage au moment où je reçus cette lettre. Je m'étais arrêté à Mirecourt, dans les Vosges, où notre bon oncle Desherbiers était sous-préfet. La confidence de la marraine me troubla fort. J'écrivis à mon frère pour lui déclarer que, s'il avait sérieusement besoin de moi, je remettrais le voyage en Italie à une autre époque, et que je reviendrais passer l'hiver à Paris. Alfred me répondit la lettre suivante, que je transcris ici pour donner une idée de la délicatesse et de la discrétion de cœur de mon frère, ainsi que de l'amitié qui nous unissait.

« Je te remercie de tout mon cœur, mon cher ami, de la bonne lettre que tu m'écris, et je commence par répondre *en conscience*, comme tu le veux, à ta question. Ne pense pas, je t'en prie, à moi autrement que comme à un frère et à un ami; mais oublie complètement mes ennuis passagers qui ne sont plus rien. Je me porte très bien maintenant, et, comme je n'ai aucune cause de chagrin ni réelle ni *matérielle*, ma tristesse est partie avec la fièvre. Certes, nos conversations du soir m'étaient très chères, et je n'oublierai jamais, sois-en bien sûr, l'amitié que tu m'as montrée dans tous ces derniers temps de chagrin; tu m'as été extrêmement utile, et en même temps extrêmement bon; mais je te prie en grâce d'entreprendre ton voyage sans aucun regret, sans aucune arrière-pensée qui puisse te troubler un seul instant.

» Ma mère est revenue, madame Jaubert aussi. Tu vois que je ne suis plus seul. Madame de Lagrange m'a invité à revenir de la façon la plus aimable.

» Le bon capitaine m'a chargé de te dire que l'affaire de la correspondance était arrangée. Les lettres pour toi seront mises sous enveloppe ici, et envoyées à madame Aubernon, qui te les fera passer. Tu auras soin seulement de donner l'adresse ou plutôt les adresses des endroits où il faudra les envoyer.

« Je ne m'étonne pas que tu te plaises auprès de notre excellent oncle. Dis-lui bien, je t'en prie, combien je l'aime, combien je serais heureux d'être près de lui, comme toi. Dis-lui qu'il est resté et restera dans mon souvenir comme l'homme dont le mérite et le caractère m'ont inspiré à la fois le plus de sympathie et de respect.

« Adieu. Écris-moi surtout. Tes lettres me feront grand bien. Je t'embrasse.

« ALFRED.

« Jeudi 1ᵉʳ décembre (1842). »

QUATRIÈME PARTIE

1843-1857

XV

Notre sœur avait pour amie d'enfance une charmante personne qui, à peine mariée, fut obligée de rentrer dans la maison paternelle. Toute la haute société de Paris s'intéressa au malheur de cette femme vraiment aimable, belle, sage et condamnée à l'âge de vingt ans à un veuvage éternel. Son séjour sous le toit conjugal avait été accompagné de circonstances si étranges qu'on se demandait, en hésitant, s'il ne fallait pas la traiter encore en jeune fille. Comme elle ne pouvait pas regretter un homme qui n'avait rien épargné pour la détacher de lui, elle ne tarda pas à essuyer ses larmes et à reprendre ses grâces et son enjouement accoutumés. Nous demeurions alors dans son voisinage*. Elle venait souvent voir son amie d'enfance et raconter à notre mère les causes lamentables de son procès. Lorsqu'elle s'en allait, à la nuit tombante, quoiqu'elle eût à peine cent pas à faire, un domestique venait la chercher. Deux ou trois fois seulement, Alfred lui offrit le bras pour la reconduire jusqu'à sa porte. On les rencontra, et c'en fut assez pour donner lieu, non à des médisances, mais à des sourires de malice et d'envie. Alfred de Musset ne voulut pas attendre qu'on passât des sourires aux propos. Il écrivit le sonnet : *Non, quand bien même une amère souffrance*, auquel je renvoie le lecteur. Je ne crois pas que le respect de l'innocence ait jamais inspiré de sentiment plus pur ni de poésie plus parfaite.

Chez sa marraine, Alfred voyait souvent une autre jeune femme presque aussi mal mariée que celle dont nous venons de parler. Son mari venait de mourir fort à propos, et, comme dit Sganarelle, la mort rajuste bien des choses. L'année de deuil étant écoulée, la veuve quittait le noir; Alfred, assis un soir auprès d'elle, lui dit qu'elle était trop jeune et trop belle pour demeurer veuve; mais, apparemment, le mariage lui avait laissé de si mauvais souvenirs, qu'à cette pensée elle s'écria : *Jamais!* avec tant de force et d'effroi que le poète en fut saisi. Il n'y a pas

---

* Depuis le mois d'octobre 1839, nous demeurions sur le quai Voltaire.

d'autre historique à faire du sonnet qui porte pour titre ce mot *Jamais!* Les autres circonstances de la conversation se trouvent dans le sonnet même. La réponse de la jeune femme était sincère, et sa résolution bien arrêtée, car elle a tenu parole.

Sous le pseudonyme de P.-J. Stahl, Jules Hetzel, écrivain et éditeur, venait de composer un conte fantastique illustré d'un grand nombre de gravures par Tony Johannot. Pour assurer le succès de cet ouvrage de luxe, Hetzel suppliait mon frère d'y ajouter quelques vers et de joindre son nom à celui de l'auteur de la prose. Alfred s'y refusa d'abord obstinément; mais, parmi les dessins de Johannot, qu'il regardait avec plaisir, il remarqua une gracieuse figure de jeune fille assise au piano et chantant. Le morceau de musique qui devait être intercalé dans le texte était un *lied* de Mozart, encore inédit en France, et sur ce refrain *Vergiss mein nicht*. Alfred le mit sur le piano de sa sœur, et, quand elle l'eut chanté, il le trouva si beau que l'envie lui vint de traduire les paroles. Bien que ce fût un travail très difficile que d'adapter des paroles à une musique donnée, il l'exécuta séance tenante. C'était une sorte d'engagement pris. Les images de Johannot lui inspirèrent encore un sonnet. L'éditeur n'en demandait pas davantage. *Marie* et le *lied* en trois couplets, *Rappelle-toi*, furent insérés dans le *Voyage où il vous plaira*; P.-J. Stahl écrivit tout le reste. Ce que Alfred de Musset n'avait pu accorder par intérêt, il y consentit par entraînement sous le charme du talent de Tony Johannot et surtout du génie de Mozart. Il laissa inscrire son nom au frontispice du volume illustré.

Après avoir passé l'hiver à Naples et le printemps à Rome, je me trouvais à Florence au mois de juillet, lorsque, un soir, chez la comtesse Orlow, on parla d'une pièce de vers sur la mort du duc d'Orléans, publiée par les journaux français. La fille de la comtesse Orlow, madame Orsini, en cita les deux premiers vers :

> La joie est ici-bas toujours jeune et nouvelle;
> Mais le chagrin n'est vrai qu'autant qu'il a vieilli.

Je savais l'intention de mon frère d'attendre l'anniversaire du *Treize juillet* pour payer son tribut de regrets au prince qu'il avait aimé et à la princesse Marie, dont le cercueil était encore à Pise. Je savais le plaisir triste qu'il se promettait à revenir sur ce malheur déjà presque oublié, au risque de surprendre ceux qui avaient fait tant de bruit de leur douleur, et qui peut-être laisseraient passer, au bout d'un an, la date funèbre sans y songer. En voyant le succès de cette pièce de vers en pays étranger, je ne doutai pas que l'auteur n'eût reçu, de la famille royale, quelque signe de souvenir et d'amitié. Je me trompais : le roi ne lisait point de vers, même sur la mort de son fils, et il paraît que la duchesse d'Orléans n'avait remarqué que le mot concernant Laborderie, l'un des camarades d'Alfred et du prince au collège Henri IV, et celui que le poète appelait *le meilleur de nous tous*. Longtemps après la publication des stances sur l'anniversaire du *Treize juillet*, lorsqu'il fut bien démontré qu'un tel hommage à la mémoire du duc d'Orléans ne pouvait demeurer comme non avenu, une personne envoyée du château vint transmettre à l'auteur quelques mots de politesse très cérémonieux et très froids. A l'air contraint de l'envoyé, à la manière dont il s'enquit de ce que c'était que Laborderie, Alfred crut deviner que l'hémistiche trop élogieux en faveur d'un ancien condisciple avait blessé la princesse. En revanche, il reçut de Limoges une lettre d'une écriture inconnue et dans laquelle une dame le remerciait, en termes chaleureux et touchants, d'avoir rendu immortel le nom de son frère. Cette lettre annonçait l'envoi d'un cabaret en porcelaine de Limoges, dont quelques pièces existent encore aujourd'hui. Jusqu'à la mort du poète, la sœur de Laborderie lui écrivit une fois par an, et lui envoya une volaille truffée à l'époque du carnaval.

Avant mon départ pour l'Italie, j'avais fait, en compagnie de J. Hetzel et de M. Obeuf, maire de Bellevue, une excursion à Pontchartrain, remplie d'incidents comiques, dont le récit avait si fort diverti mon frère qu'il s'était amusé à le mettre en vers. Hetzel en récita quelques passages à Charles Nodier, qui demanda le tout; nous le lui envoyâmes. Près d'un an s'était écoulé, lorsque le bon Nodier, dans un accès de gaieté, adressa des vers à l'auteur de cette odyssée burlesque, dans le rythme où elle était écrite. Alfred répondit, toujours dans le même rythme. Ce badinage l'occupait encore au moment où le conseil de discipline, usant de sévérité contre le garde national peu zélé, lui infligea plusieurs jours de prison. Le condamné obtint par faveur la chambre portant le n° 11 (ou le n° 14), dont les artistes aussi peu zélés que lui avaient couvert les murailles de peintures et de dessins. Ce cachot parut fort agréable au prisonnier. Pour y laisser un souvenir de son passage, il y inscrivit quelques vers au-dessous d'une figure de femme qui lui plaisait*, et, quand il fut sorti de prison, toujours poursuivi par le rythme de l'odyssée champêtre, il composa les *Mie prigioni*, que la *Revue* publia le 1er octobre 1843. La livraison qui contenait ces vers tomba dans les mains de M. le comte Molé, qui, sans doute engagé par l'originalité du titre et par la brièveté du morceau, le lut jusqu'au bout. Ces petits vers lui plurent extrêmement. Il chargea une personne tierce d'en faire compliment à l'auteur, en ajoutant ces mots : « Dites-lui bien

---

* Ils sont dans le volume des *OEuvres posthumes*.

que, si jamais je reviens au ministère, je me souviendrai de lui. » M. Molé ne revint pas au ministère, mais il n'avait pas oublié les *Mie prigioni*, lorsque l'auteur vint lui faire sa visite de candidat à l'Académie française.

Le jour où j'arrivai d'Italie, au mois de novembre 1843, Alfred voulut fêter mon retour et m'emmena dîner chez le traiteur, quoique son dîner fût prêt à la maison. Il s'agissait de causer à fond de cette chère Italie dont j'étais encore plus amoureux que lui. Mes souvenirs tout frais réveillaient les siens. Nous en parlâmes à table, et puis le soir au coin du feu, et nous en parlions encore à deux heures après minuit. Le lendemain et les jours suivants il fallut recommencer. Venise surtout était un sujet de conversation inépuisable. Mais, en causant de Florence et du musée Pitti, nous nous arrêtâmes au tableau de la Judith d'Allori, et je rappelai à mon frère que l'histoire singulière de ce bel ouvrage et de son auteur lui avait paru jadis digne d'être racontée par la plume qui avait écrit *le Fils du Titien*.

On sait que Cristofano Allori, trompé par sa maîtresse, eut l'idée singulière de la représenter sous la figure de Judith et de donner à la tête sanglante d'Holopherne son propre visage. Le soir où mon frère revint sur ce sujet, il y reprit goût jusqu'à vouloir le traiter en vers. Quand nous nous séparâmes, il y rêva tout seul. Pendant la nuit il composa le plan de cet ouvrage. Le lendemain quelques vers étaient déjà sur le papier. Par malheur il rencontra un peintre de ses amis, homme fort instruit, qu'il consultait souvent. Il lui parla de ce sujet dont il avait la tête toute pleine. L'artiste eut l'imprudence de dire que le personnage de Judith pouvait bien représenter la maîtresse d'Allori, mais que la figure d'Holopherne n'était point le portrait du peintre. Il alla jusqu'à soutenir que cette tête d'homme ne signifiait rien. Alfred se fâcha; il se tint pour offensé personnellement des doutes sur l'authenticité du portrait d'Allori. Cette brouille dura trois semaines; — c'est une de ses plus longues rancunes. — La paix fut signée un soir, en causant peinture; mais le poète impressionnable, désenchanté de son sujet, laissa de côté Judith et Allori. C'est ainsi que, bien innocemment sans doute, un ami fit avorter cette œuvre qui promettait d'être belle et intéressante. Cela est d'autant plus fâcheux que l'ami se trompait. Le portrait de Cristofano Allori peint par lui-même, qui se trouve au musée des *Offices*, est bien exactement la même figure que la tête d'Holopherne du palais Pitti[*]. Voici tout ce que j'ai pu retrouver des vers que mon frère avait déjà improvisés, en composant le plan de cet ouvrage :

---

[*] Je l'ai vérifié, pour la seconde fois, dans mon dernier voyage à Florence. Ce portrait porte le n° 263.

P. M.

CHŒUR DES PEINTRES.

Ni les sentiers battus, ni les règles antiques,
O puissant Créateur, n'ont été faits pour toi.
Libre comme les vents, la loi que tu pratiques
    Est de vivre sans loi.

ROMANO.

Allori, le grand-duc forme une académie;
Il t'en nomme le chef. Les arts, en Italie,
Meurent d'une honteuse et misérable mort.

ALLORI.

Mourir avant le temps est un bienfait du sort.
Allons, nobles seigneurs, entrons chez ma maîtresse.

LE CHŒUR.

Où sont, Cristofano, les jours de ta jeunesse?
Alors, on te voyait, autour des lourds arceaux,
Sur les murs des palais, promenant tes pinceaux,
Verser assidûment la couleur et la vie.
Te voilà pâle et triste. Est-ce la jalousie
Qui t'a fait, comme un spectre, errer toute la nuit?
Quel usage as-tu fait de ce jour qui s'enfuit?
Prends garde au noir chagrin qui mène à la folie.
Il est un sûr remède à la mélancolie :
Le travail, le travail! — Cesse donc de rêver.
La peinture se meurt, et tu peux la sauver.

ALLORI.

Elle est morte d'ennui, de froid et de vieillesse.
Allons, nobles seigneurs, entrons chez ma maîtresse...

Il existait encore un fragment de scène où Allori, ayant saisi des preuves certaines de l'infidélité de sa maîtresse, faisait à son élève Romano la confidence de sa jalousie et de son désespoir. L'auteur aura sans doute jeté au feu ces jalons inutiles, et ma mémoire n'en a retenu que des lambeaux informes.

Nos conversations sur l'Italie ne discontinuèrent pas de tout l'hiver. Cet innocent plaisir fut interrompu par une pleurésie que mon frère gagna le plus follement du monde, pour avoir voulu se promener le soir au bois de Boulogne, par un beau ciel, mais aussi par un froid mortel. Les saignées, dont on abusa encore, allongèrent le temps de sa convalescence. Pour se désennuyer, il écrivit une *Nouvelle*, sur les amours de deux sourds-muets, qui parut dans le *Constitutionnel*. Il composa, en même temps, les stances intitulées *A mon frère revenant d'Italie*, et puis il garda le silence, malgré les sollicitations de tous genres et les offres les plus brillantes. Ses amis eux-mêmes durent cesser leurs remontrances, voyant qu'il les prenait fort mal. « Je serais curieux de savoir, me disait-il, si Pétrarque avait incessamment à ses trousses une douzaine de pédagogues ou de sergents de ville, pour le forcer, l'épée sur la gorge, à chanter les yeux bleus de Laure, quand il avait envie de se tenir en repos. Ce reproche de paresse est une invention nouvelle qui sent d'une lieue le siècle des manufactures. Que ne l'a-t-on adressé à Monsieur de Cambrai, pour n'avoir voulu faire qu'un seul roman, *ad usum Delphini*. Vous mériteriez tous que je me misse à écrire un poème en latin, aussi long et aussi indigeste que l'*Afrique* de Pétrarque. Parmi ceux qui m'appellent paresseux, je voudrais savoir combien il y en a qui répètent ce qu'ils ont entendu dire, combien d'autres qui n'ont jamais lu un vers de leur vie et qui seraient bien attrapés si on les obligeait à lire autre chose que *les Mystères de Paris*. Le roman-feuilleton, voilà la vraie littérature de notre temps. »

L'oblitération du goût public était une des causes de ce silence qu'il voulait garder; mais il y en avait d'autres plus profondes et d'un ordre plus élevé, sur lesquelles sa modestie lui interdisait de s'expliquer entièrement, même dans le tête-à-tête avec moi ou avec son ami Tattet. Les vers *Sur la paresse* ne contenaient que la moitié de ses pensées. S'il eût écrit son poème de *Judith*, cette indifférence et ce dédain se seraient peut-être retrouvés dans le personnage d'Allori. Selon son habitude, le poète aurait eu l'envie de prêter à son héros ses propres sentiments. L'occasion et le prétexte étant donnés, il y aurait formulé ses raisons, ses griefs, ses sujets de dégoût, dans le langage de *la Nuit de mai*, et ce cœur qu'il voulait tenir fermé se serait ouvert malgré lui; c'est pourquoi je considère le poème de *Judith* comme regrettable à plus d'un titre.

Cet homme si paresseux ne pouvait pas demeurer oisif pendant une heure. Son temps était partagé entre la lecture et le jeu des *échecs*. Il se mit à étudier les ouvrages de Philidor, de Walker, etc.; il eut quelquefois l'honneur de faire la partie de Labourdonnays et des membres les plus distingués du cercle des Échecs. Rien ne ressemble moins à de la paresse que cette étude ardue comme celle d'une science abstraite. Mais la lecture et le jeu des échecs laissaient encore beaucoup de place à l'ennui. Souvent Alfred se plaignait que la vie était longue et que ce diable de temps ne marchait pas. Il n'allait plus dans le monde et négligeait ses connaissances les plus aimables. Sa marraine elle-même ne le voyait qu'à de longs intervalles.

Quand il lui prenait une envie de se distraire et de rompre ses habitudes, il passait d'un extrême à l'autre. Il allait dix fois de suite au Théâtre-Italien, à l'Opéra ou à l'Opéra-Comique; et puis il rentrait un soir rassasié de musique pour longtemps. Quand il s'embarquait dans quelque partie de plaisir, c'était avec le même emportement. Tout cela était excessif et souvent nuisible à sa santé; mais, jusqu'à son dernier jour, il ne voulut jamais s'astreindre ni à un régime modéré ni à une précaution quelconque. Un confrère en littérature, qui l'avait rencontré dans un de ses moments d'intempérance, m'aborda un matin dans la rue, et, sans dire mot de la rencontre, me parla du silence du poëte avec une douleur hypocrite à travers laquelle je démêlai les éclairs d'une joie qui avait de la peine à se contenir. La jalousie était bouffonne dans un écrivain si infime. Je rassurai ce bon confrère sur les facultés du poète qu'il aimait si tendrement, et j'eus la satisfaction de voir son visage s'assombrir à mesure que son inquiétude diminuait. Dans le même temps, — presque le même jour, — la marraine, à qui rien n'échappait, me fit part d'autres condoléances du même genre. Elle en était sérieusement alarmée : « Il est évident, me dit-elle, que la médisance et l'envie seront d'autant plus à l'aise qu'elles prendront l'apparence de l'intérêt et de la compassion. Déjà, je l'ai remarqué, on parle plus volontiers de notre poète; on ne lui marchande plus autant les éloges; mais on s'empresse de dire qu'il n'y a plus rien à espérer de sa muse. Si vous m'en croyez, n'attendez pas à demain pour l'avertir de ce danger. »

Je répondis que j'y perdrais mon latin, que notre poète méprisait la prudence et que mon influence était usée; mais que celle de la marraine, toute neuve encore, pourrait avoir plus de succès. « Eh bien, me dit-elle bravement, j'essayerai. »

Elle me donna ensuite un aperçu du discours qu'elle voulait tenir, des arguments qu'elle comptait employer, et elle s'en acquitta avec une lucidité, un bonheur d'expression qui surpassèrent mon attente. Je me retirai plein d'espoir, admirant combien les femmes nous sont supérieures en éloquence et même en logique lorsque le cœur les inspire. Une petite lettre jetée à la poste apporta au filleul la prière de venir causer avec sa marraine, qui lui promettait de défendre sa porte aux autres visiteurs.

Le mardi 13 août 1844, après le dîner, Alfred se rendit à cette invitation. La conférence dura jusqu'à minuit. Pendant ce temps-là, j'étais parti pour les Vosges et pour Bade, où des amis m'attendaient; ils m'entraînèrent en Suisse; je les quittai à Constance, et me rendis à Venise. Lorsque j'en revins, au mois de novembre, je demandai à la marraine quel avait été le résultat de son entrevue : « Ne m'en parlez pas, répondit-elle avec émotion, J'ai fait beaucoup de mal à notre cher Damis*. Je m'en suis fait beaucoup à moi-même. Je ne puis vous répéter ce qu'il m'a dit. Cela est au-dessus de mes forces. Sachez seulement qu'il m'a battue sur tous les points; qu'il a cent fois raison; que son silence, ses ennuis, ses dédains ne sont que trop bien justifiés; que, s'il voulait les exprimer, il ferait rentrer sous terre ceux qui se mêlent de le blâmer et de le plaindre, et que tôt ou tard son immense supériorité sera reconnue par tout le monde. Laissons faire le temps, et ne jouons plus avec le feu, car nous ne sommes que des enfants auprès de lui. En me quittant, le pauvre garçon m'écrivit un sonnet qu'il m'envoya le lendemain de grand matin, et qui m'a arraché des larmes. Il voulait me montrer ce qu'il était capable de faire, comme si

---

* C'était un des surnoms qu'elle aimait à donner à son filleul.

P. M.

j'eusse douté de lui! Je garde ces vers dans mes archives. Un jour peut-être, ils seront publiés, et la terrible soirée du 13 août ne sera pas perdue. »

Je demandai à voir ce sonnet; mais la marraine en redoutait la lecture; elle ne voulut pas le chercher et parla d'autre chose. Treize ans plus tard, après la mort de mon frère, elle m'en donna l'autographe. Voici ce sonnet :

> Qu'un sot me calomnie, il ne m'importe guère.
> Que sous le faux semblant d'un intérêt vulgaire,
> Ceux même dont hier j'aurai serré la main
> Me proclament, ce soir, ivrogne et libertin,
>
> Ils sont moins mes amis que le verre de vin
> Qui pendant un quart d'heure étourdit ma misère;
> Mais vous, qui connaissez mon âme tout entière,
> A qui je n'ai jamais rien tu, même un chagrin,
>
> Est-ce à vous de me faire une telle injustice,
> Et m'avez-vous si vite à ce point oublié?
> Ah! ce qui n'est qu'un mal, n'en faites pas un vice.
>
> Dans ce verre où je cherche à noyer mon supplice,
> Laissez plutôt tomber quelques pleurs de pitié
> Qu'à d'anciens souvenirs devrait votre amitié.

XVI

Le célèbre Liszt avait un élève nommé Hermann, qui depuis est devenu un saint homme. Hermann jouait souvent du piano, en petit comité, pour deux ou trois amis. Alfred aimait son talent de pianiste et de compositeur. Tandis que le musicien improvisait, le poète cherchait de son côté des vers sur le rythme du morceau. Ils composèrent ainsi ensemble trois chansons : *Bonjour, Suzon! — Non, Suzon, pas encore!* et *Adieu, Suzon!* Une autre mélodie du même maestro, sur des paroles italiennes, servit plus tard à faire la barcarole que chante Steinberg dans *Bettine*. Un beau jour, au printemps de 1845, Hermann disparut : la grâce l'avait touché subitement. On apprit longtemps après qu'il était carme déchaussé dans un couvent du midi de la France.

Au moment où cette conversion miraculeuse s'opéra, je reçus de M. de Salvandy, ministre de l'instruction publique, une mission littéraire pour Venise. Il s'agissait d'explorer les archives de la république, et d'y recueillir des documents relatifs à l'histoire de France. La mission était de six mois; mais je restai à Venise une année entière. Notre oncle Desherbiers, dans la carrière administrative depuis plus de trente ans, occupait la modeste sous-préfecture de Mirecourt. Je proposai à mon frère de rendre une visite à ce bon oncle. Nous partîmes de Paris ensemble, dans les premiers jours de mai 1845, pour Mirecourt, où nous restâmes environ deux semaines. Je me rendis ensuite à Épinal, d'où je gagnai Venise par Munich, Inspruck et Trente. Alfred demeura dans les Vosges pendant la moitié de l'été, voyageant de Mirecourt à Épinal et d'Épinal à Plombières, fêté par les bonnes gens de la Lorraine et recherché par la famille aimable du préfet du département.

J'étais à Venise depuis près de six mois, lorsqu'un soir de novembre, un Français de beaucoup d'esprit, M. de Trobriant, m'aborda sur la place Saint-Marc pour me parler avec enthousiasme d'un proverbe qu'il venait de lire dans la *Revue des Deux-Mondes : — Il faut qu'une porte soit ouverte ou fermée.* Je m'empressai de chercher la livraison qui contenait ce proverbe. A la distance où j'étais, et après une longue absence, cette peinture de la vie parisienne me fit un plaisir extrême. Je reconnaissais, d'ailleurs, les personnages. Celui du comte était si ressemblant, que, de loin, je voyais mon frère prenant son chapeau à chaque coup de sonnette, laissant la porte entr'ouverte et ne pouvant se décider ni à rester ni à sortir. La femme aurait été plus difficile à reconnaître si le titre de marquise ne m'eût guidé. J'appris bientôt que je ne m'étais pas trompé dans mes conjectures. La conversation avait eu lieu à bien peu de chose près comme elle est rapportée dans le proverbe. Le dénoûment seul a été ajouté. La marquise resta veuve; le poète s'en alla, et la porte fermée ne se rouvrit qu'à la visite suivante, où l'on devisa d'autre chose.

Il faut le dire à la louange de l'acteur Bocage, c'est lui qui le premier poussa jusqu'à un commencement d'exécution l'entreprise hardie de faire jouer un acte d'Alfred de Musset devant un public payant. Bocage, directeur de l'Odéon, voulait absolument risquer une représentation du *Caprice*. Mademoiselle Naptal apprenait déjà le rôle de madame de Léry. L'auteur, qui se souvenait de *la Nuit vénitienne*, s'attendait à un second échec; il n'alla pas aux répétitions, et donna carte blanche à Bocage. Je n'ai jamais su pourquoi ce projet n'eut pas de suites. Peut-être fut-il empêché par un de ces mille contre-temps dont le théâtre est plein, comme l'engagement de mademoiselle Naptal à la Comédie française, ou la présentation de quelque pièce offrant de meilleures garanties de succès que *le Caprice*. Lorsque je revins de Venise, directeur et auteur avaient abandonné cette idée.

Un heureux événement causait alors une grande joie dans notre famille et une grande perturbation dans notre intérieur. Notre sœur se mariait et se séparait de nous. Elle s'en allait habiter la province. Sa mère partait avec elle pour l'installer dans son ménage. Je restai quelque temps à Paris, et je tins compagnie à mon frère, en causant avec lui de cette chère Italie que je venais de revoir encore; après quoi je me rendis à l'invitation de ma sœur devenue maîtresse de maison. Pendant mon absence, une jeune actrice débuta au théâtre du Gymnase. Rose Chéri avait enfin trouvé, dans le rôle de Clarisse Harlowe, l'occasion de déployer un talent dont elle n'avait peut-être pas conscience[*]. Alfred de Musset aimait particulièrement et relisait sans cesse le beau roman de Richardson; il fut attiré par le titre du drame, et il se prit d'une telle admiration pour l'actrice et d'un tel goût pour la pièce qu'il suivit assidûment les représentations du Gymnase pendant trente soirées consécutives. A mon retour de l'Anjou, je le trouvai sous le charme de ce plaisir quotidien, et presque

---

[*] La pièce de *Clarisse Harlowe* était de M. Léon Guillard, aujourd'hui archiviste de la Comédie française.

P. M.

aussi enthousiaste de Rose Chéri qu'il l'avait été de Rachel et de Pauline Garcia. Le soir même de mon arrivée à Paris, il fallut me laisser conduire au Gymnase. Cette passion d'artiste dura aussi longtemps que les représentations de *Clarisse Harlowe*.

L'hiver de 1847 nous parut fort triste. Notre appartement semblait agrandi de moitié. A quoi bon dire des folies à table ? Il n'y avait plus là personne pour en rire. Plus de musique après le dîner ! Ces mélodies de Mozart, ces sonates de Beethoven que nous avions l'habitude d'évoquer d'un mot, on ne les entendait plus, et le piano lui-même avait disparu, laissant un trou dans le mobilier de notre salon. J'engageais mon frère à couper l'hiver en deux par une excursion, soit en Anjou, soit dans un pays chaud; mais on ne pouvait pas l'arracher de ce Paris dont il se plaignait de connaître tous les pavés. Au mois de septembre seulement, je le décidai à en sortir; nous allâmes ensemble aux bains de mer du Croisic, et de là chez notre sœur, où Alfred se trouva si heureux que je l'y croyais fixé pour longtemps. Il y resta un mois, et ce fut beaucoup pour lui. Une nouvelle incroyable l'attendait à Paris : on allait jouer *le Caprice* au Théâtre-Français! La fortune de cette pièce est vraiment singulière.

Madame Allan-Despréaux, oubliée des Parisiens, jouissait d'une grande faveur à la cour de Russie. Admise dans la plus haute société, elle y avait pris le ton et les manières des femmes du grand monde. Un jour, à Saint-Pétersbourg, on lui conseilla d'aller voir une pièce qui se jouait sur un petit théâtre et dans laquelle était un joli rôle de femme qui pouvait lui convenir. On fit la partie de plaisir d'aller à ce petit théâtre. On vit la petite pièce russe, et madame Allan-Despréaux en fut si contente qu'elle en demanda une traduction en français, pour la jouer devant la cour. Or, cette pièce était *le Caprice*, et peu s'en fallut qu'on ne le traduisît dans la langue où il avait été écrit. L'empereur Nicolas aurait certainement commandé ce travail, si une personne au courant de la littérature française, comme il s'en trouve beaucoup en Russie, — plus même qu'en France, — n'eût averti madame Allan que la pièce russe, dont le mérite l'avait tant frappée, n'était elle-même qu'une traduction. Le volume qui contenait *le Caprice* courait les rues à Saint-Pétersbourg; on en donna un exemplaire à madame Allan, et cette pièce fut jouée devant la cour, qui la trouva charmante.

A Paris, nous ne savions rien de tout cela. Lorsque M. Buloz, administrateur de la Comédie française, eut traité avec madame Allan par correspondance, pour sa rentrée au Théâtre-Français, elle voulut reparaître devant le public de Paris dans les deux rôles de Célimène et de madame de Léry. Excepté M. Buloz, tout le monde, à la Comédie française, s'étonna de ce choix. On ne savait d'où tombait ce petit acte; mais la grande actrice, forte de son expérience, persista dans sa résolution. En arrivant à Paris, au mois d'octobre, Alfred de Musset trouva l'affaire très avancée. Pendant une des répétitions du *Caprice*, il entendit, de la coulisse où il était, M. Samson, caché dans la nuit de l'orchestre, s'écrier d'un ton scandalisé: « *Rebonsoir*, chère! En quelle langue est cela? »

Ce qui prouve qu'en 1847 on en était encore, à la Comédie française, à se demander si l'auteur du *Caprice* écrivait dans un style qu'on pût parler sans se compromettre dans la maison de M. Scribe, cet écrivain si brillant et si correct! La pièce fut pourtant représentée le 27 novembre, et l'incertitude cessa. Le succès du *Caprice* a été un événement dramatique important, et la vogue extraordinaire de ce petit acte a plus fait pour la réputation de l'auteur que tous ses autres ouvrages. En quelques jours, le nom d'Alfred de Musset pénétra dans ces régions moyennes du public, où la poésie et les livres n'arrivent jamais. L'espèce d'interdit qui pesait sur lui se trouva levé comme par enchantement, et il n'y eut plus de jours où la presse ne citât ses vers.

Quand arriva le coup de foudre du 24 février 1848, Alfred de Musset vit partir avec regret la famille royale dans laquelle il n'avait eu qu'un ami. Cette révolution devait l'atteindre comme bien d'autres; mais ce fut d'une manière à laquelle il ne s'attendait pas. Le nouveau ministre de l'intérieur avait, disait-on, une sorte de conseil intime et nocturne, où s'élaboraient des *Bulletins de la République* que la population de Paris lisait avec étonnement, souvent même avec effroi. En voyant parmi les noms de ces conseillers privés celui d'une personne qui ne pouvait décemment lui vouloir que du bien, il pensa que sa place de bibliothécaire lui serait conservée. Il se trompait: une des premières mesures de M. Ledru-Rollin fut la destitution d'Alfred de Musset. Un journal en cria; un autre nia le fait. Alfred envoya aux journaux la lettre qui lui donnait avis de son renvoi. Cette lettre, d'un laconisme brutal, était signée par un secrétaire, général nommé Carteret. J'écrivais alors des articles de littérature dans *le National*, qui se trouvait tout à coup jouir d'un crédit auquel ses vingt ans d'opposition ne l'avaient pas accoutumé. Je fis parler au ministre de l'intérieur par un de mes amis du *National;* mais ce fut inutilement.

Bien qu'il n'eût pas beaucoup à se louer de cette révolution qui lui enlevait le plus sûr de son revenu, Alfred ne pouvait se défendre d'admirer, dans une de ses manifestations les plus soudaines et les plus énergiques, cette nation française, si pleine de vie, de ressort et d'imprévu, dont M. de Tocqueville a dit qu'elle peut inspirer de grandes sympathies ou de grandes haines, mais jamais l'indifférence. Pendant les tristes journées de juin, où le sang ruissela sur le pavé des rues, Alfred de Musset paya de sa personne et passa plusieurs nuits au bivouac. Au milieu même des épisodes de nos guerres civiles, il poursuivait le cours de ses succès dramatiques. Comme une suite au *Caprice*, le Théâtre-Français voulut représenter le proverbe *Il faut qu'une porte soit ouverte ou fermée*, et la comédie en trois actes *Il ne faut jurer de rien*, dont MM. Provost, Brindeau, Got et mesdames Mante et Luther firent un véritable bijou. Cette dernière pièce fut jouée pour la première fois le 22 juin 1848, à l'heure même où une insurrection formidable élevait de tous côtés des barricades. Le Théâtre-Historique donna quelques représentations du *Chandelier*, qui revint plus tard à la Comédie française. Rachel demandait à l'auteur un rôle; mademoiselle Augustine Brohan déployait ses coquetteries et son esprit dans le même but. A la suite d'une correspondance fort gaie avec le poète, la reine des soubrettes obtint une demi-promesse. Alfred écrivait *Louison;* mais une brouille survint, dont je ne sais plus le motif; le rôle de Louison fut donné à mademoiselle Anaïs, et il ne perdit pas au change.

Le 3 mai 1849, il y eut dans les salons de Pleyel une matinée musicale et dramatique au profit des pauvres et à laquelle prêtèrent leur concours mademoiselle Rachel, madame Viardot, madame Allan,

MM. Roger, Got et Régnier. Alfred, averti d'avance, écrivit pour cette matinée un proverbe inédit : *On ne saurait penser à tout*, dont l'insertion au programme attira beaucoup de monde. La grande majorité des spectateurs se composait de jeunes et jolies femmes, en toilette de printemps, et l'auteur retrouva ce qu'il appelait son public des *petits nez roses*. Le proverbe obtint un succès de rires; mais le jour de la représentation au Théâtre-Français, le public de la rue Rochechouart n'était plus en majorité; la presse du *lundi* se montra hostile, et la pièce ne fut jouée que dix ou douze fois. *Le Chandelier*, accueilli avec une faveur extraordinaire, répara ce léger échec, malgré l'opposition de la critique qui ne manqua pas de crier au scandale. Cette pièce eut la bonne fortune de trouver à la Comédie française, dans la personne de M. Delaunay, le type exact de Fortunio, avec ses vingt ans, son accent passionné et cette chaleur de cœur qui va parfois jusqu'à verser de vraies larmes en scène. Tout Paris y courait. Lorsque M. Léon Faucher s'avisa de faire supprimer cette comédie après quarante représentations, l'auteur en eut tant de chagrin qu'il composa un dénoûment *moral*, pour donner satisfaction au ministre. Dans cette version, Fortunio partait pour l'armée avec Clavaroche, tandis que Jacqueline retombait sous la férule de son vieillard. Ce changement proposé n'arriva pas à la connaissance de M. Léon Faucher, qui ne voulut pas en entendre parler.

Au commencement de 1850, notre communauté fut dissoute. Notre mère, attirée en Anjou par sa fille, donna congé de son grand appartement. Il fallut nous séparer. Ce moment nous fut cruel. Jusqu'alors nous avions toujours vécu en famille. Alfred se logea d'abord rue Rumfort; mais il se trouva trop loin de moi, et vint bientôt demeurer rue du Mont-Thabor (j'avais pris un appartement rue des Pyramides). Notre mère lui avait choisi une gouvernante capable de suppléer avec tout le dévouement possible la sœur Marcelline, si regrettée dans les moments de maladie. L'intelligence et le zèle de mademoiselle Colin épargnèrent à mon frère bien des préoccupations, et lui assurèrent les soins que sa santé réclamait. Naturellement disposé à l'inquiétude, il se voyait, non sans effroi, obligé de ne compter désormais que sur lui-même pour subvenir à tous les besoins de la vie. Le premier moment une fois passé, il envisagea cette position nouvelle pour lui avec résignation et courage. Ce fantôme terrible de la Nécessité, qui, à trente ans, lui avait inspiré tant d'horreur, il se trouvait préparé à le regarder en face par des événements politiques durant lesquels bien d'autres existences que la sienne avaient reçu de graves atteintes. Depuis 1847, il n'avait fait autre chose que suivre du regard la seconde carrière ouverte par le théâtre aux productions de sa jeunesse. A quarante ans il reprit tout à coup le goût du travail.

Pour ne rien omettre dans l'historique de ses der-

niers ouvrages, il convient de remonter de quelques
années en arrière, et de rapporter ici un de ces
petits incidents que son imagination de poète se
plaisait à considérer comme des ordres du Destin.

Un jour, en avril 1846, Rachel l'avait invité à dîner
chez elle. Les autres convives étaient des hommes de
la meilleure compagnie, et tous fort riches. Pendant
le dîner, le voisin de gauche de la maîtresse du logis
remarque une très belle bague qu'elle porte à son
doigt. On admire cette bague; on se récrie sur le talent de l'orfèvre, et chacun à son tour fait l'éloge du
précieux joyau. « Messieurs, dit Rachel, puisque cet
objet d'art a l'honneur de vous plaire, je le mets à
l'enchère; combien m'en donnez-vous? »

Un des convives offre cinq cents francs, un autre
mille, un troisième quinze cents. En un moment, la
bague est poussée jusqu'à trois mille francs. « Et
vous, mon poète, dit Rachel, est-ce que vous ne mettez pas à l'enchère? Voyons, que me donnez-vous?

— Je vous donne mon cœur, répond Alfred.

— La bague est à vous! »

En effet, avec une impétuosité d'enfant, Rachel
ôte la bague de son doigt et la jette dans l'assiette du
poète. En sortant de table, Alfred pensant que la
plaisanterie a duré assez longtemps, veut rendre la
bague. Rachel se défend de la reprendre. « Par Ju-
piter! dit-elle, ceci n'est pas un badinage. Vous m'avez
donné votre cœur, et je ne vous le rendrais pas pour

cent mille écus. Le marché est conclu, il n'y a plus à s'en dédire. »

Cependant, malgré sa résistance, Alfred lui prend doucement la main et lui remet la bague au doigt. Alors Rachel la retire de nouveau, et la présente dans une attitude dramatique et suppliante : « Cher poète, dit-elle d'une voix réellement émue, vous n'auriez pas le courage de refuser ce petit présent, si je vous l'offrais le lendemain du jour où je dois jouer ce fameux rôle que vous devez écrire pour moi et que j'attendrai peut-être toute ma vie. Gardez donc cette bague, je vous en prie, comme un gage de vos promesses. Si jamais, par ma faute ou autrement, vous renoncez pour tout de bon à écrire ce rôle tant désiré, rapportez-moi la bague, et je la reprendrai. »

En parlant ainsi, elle plie le genou et déploie cette grâce enchanteresse que la nature lui a donnée, comme un auxiliaire de son génie. Il fallut bien accepter la bague aux conditions où elle était offerte. Le poète rentra chez lui fort ému de l'aventure, plein de bonne volonté, et résolu, cette fois, à profiter de l'occasion. Malheureusement, Rachel partit pour l'Angleterre peu de jours après la scène que je viens de raconter. Elle avait bien promis de lui écrire, mais elle ne tint pas sa parole, et Alfred, connaissant par expérience l'humeur changeante de la grande tragédienne, augura mal de son silence. Lorsqu'il la revit à l'automne, elle ne lui parla de rien. C'était le moment où Rose

Chéri jouait avec tant de succès la pièce de *Clarisse Harlowe*. Alfred ne craignit pas de dire, en présence de Rachel, tout le bien qu'il pensait de la jeune débutante du Gymnase. Probablement Rachel crut voir une intention blessante pour elle dans ces éloges prodigués à une autre ; sans s'expliquer à ce sujet, elle prit avec son poète un ton d'aigreur dédaigneuse, auquel il ne répondit qu'en lui rendant la précieuse bague qu'elle semblait avoir oubliée. Elle se la laissa remettre au doigt sans opposition.

Quatre ans après, en mars ou avril 1851, Rachel donnait un dîner de cérémonie dans l'hôtel qu'elle avait fait bâtir rue Trudon. Alfred de Musset y fut invité. La maîtresse du logis lui prit le bras pour aller à la salle à manger. Dans ce trajet il fallait passer par un escalier un peu étroit. Alfred marcha sur la robe de Rachel, qui lui dit, avec ses grands airs : « Quand on donne le bras à une femme, on prend garde où l'on met le pied.

— Quand on est devenue princesse, répond le poète, et qu'on se fait bâtir un hôtel, on commande à son architecte un escalier plus large. »

La soirée commençait mal. Cependant, après le dîner, il y eut un raccommodement. Alfred rappela, en soupirant, le beau temps où il avait soupé chez Roxane avec des couverts d'étain. Rachel s'amusa de ces souvenirs. « Vous croyez peut-être, dit-elle, en voyant mon luxe, mon argenterie splendide, que je ne suis plus aussi bonne fille que dans ce temps-là. Eh bien, je vous prouverai le contraire.

— Comment cela? demanda Alfred.

— En allant vous voir, pour vous supplier encore une fois d'être mon auteur. »

Elle arriva, en effet, le lendemain, et demeura une heure à causer théâtre. Elle revint encore plusieurs fois les jours suivants et finit par obtenir la promesse d'un rôle. Mais Alfred se défiait un peu de la versatilité d'esprit dont Rachel lui avait déjà donné tant de preuves. Il voulut attendre. La saison des congés arriva, et Rachel partit encore pour l'Angleterre.

Une actrice nouvelle, dans toute la fleur de la jeunesse et de la beauté, venait de débuter récemment à la Comédie française. Elle demandait des rôles, et c'était avec la ferme intention de les jouer. Alfred se tourna de ce côté. Il arrangea pour la scène *les Caprices de Marianne*. Madeleine Brohan accepta avec reconnaissance ce rôle de Marianne que Rachel aurait dû prendre, si elle eût compris ses véritables intérêts. Cependant, en 1851, au milieu de ses succès, Rachel écrivit de Londres à *son auteur* une lettre pressante pour lui rappeler ses engagements. Lorsqu'elle revint à Paris, elle apprit que son auteur venait d'écrire pour Rose Chéri la pièce de *Bettine*, dont nous parlerons tout à l'heure. Peut-être un peu de jalousie s'en mêlant, elle insista de nouveau pour obtenir le rôle promis. Alfred, touché de tant de constance, prépara le plan d'un drame en cinq actes entièrement de son invention, et dont la scène était à Venise au xve siècle.

Sur ces entrefaites, *Bettine* fut jouée avec peu de succès, et l'ardeur de Rachel en parut tout à coup refroidie. Alfred de Musset, mécontent du silence qu'elle gardait avec lui, remit le travail commencé parmi ses papiers de rebut, en disant : « Adieu, Rachel ! c'est toi que j'ensevelis pour jamais dans ce tiroir*. »

En effet, tout fut fini entre Rachel et lui, et nous n'aurons désormais plus rien à dire de cette actrice de génie que la nature semblait avoir créée et mise au monde pour s'entendre avec l'auteur de *Lorenzaccio*, et qui ne sut pas même s'accorder avec lui pendant le temps nécessaire à l'achèvement d'une pièce de théâtre. Sans doute Alfred de Musset a été aussi coupable qu'elle. Il aurait dû se rire des caprices et pousser son œuvre jusqu'au bout, afin d'arriver par-dessus les obstacles d'un moment au jour lucratif de la représentation. Bien d'autres lui en donnaient l'exemple; mais les autres n'étaient pas des poètes, et il faut prendre les poètes comme ils sont.

Revenons maintenant à *Bettine*. Alfred se souvenait de madame Rose Chéri, et du plaisir qu'il avait éprouvé, six ans plus tôt, aux représentations de *Cla-*

---

* On peut juger par le fragment de *Faustine*, inséré dans les *Œuvres Posthumes*, combien il est regrettable que ce drame n'ait pas été achevé.

P. M.

risse Harlowe. Le rôle de Bettine qu'il écrivit exprès pour elle fut reçu avec joie. Je n'ai pas encore compris pourquoi cette pièce a été accueillie froidement par le public du Gymnase-Dramatique. Elle ne fut jouée que vingt-cinq ou trente fois, ce qui est peu pour un théâtre de genre. Je la tiens cependant pour une des productions les plus parfaites de la plume qui écrivit *le Caprice*. Si elle n'a pas obtenu tout le succès qu'on en devait attendre, je n'en puis chercher la cause que dans sa perfection même, dans la poésie d'un style auquel les oreilles de ce public-là ne sont pas accoutumées, dans la maturité du génie de l'auteur et sa profonde connaissance du cœur humain. Le spectateur désorienté écoutait avec une attention extrême, mais les beautés de cet ouvrage lui passaient par-dessus la tête. Le dernier mot n'est pas dit sur *Bettine**. Tôt ou tard on y reviendra.

Le récit des caprices de Rachel, des déboires de notre poète et de tout ce qui s'y rattache m'a entraîné plus loin que je ne voulais aller. Il faut revenir en arrière d'une année pour parler d'un petit chef-d'œuvre qu'on doit en grande partie à l'insistance et à l'habileté de M. Véron, peut-être aussi au dépit qu'avait ressenti Alfred de Musset des critiques

---

* On peut voir par une lettre de madame Allan-Despréaux, insérée dans les notes de la grande édition in-4°, que cette actrice, d'un goût excellent et d'un grand esprit, aimait beaucoup la pièce de *Bettine*. Elle aurait joué ce rôle, si elle n'eût été trop âgée et déjà malade.

P. M.

essuyées par *Louison* et par le proverbe *On ne saurait penser à tout.* En 1850, malgré sa bonne envie de rester fidèle à la *Revue des Deux-Mondes*, Alfred avait dû céder aux sollicitations de M. Véron, qui lui ouvrait les colonnes du *Constitutionnel* à des conditions très avantageuses. *Carmosine* parut dans ce journal. Cette comédie est assurément un des plus beaux ouvrages d'Alfred de Musset, le plus profond et le plus touchant à mon gré. En lisant les termes dont Carmosine se sert pour faire au bouffon Minuccio la confidence de son amour sans espoir, je crois avoir sous les yeux une scène tracée par la main de Gœthe ou celle de Shakspeare. Mais laissons à d'autres le soin d'apprécier cette œuvre poétique.

M. Véron avait une entière confiance dans le talent d'Alfred de Musset. Sans savoir ce que vaudrait le manuscrit de *Carmosine*, il s'était engagé d'avance à en donner mille francs par acte, laissant à l'auteur la liberté d'en faire trois ou cinq, comme il l'entendrait. Alfred, incapable d'augmenter d'un acte une pièce, qui dans son esprit n'en comportait que trois, croyait son travail fort bien rétribué aux conditions convenues. M. Véron fut si charmé par la lecture de cet ouvrage qu'il voulait le payer comme s'il eût été en cinq actes. L'auteur se défendit d'accepter une si forte somme; il fallut partager le différend par la moitié. Je cite, en passant, ce détail parce qu'on y peut remarquer deux choses assez rares : un éditeur généreux et un écrivain désintéressé.

Alfred de Musset se croyait trop peu apprécié des classiques de l'Académie française pour pouvoir leur demander à faire partie de leur compagnie. Il s'y décida pourtant, encouragé par M. Mérimée. L'Académie s'est honorée en recevant dans son sein le poète de la jeunesse. Il aurait pu se passer d'elle; mais, puisqu'il s'était présenté, si elle l'eût laissé mourir sans lui ouvrir les portes de l'Institut, elle s'en repentirait aujourd'hui, et l'opinion publique le lui reprocherait. L'auteur des *Nuits* parut plus sensible que je ne l'aurais cru à cette marque de distinction, qu'il regarda comme une consécration nécessaire de son talent. Le jour qu'il prononça l'éloge de M. Dupaty, dont il occupait le fauteuil, j'entendis, parmi le public élégant des *petits nez roses*, un murmure de satisfaction et d'étonnement causé par l'air de jeunesse et la chevelure blonde du récipiendaire. On lui aurait donné trente ans.

Son élection ne s'était pas faite sans difficultés. De tous les graves personnages qui l'entouraient ce jour-là, une dizaine au plus connaissaient quelques pages de ses poésies. M. de Lamartine lui-même a confessé publiquement qu'il ne les avait pas lues. D'autres les blâmaient sur parole sans vouloir les connaître. La veille du scrutin, M. Ancelot, qui aimait particulièrement le candidat, bien résolu, d'ailleurs, à lui

donner sa voix, disait, dans le jardin du Palais-Royal,
à l'éditeur Charpentier : « Ce pauvre Alfred, c'est
un aimable garçon et un homme du monde charmant; mais, entre nous, il n'a jamais su et ne saura
jamais faire un vers. »

M. Fortoul était alors ministre de l'instruction
publique. Il eut l'envie de faire quelque bien à notre
poète, lui témoigna beaucoup de considération et
l'invita plusieurs fois à dîner, presque en famille[*].
Un soir, le ministre exprima le désir de fournir lui-
même au poète un sujet à traiter en vers. Alfred de
Musset n'aimait pas les travaux de commande. Sa
muse indépendante n'obéissait volontiers à l'appel de
personne, et, le jour où il reçut cette ouverture, il revint du ministère un peu effrayé. Touché pourtant des
bons procédés de M. Fortoul, il consentit à jeter les
yeux sur divers projets entre lesquels on lui laissait
la liberté de choisir. Il s'en trouva un qui lui plut.
Sans prendre d'engagement, il mit dans sa poche
une espèce de *scenario*, en promettant d'y réfléchir
et de donner une prompte réponse, s'il lui convenait de traiter ce sujet. A la visite suivante, il rapporta le poème presque achevé. C'était *le Songe
d'Auguste*. Le ministre en fut si satisfait qu'il en voulait faire une représentation solennelle pour quelque

---

[*] M. Fortoul, qui avait été un des collaborateurs de la *Revue des
Deux-Mondes*, aimait sincèrement les écrivains de talent.

P. M.

grande fête de cour. Charles Gounod composa la musique des chœurs. On devait choisir les meilleurs artistes de tous les théâtres, et déjà Rachel et M. Bressant étaient désignés pour les rôles d'Octavie et d'Auguste.

Je ne sais quel murmure et quelles appréhensions vagues vinrent tout à coup jeter sur le feu un seau de glace. Le ministre lui-même parut craindre d'avoir fait une imprudence, et ne parla plus de la représentation projetée. L'année suivante éclata la guerre d'Orient. Comme la scène principale du poème était une discussion entre Livie et Octavie sur la paix et la guerre, l'auteur devait nécessairement conclure en faveur de la paix. Après la canonnade de Sinope, *le Songe d'Auguste* n'était plus de circonstance, et quand, au bout de deux ans, la paix fut signée, l'oubli avait marché sur tout cela. D'ailleurs, M. Fortoul, qui s'intéressait seul à cet ouvrage, mourut subitement; mais il ne s'en alla point sans réparer le mal que M. Ledru-Rollin avait fait à l'auteur. Voici la lettre qu'il écrivit à Alfred de Musset au moment de la lecture du *Songe d'Auguste :*

« Mon cher monsieur, j'ai le plaisir de vous annoncer que je viens de vous nommer bibliothécaire du ministère de l'Instruction publique. Ces fonctions *que vous n'avez point sollicitées*, mais que je désirais depuis longtemps vous confier, ont été rendues vacantes par un mouvement qui ne dérange aucune position acquise. Je m'estime infiniment heureux d'avoir pu réparer une partie des torts que vous ont faits nos discordes aujourd'hui oubliées. Je regrette seulement d'avoir si peu de chose à offrir à un des hommes dont le talent honore le plus la littérature de notre temps.

« Veuillez croire à tous mes sentiments dévoués,

« H. Fortoul. »*

J'ai déjà eu l'occasion d'en donner la preuve : les poètes ont par moments une sorte de seconde vue. Précisément parce qu'ils ne s'occupent point habituellement des affaires publiques, le jour où un événement politique les émeut et les fait réfléchir, ils en comprennent mieux que le vulgaire la portée et la signification. Si les objets inanimés sont pour eux

---

* Cette estime de M. Fortoul pour Alfred de Musset datait de loin. On en trouve une preuve irrécusable dans la livraison de la *Revue des Deux-Mondes* du 1ᵉʳ septembre 1834. C'est un article de critique littéraire fort élogieux sur le *Spectacle dans un fauteuil*. L'auteur de cet article, curieux à lire aujourd'hui, compare, à propos du drame de *Lorenzaccio*, les républicains de Florence, en 1536, avec ceux de France en 1830. « Ces marchands, dit-il, se laissent escamoter la république à peu près aussi imprudemment qu'on l'a fait en ces temps derniers. » Plus loin, M. Fortoul félicite l'auteur de *Lorenzaccio* d'avoir compris « les désirs plébéiens qui nous enflamment ». On voit que le ministre de l'instruction publique du second empire n'avait pas toujours été partisan de la dictature perpétuelle.

P. M.

des *pensées muettes*, s'ils cherchent l'éternelle vérité jusque dans la contemplation d'un brin d'herbe, ils ont aussi leurs heures pour méditer sur les actions des hommes et les besoins des peuples. Quand ils expriment ce qu'ils sentent, ils nous apprennent ce que nous sommes capables de sentir sans pouvoir l'exprimer; quand ils se donnent la peine de regarder, ils voient des choses que nos yeux ne distinguent pas.

Le jour où Alfred de Musset apprit la nouvelle de l'envoi d'un corps d'armée piémontais en Crimée, il tira de ce fait une foule d'inductions qui le menèrent en peu d'instants jusqu'à prévoir un changement radical dans les destinées de l'Italie. Je lui représentai que sa pensée allait un peu vite, et que l'Autriche ne se prêterait jamais à un remaniement de la carte d'Europe où elle perdrait ses plus riches provinces. « Ce qui est juste, me répondit-il, n'est pas aussi difficile qu'on le pense. On n'empêche point de pousser les rameaux de l'arbre de la vie, et il y a au delà des monts un peuple qui demande à vivre. Les égoïstes croient le monde fait pour eux, et sourient des souffrances d'une grande nation; mais c'est de leur politique qu'il faut sourire. L'intelligence tient par la main la liberté. Peut-être elle n'est pas loin cette liberté si longtemps attendue, car elle marche par des chemins qu'on ne connaît pas. Du haut du dôme de Milan et du campanile de Saint-Marc, on la verra quelque jour paraître à l'horizon. »

Probablement il n'y avait aucune corrélation entre l'arrivée de madame Ristori à Paris et les plans secrets de M. de Cavour; mais Alfred de Musset se plut à considérer le voyage de cette grande actrice comme un présage du lien étroit qui devait unir la France et l'Italie. Son assiduité aux représentations de *Mirra* et de *Marie Stuart* fut telle qu'à moins d'être malade ou alité, il n'en manqua pas une seule. Le buste de madame Ristori, par le sculpteur italien Lanzirotti, prit place dans son petit musée sur un haut piédestal construit exprès, et en s'amusant à jouer sur le nom, il appelait cette noble figure, l'*Italia ristorata*. La poésie devait venir à son tour rendre hommage à la grande tragédienne étrangère. Alfred commença des *Stances*, que, par malheur, il ne mit point sur le papier, ne les jugeant pas assez achevées. Voici tout ce que j'en ai pu retrouver, avec l'aide de la gouvernante, qui entendit réciter ces vers un à un, à mesure que le poète les composait :

> Pour Pauline et Rachel, j'ai chanté l'Espérance,
> Et pour la Malibran je me suis attristé.
> Grâce à toi, j'aurai vu, dans leur toute-puissance,
> La Force unie à la Beauté.
>
> Conserve-les longtemps; celui qui t'en supplie
> A l'appel du génie eut le cœur toujours prompt.
> Rapporte en souriant, dans ta belle Italie,
> Une fleur de France à ton front.
>
> Quelqu'un m'avait bien dit, revenant de voyage,
> Que nous autres Français nous ne connaissions rien,

Qu'il t'avait par hasard entendue au passage,
Et gardait dans son cœur un cri parti du tien.

Quelqu'un m'avait bien dit que, malgré la misère,
La peur, l'oppression, l'orgueil humilié,
D'un grand peuple vaincu le genou jusqu'à terre
    N'avait pas encore plié;

Que ces dieux de porphyre et de marbre et d'albâtre,
Dont le monde romain autrefois fut peuplé,
Étaient vivants encore, et que, dans un théâtre,
Une statue antique, un soir, avait parlé...

On remarquera que la troisième et la cinquième stance finissent par un vers de douze pieds, tandis que les autres se terminent par un vers de huit. L'auteur pensa sans doute qu'il serait temps d'écrire le morceau entier quand il aurait corrigé ces irrégularités, et donné la même forme à toutes les stances. La maladie l'en empêcha. Les représentations de *Mirra* devaient être son dernier plaisir, et l'admiration pour madame Ristori son dernier enthousiasme.

XVII

Depuis longtemps la santé d'Alfred de Musset semblait décliner. L'affection organique dont j'avais observé les premiers indices en 1842, et qui s'était développée sourdement, fit des progrès rapides pendant l'hiver de 1856. Je ne sais pourquoi le médecin, qui la connaissait bien, crut devoir en garder le secret. C'était une altération des valvules de l'aorte. Je commençais à remarquer les signes connus d'une maladie de cœur; mais parfois ces symptômes effrayants disparaissaient tout à coup, pour faire place à un air de vigueur et de santé que comportait l'âge du malade. Comme il ne voulait se soumettre à un traitement curatif que lorsqu'il était au lit, je prenais les rechutes de sa maladie pour autant d'accidents nouveaux. Un jour, je le trouvai couché sur une grande chaise longue qu'il venait d'acheter, et, en me montrant cette acquisition, il me dit : « J'espérais mourir jeune, mais, s'il plaît au bon Dieu de me laisser longtemps encore dans cet ennuyeux monde, il faudra bien m'y résigner; voici le meuble sur lequel je vieillirai. »

Les grands froids et les chaleurs excessives lui étant également nuisibles, Alfred, malgré sa répugnance à s'arracher de Paris, se rendit trois années de suite au bord de la mer, non pour y prendre des bains qui auraient augmenté son mal, mais pour y respirer un air frais et tonique. En 1854, il alla au Croisic, d'où il revint à Angers, chez sa sœur, et y demeura un mois. Les deux années suivantes ce fut au Havre qu'il passa ses vacances. Pendant son dernier voyage, dans l'hôtel Frascati, où il demeurait, il se lia intimement avec une famille anglaise, dont le chef était un homme distingué, et, de plus, un cœur simple et bon. Les filles de M. Lyster, toutes deux dans cet âge charmant qui touche à l'enfance et à la puberté, se prirent d'amitié pour le poète malade. Cette amitié naïve se manifestait par des petits soins attentifs; Alfred y répondait en redevenant enfant pour prendre part aux jeux des deux sœurs, en inventant d'autres jeux pour les divertir, et surtout en les faisant causer, car il eut toujours le talent de prêter son esprit aux personnes qui lui plaisaient. Je l'ai déjà dit : il aimait et respectait par-dessus tout la jeunesse, l'innocence et l'ingénuité. Il faut l'avoir connu pour comprendre tout le plaisir qu'il goûtait dans la compagnie de ces aimables jeunes filles.

Un soir, il resta plus tard qu'il ne l'aurait dû sur la jetée du Havre, et il y gagna un accès de fièvre. Le lendemain, à l'heure du déjeuner, il ne parut pas à table. On s'inquiète; on envoie le père aux informations; on se révolte contre l'idée de passer une journée entière sans voir le nouvel ami. Je ne sais si la chambre du malade se trouvait au rez-de-chaussée, ou si la fenêtre donnait sur quelque galerie; mais on apporta des chaises devant cette fenêtre ouverte, on s'y installa, et, de son lit, le malade se mêla aux jeux et à la conversation. Il y prit tant de plaisir que la fièvre se dissipa. Le temps passe vite dans une si douce intimité. L'heure de la séparation sonna, au grand chagrin de tout le monde. Alfred fait ses adieux et monte dans l'omnibus qui doit le mener au chemin de fer. Arrivé à l'embarcadère, il attend que sa malle soit descendue de l'impériale de la voiture. La malle ne s'y trouve point; il la réclame et se fâche; on ne sait ce qu'elle est devenue. Impossible de partir pour Paris sans cette pièce importante du bagage. Il remonte dans l'omnibus et retourne à l'hôtel Frascati. Devant la porte de l'hôtel, son retour est salué par des applaudissements; les deux jeunes filles l'attendent;

elles battent des mains et lui montrent sa malle qu'elles avaient enlevée dans le désordre de l'embarquement. Son départ est retardé de quelques heures; on en témoigne tant de joie qu'il reste au Havre deux jours de plus.

A l'automne, en rentrant chez lui, il trouve, un soir, la carte de M. Lyster. Le voilà enchanté. Le lendemain, il se met en route pour aller revoir ses amis du Havre. Ils étaient logés aux Champs-Élysées. Un beau soleil, un temps doux l'invitaient à la promenade. Chemin faisant, le long de la grande avenue, il réfléchit sur la différence entre les relations de la ville et celles des bains de mer. On ne retrouve plus, dans une visite et à Paris, cette aimable facilité de mœurs qui fait le charme de la vie en commun. On croit avoir mille choses à se dire, et, quand on est revenu sur les souvenirs et les plaisirs passés, on s'aperçoit qu'on se connaît à peine. « Il y aura près de ces demoiselles, pensait le poète en ralentissant le pas, d'autres amis, des compatriotes, peut-être un prétendu pour l'une d'elles. Je ne serai plus qu'un visiteur quelconque, peut-être un importun. Adieu la douce familiarité, la gaieté, les badinages d'enfants! Et suis-je bien sûr d'apporter moi-même l'entrain et le laisser-aller des bords de la mer? Tout à l'heure peut-être je reviendrai chez moi par cette avenue, regrettant une illusion perdue, un charmant souvenir défloré. Je ferais mieux de ne pas toucher à l'aile du papillon. »

Il arriva jusqu'à la porte en rêvant ainsi, partagé entre le désir de revoir les deux jeunes filles et la crainte de faire tort à ses chères impressions de voyage. Ce dernier scrupule l'emporta; au moment de tirer la sonnette, il rebroussa chemin et rentra chez lui. Jamais il n'a revu ses amis du Havre.

Un soir d'hiver, il eut une vraie fantaisie de poète, celle de faire une excursion nocturne et rétrospective en Italie et au siècle de la Renaissance. Il pria Horace de Viel-Castel, qui occupait un logement au Louvre, de lui ouvrir pendant la nuit le musée des peintures. On l'introduisit à dix heures du soir dans la galerie des écoles italiennes, où il s'installa devant les toiles qu'il préférait, avec une lampe portative à l'usage des promenades aux flambeaux. Il y resta longtemps seul, plongé dans ses réflexions, et il en revint fort content, disant qu'il avait vécu, cette nuit-là, dans la compagnie des anciens maîtres, qu'il lui semblait les avoir vus à l'ouvrage, et qu'il s'en trouvait deux dont il aurait avec bonheur préparé les couleurs et taillé les crayons : Raphaël et Léonard de Vinci.

Au mois de mars 1857, M. Émile Augier se présentait à l'Académie. Alfred de Musset, qui l'aimait beaucoup, prit un vif intérêt au succès de sa candidature. La veille du scrutin, il était sérieusement malade. M. Augier, craignant qu'il ne pût pas se rendre à l'Institut, vint me prier de faire tous mes efforts pour qu'il ne manquât pas à la séance. Le moment venu, je trouvai mon frère résolu à partir, malgré des palpitations de cœur incessantes qui l'incommodaient extrêmement. Il envoie chercher une voiture; on n'en trouve pas. La pluie tombait à torrents. L'heure du scrutin allait sonner. Alfred, appuyé sur mon bras, se met en route en dépit du mauvais temps. Il marchait lentement sous les galeries de Rivoli, obligé de reprendre haleine tous les vingt pas. Enfin, au coin de la rue des Pyramides, j'arrêtai une voiture au passage. Il y monta et arriva bien juste à temps pour pouvoir voter. M. Augier l'emporta précisément d'une voix. Mon frère, ranimé par l'air du dehors et par les émotions du vote, triomphant d'ailleurs du succès de son candidat, s'en fut dîner chez le traiteur, et de là au spectacle. Sa gouvernante le gronda de cette imprudence : « Ne vous fâchez pas, répondit-il, ce sera peut-être la dernière; mon ami Tattet m'appelle, et je crois que j'irai bientôt le rejoindre. »

Tattet, du même âge que lui, venait de mourir, il y avait peu de temps, d'une attaque de goutte.

M. Empis, de l'Académie française, frappé de l'altération des traits de son collègue, m'interrogea sur l'état de sa santé, et me demanda s'il suivait un traitement. Je répondis qu'il ne voulait en suivre aucun, bien qu'il eût un excellent médecin, dont les avis et les ordonnances se passaient en conversations. « Nous l'obligerons à se soigner, reprit M. Empis, et voici comment : je le ferai inviter à venir au château de Saint-Cloud; quand il y sera, il faudra bien qu'il obéisse au médecin de la maison, et M. R... le guérira. »

Je ne doutai pas que cette petite conspiration ne dût réussir. Une fois à Saint-Cloud, Alfred se serait laissé faire. En attendant le retour de la saison favorable à l'accomplissement de ce projet, je fis un voyage de quelques jours à Angers. Pendant mon absence, Alfred reçut une invitation à dîner au Palais-Royal, chez le prince Napoléon. Quoique très souffrant, il voulut y aller. Sa toilette, qui lui donnait beaucoup de fatigue, le mit en retard. Lorsqu'il arriva, on était à table. Après le dîner, voulant réparer le fâcheux effet de son entrée, il s'approcha du prince, se mêla à la conversation, la prit au point où elle était, la dirigea et la rendit tour à tour sérieuse, gaie, intéressante. Il n'y a pas encore bien longtemps de cela; plusieurs des personnes qui étaient présentes se souviennent de cette soirée; elles m'ont dit que jamais Alfred de Musset ne leur avait paru plus aimable et plus animé. Ce fut sa dernière sortie. En rentrant chez lui, il se mit au lit et ne s'en releva plus.

J'étais encore à Angers, le 26 avril, lorsque je reçus une lettre de la gouvernante qui m'engageait à revenir. Je prétextai une affaire, et je partis pour Paris. En arrivant, je trouvai mon frère au lit, mais calme et sans fièvre. Ses syncopes habituelles le reprenaient de temps à autre, mais dans les intervalles il ne souffrait point. Il écoutait des lectures ou causait tranquillement. La gouvernante, que j'avais toujours vue excellent juge de son état, paraissait moins alarmée; je me rassurai. Jusqu'au 29 avril, le mieux se soutint. Le 30, dans la journée, le médecin me sembla inquiet; son inquiétude me gagna quand je l'entendis prononcer le mot terrible de *consultation*. Le 1ᵉʳ mai, à sept heures du matin, M. Morel-Lavallée eut un entretien avec le savant M. Rostan que je lui amenai. Tous deux me dirent séparément qu'il n'y avait point encore péril, et qu'ils reviendraient le lendemain à pareille heure. La journée ne fut pas mauvaise. Notre malade, ayant obéi scrupuleusement à toutes les prescriptions, éprouva un soulagement réel. Le soir, il se félicita de sa docilité. « La bonne chose que le calme! disait-il. On a bien tort de s'effrayer de la mort qui n'en est que la plus haute expression. »

Son état moral était excellent. Il faisait des projets, entre autres celui de retourner au Havre; mais, comme il lui fallait toujours un sujet d'inquiétude, il regretta de n'avoir point accepté la proposition de son libraire, qui lui demandait la cession complète et à perpétuité de la propriété de tous ses ouvrages, moyennant une pension viagère de deux mille quatre cents francs! Je lui démontrai, sans peine, que la conclusion de cette belle affaire ne méritait aucun regret. Il s'informa ensuite de mes occupations avec un intérêt extrême; puis il pensa successivement à toutes les personnes qu'il aimait, comme s'il eût voulu faire une revue de ses affections. Ses questions se multipliaient. La figure angélique de la sœur Marcelline passa dans son souvenir et lui sourit. Nous causions encore paisiblement ensemble à une heure après minuit, lorsque je le vis tout à coup se dresser sur son séant, la main droite posée sur sa poitrine et cherchant la place du cœur, comme s'il eût senti dans cet organe quelque trouble extraordinaire. Son visage prit une expression étrange d'étonnement et d'attention. Ses yeux s'ouvrirent démesurément. Je lui demandai s'il souffrait, il me fit signe que non. A mes autres questions il ne répondit que ces mots, en remettant sa tête sur l'oreiller : « Dormir!... enfin je vais dormir! »

L'insomnie ayant toujours été son ennemi le plus implacable, je pris ce besoin de dormir pour une crise favorable : c'était la mort. Il ferma les yeux pour ne plus les rouvrir. La respiration, toujours calme et régulière, s'éteignit peu à peu. Il rendit le dernier soupir sans avoir fait un mouvement, sans convulsion, sans agonie. Cette mort, qu'il avait tant souhaitée, était venue à lui comme une amie, sous les apparences du sommeil. Un épanchement au cœur l'avait déterminée. A-t-il eu conscience de sa fin? Je l'ignore. Peut-être a-t-il voulu m'épargner le déchirement du dernier adieu; peut-être la fatigue de la vie, le sentiment de la délivrance et la douce puissance du sommeil ne lui ont-ils pas laissé la force de prononcer cet adieu suprême.

Quand la première lueur du matin vint éclairer son visage, une beauté surhumaine se répandit sur ses traits, comme si toutes les grandes pensées auxquelles son génie avait donné une forme impérissable fussent revenues lui faire une auréole. Les personnes qui le soignaient ne pouvaient pas croire à cette mort imprévue : « Cela est impossible, me disait-on; il dort, il va s'éveiller. »

Je posai mes lèvres sur son front; il avait déjà le froid du marbre.

XVIII

On ne peut nier que la nature n'ait parfois logé une belle âme dans une enveloppe laide ou défectueuse; mais, en général, elle se plaît à donner aux poètes un beau visage. Lorsqu'on regarde les portraits de Molière, de Racine, du Tasse, de lord Byron, on retrouve avec plaisir dans leurs traits le genre de beauté dont le caractère sied à leur génie.

Dans toute sa personne, Alfred de Musset offrait aux regards cet équilibre et cette harmonie qui constituent la perfection. Sa taille de moyenne grandeur (cinq pieds quatre pouces) resta svelte et élégante aussi longtemps qu'il conserva la santé. Jeune homme, il paraissait adolescent; dans l'âge viril, on le prit souvent pour un très jeune homme. A vingt ans, il représentait exactement le type gracieux d'un page des anciennes cours, et il s'amusa quelquefois à en porter le costume dans les bals masqués. Son visage faisait impression par la réunion des deux beautés : la régularité des traits et la vivacité de la physionomie. Ses yeux bleus étaient pleins de feu. Son nez fin et légèrement aquilin rappelait celui du portrait de Van Dyck; — cette ressemblance lui a été souvent signalée par ses amis. — Sa bouche un peu grande, ses lèvres un peu charnues, — moins pourtant que celles de La Fontaine, — se prêtaient avec une mobilité extrême à l'expression de ses sentiments, et trahissaient la sensibilité de son cœur. Dans les mouvements doux de l'âme, comme la pitié ou la tendresse, un frémissement imperceptible les agitait. On devinait que cette bouche devait être éloquente dans la passion, aisément ironique et rieuse dans la conversation. Mais le plus beau trait de son visage était le front dont les ombres accusaient toutes les protubérances désignées par la phrénologie comme le siège des facultés les plus précieuses. Que cette science soit vraie ou chimérique, il est certain qu'elle attribuait à l'auteur des *Nuits*, pour qui elle n'a pas été inventée exprès, le sens poétique, la réflexion, la perspicacité, la verve de l'esprit et l'instinct de tous les arts.

Il n'existe que deux portraits d'Alfred de Musset, qui donnent de lui une idée juste : le médaillon de David d'Angers et le pastel de Charles Landelle. Si ces deux figures diffèrent entre elles, il faut songer qu'un intervalle fort long les sépare; l'une est de 1831 et l'autre de 1854. Landelle eut le tort de donner à son dessin le regard vague. Alfred se plaignait que le peintre l'avait représenté comme endormi, et il avait raison, car l'air ordinaire de son visage était la fierté. C'est ce qu'on trouve dans le médaillon de David à un degré remarquable. Sans ce léger défaut, l'œuvre de Landelle serait parfaite. Elle a, d'ailleurs, sur le bronze ou le plâtre, l'avantage du coloris dont le charme rend fidèlement le teint du modèle, et la belle nuance de sa chevelure blonde. Au moment de sa mort, Alfred de Musset n'avait pas un cheveu gris. Les autres portraits, quel que soit le talent de leurs auteurs, ne peuvent qu'égarer les souvenirs des amis du modèle, et donner de sa personne une idée fausse ou incomplète à ceux qui ne l'ont jamais vu. J'en excepte pourtant le buste en marbre fait par M. Mezzara pour le Théâtre-Français, longtemps après la mort du poète, et qui se distingue non seulement par la difficulté vaincue, mais par une grande exactitude.

Il n'y a point de description qui puisse suppléer au ciseau du sculpteur ou aux pinceaux du peintre pour exécuter le portrait physique de l'homme. Quant à l'âme du poète, si je n'ai pas failli à ma tâche, on l'aura retrouvée dans l'histoire de sa vie, telle qu'on la sent dans ses ouvrages, où il s'est dépeint lui-même avec une évidente sincérité. Quelques traits de caractère suffiront maintenant pour l'achèvement de son portrait moral.

Je ne connais que deux hommes de génie qui, avant Alfred de Musset, aient poussé aussi loin que lui le courage de la franchise : Jean-Jacques Rousseau et lord Byron. Il leur en a coûté cher à tous deux. Le philosophe de Genève, en découvrant le fond de son âme, s'est imaginé que l'aveu de ses fautes les lui ferait pardonner; il s'est trompé, parce que ces fautes étaient énormes, et quelques-unes impardonnables. Le poète anglais semble avoir été plus loin encore que Jean-Jacques. On croirait qu'il a cédé à la folle envie de se représenter plus méchant qu'il ne l'était réellement. C'était donner trop beau jeu à la calomnie; elle en a si bien profité qu'aujourd'hui la postérité se voit obligée de le défendre contre lui-même : elle y réussira, mais non sans peine. Le poète français ne s'est point comparé sans raison au sacrificateur qui prend son propre cœur pour victime : il l'a mis à nu, parce qu'il n'avait rien à craindre de la vérité. Tout homme de bonne foi qui se croit fondé à lui adresser un reproche ne connaît pas bien Alfred de Musset. Quant aux gens qui n'estiment pas la poésie du cœur et l'appellent poésie *personnelle*, leurs préventions ne font tort qu'à eux-mêmes, et il n'y a rien à dire pour les en faire revenir. Ils ne subissent point le charme de cette poésie-là, parce que, chez eux, le cœur manquant, elle ne saurait y éveiller d'écho. C'est une pierre de touche qui ne trompe jamais : « Dis-moi quel poète tu aimes ou n'aimes pas, et je te dirai qui tu es. »

Alfred de Musset ne s'est pas contenté d'être sincère; il a toujours voué au mensonge une haine vigoureuse. Toutes les fois qu'il le rencontra sur son chemin, — et pour son malheur il le vit de près bien souvent, — il lui rompit en visière. Il pouvait tout excuser, tout pardonner, hormis la tromperie. Jamais il n'a distribué aux rimeurs sans talent qui lui envoyaient leurs vers ces éloges complaisants qui, de sa part, auraient été pris pour des encouragements, et qui auraient pu jeter de pauvres jeunes gens dans la voie dangereuse au terme de laquelle sont les déboires d'une fausse vocation. S'il eût commis cette cruauté dont tant d'autres ne se font pas scrupule, c'eût été pour lui un sujet de remords. Les menteurs l'avaient rendu défiant; bien qu'il ait appelé la Défiance « un mauvais génie venu en lui, mais qui n'y était pas né », l'expérience lui avait appris le soupçon. Il méprisait l'espèce humaine; mais quiconque lui parlait deux fois seulement pouvait se dire son ami; il n'y avait pas d'homme plus facile que lui à séduire, pas de cœur plus prompt à s'ouvrir que le sien. Quelques avances, quelques signes de sympathie suffisaient pour obtenir de lui tout ce qu'on voulait. Tout entier à l'impression du moment, surtout dans le tête-à-tête, il se livrait à l'entraînement de la conversation.

Le marquis de Manzo, l'ami et le biographe du Tasse, fait la même remarque dans la précieuse notice qu'il a laissée sur ce grand poète. « Ces êtres doués d'une sensibilité excessive, dit-il, versent involontairement les trésors de leur âme devant la première personne qui s'offre à eux. Animés du désir de plaire, ils confient leurs pensées et leurs sentiments à quiconque les écoute avec attention, et même à des indifférents. »

Lord Byron poussait cet abandon jusqu'à l'imprudence. « La première personne, dit Thomas Moore, avec laquelle le hasard le mettait en rapports, devenait le monde entier pour lui. Il ne tenait qu'à elle d'être le dépositaire de ses secrets. » Et Thomas Moore ajoute que c'est là un signe du caractère poétique qu'on doit retrouver en tous temps et en tous pays chez ces êtres qui ont reçu de la nature le don funeste de poésie.

Cette disposition était naturelle à Alfred de Musset; mais pour peu que sa défiance fût éveillée, il devenait au contraire l'homme le plus impénétrable du monde. Il redoutait extrêmement les journalistes, les conteurs d'anecdotes, les indiscrets faiseurs d'historiettes, et par-dessus tout les éditeurs, qui vont colporter d'un écrivain chez l'autre ce qu'ils ont entendu dire.

Félix Bonnaire vint le voir une fois au moins par semaine pendant quinze ans, et ne fut pas plus avant dans sa confiance le dernier jour que le premier. Avec M. Charpentier, qui lui répétait ce qu'on disait ailleurs, Alfred de Musset joua, pendant dix-sept ans que durèrent leurs relations d'affaires, une comédie dont nous avons ri plus d'une fois ensemble. Cette comédie consistait à démontrer par toutes sortes de raisons que ses ouvrages ne vivraient point, et qu'on les oublierait après sa mort.

Quelques grands poètes ont fait exception à la règle générale posée par le marquis de Manzo et par Thomas Moore. Gœthe entre autres s'est appliqué à se rendre maître de lui-même, et il y a si bien réussi qu'on lui en a fait un reproche. Qui sait si le plus grand esprit de l'Allemagne, qu'on a tant accusé d'insensibilité, n'a pas compris qu'il ne pouvait échapper au malheur des poètes qu'en domptant son cœur? Assurément, le Tasse n'aurait pas été enfermé dans son cabanon s'il eût été maître de lui comme Gœthe; et peut-être Gœthe qui, par parenthèse, a écrit un drame de *Torquato Tasso*, aurait-il couru le risque de se faire enfermer comme son héros et de passer pour fou, s'il n'eût imposé silence à son cœur au milieu des délices de la cour de Weimar.

Quand même il l'eût tenté, Alfred de Musset n'aurait pas pu se donner le front impassible de Gœthe;

mais il ne poussa pas l'imprudence aussi loin que lord Byron. Pour juger de sa sensibilité, il ne faut qu'ouvrir le livre de ses poésies. On peut voir, par le sonnet à M. Régnier, comment son esprit recevait l'impulsion de son cœur. Il passe, un soir, sous le vestibule du Théâtre-Français. Une bande collée sur l'affiche annonce un changement au spectacle : M. Régnier avait perdu sa fille le jour même. A peine si Alfred connaissait cet excellent comédien dont il admirait beaucoup le talent. Cette mort d'un enfant qu'il n'a jamais vu, la douleur de ce pauvre père, le frappent et l'attristent. Bien d'autres que lui passèrent sous ce vestibule, et quelques-uns sans doute ressentirent le même serrement de cœur. Lui seul ne peut pas surmonter cette impression de tristesse. Il faut que son âme se soulage, et qu'il envoie au père désolé un témoignage de commisération et de sympathie. De là, le beau sonnet à M. Régnier. Rien ne fait mieux connaître ce que c'est qu'une organisation de poète par excellence.

Peu d'hommes ont été aussi accessibles que l'auteur de ces vers au sentiment de la pitié. Le spectacle de la souffrance, la confidence d'un chagrin l'agitaient jusqu'à en rêver la nuit. Il revenait, un soir, fort tard de ce Théâtre-Français où il allait si souvent. C'était en hiver, par le froid et la neige. Il passe, enveloppé jusqu'aux yeux dans son manteau et les mains dans ses poches, devant un vieux mendiant qui jouait d'un orgue sur le pont des Saints-Pères. L'obstination de ce vieillard à tourner sa manivelle pour obtenir quelques sous, le touche vaguement; mais le vent de bise, la neige qui tombe, le terrain glissant auquel il faut prendre garde, détournent son attention. Arrivé devant la porte de sa maison sur le quai Voltaire, il entend encore de loin les sons criards de l'orgue. Au lieu de tirer la sonnette, il regarde sa montre et voit qu'il est plus de minuit. « Ce pauvre diable, se dit-il, serait peut-être parti si je lui eusse fait la charité. Je serai cause qu'il gagnera une maladie par ce temps de chien. »

Déjà son imagination lui représente ce misérable mourant sans secours dans quelque grenier. A cette idée il lui devient impossible de passer outre. Il retourne sur ses pas, s'en va droit au vieux mendiant, et lui jetant une pièce de cinq francs : « Tenez, lui dit-il, voici probablement plus d'argent que vous n'en gagneriez en restant là jusqu'à demain. Pour Dieu! allez vous coucher; c'est à cette condition que je vous fais l'aumône. »

Le mendiant, qui ne s'attendait guère à pareille aubaine, plia bagage et décampa. Le lendemain, lorsque je représentai à mon frère que l'aumône était un peu forte : « On ne saurait, me répondit-il, payer le sommeil trop cher, et si j'étais rentré sans avoir mis fin à cette damnée musique, je n'en aurais pas dormi de la nuit. »

Sa pitié, son horreur de la souffrance et son désir d'y remédier ne s'arrêtaient point aux hommes; de simples bêtes en connurent les effets. Sa gouvernante lui vint faire part, un jour, de la position critique d'un jeune chien qu'on allait jeter à la rivière. Il s'oppose formellement à cette exécution, et prend chez lui le condamné. Le voilà pourvu d'un chien.

Le tour des chats ne pouvait manquer d'arriver. A la première chatte qui s'avisa de chatonner, Alfred demanda un des petits, ne pouvant se charger de toute la famille. On lui envoya une affreuse bête, d'un gris sale, et à poils ras : « Je n'ai pas de bonheur, disait-il en regardant ses commensaux; je n'aime que les belles choses, et je suis empêtré d'un vilain roquet et d'un vrai chat de portière. Mais qu'y faire? Je ne les ai pas choisis. Tels que le hasard me les a donnés, je respecte et j'admire encore dans ces pauvres animaux le phénomène de la vie et l'ouvrage de la mystérieuse nature. »

Le bienfaiteur n'eut pas à se repentir de sa générosité. A force de grâce et de gentillesse, le chat se fit pardonner la laideur de sa robe, et le chien se trouva doué de toutes les vertus et d'une intelligence supérieure. Que dis-je? Le célèbre Marzo a fait l'admiration des servantes du quartier; il a même su se rendre utile, en allant seul, chaque soir, porter au marchand de journaux trois sous enveloppés dans un papier, et en rapportant la *Presse* dans sa gueule. Sans le secours de la parole, il savait se faire ouvrir la porte de la maison, et mener à bien une transaction commerciale. Je ne le louerai pas de son amour pour son maître, ce serait l'offenser : Marzo ne comprendrait pas que la reconnaissance soit un mérite et le dévouement une vertu. Il ignorera toujours que parmi l'engeance des humains, il existe des ingrats et des envieux. Aujourd'hui, parvenu à l'âge caduc, il se souvient encore de celui qui n'est plus, et quand la gouvernante, sa dernière et fidèle amie, lui parle de son maître, il dresse encore l'oreille, et témoigne qu'il pense à lui, qu'il l'aime, et qu'il l'attend toujours*.

Tattet, qui ne respectait pas assez le *phénomène de la vie*, se débarrassa d'un vieux chien qui l'incommodait, en le faisant tuer. Alfred de Musset, indigné de cette cruauté, accabla son ami de reproches et le battit froid pendant longtemps. Pour obtenir son pardon, Tattet fut obligé de reconnaître qu'il avait eu tort, et d'en exprimer le regret.

---

* Marzo est mort de vieillesse le 28 août 1864, entouré de soins et pleuré de son amie. Madame Martelet, ne voulant pas que le corps de Marzo fût jeté au tombereau, chargea son mari de l'aller enterrer. Le mari part de grand matin portant Marzo enveloppé dans un journal. Il va jusqu'à Auteuil et voit des ouvriers terrassiers qui travaillaient. Il leur demande la permission de déposer le corps dans le terrain qu'ils étaient en train de remuer. Marzo est enseveli sous une charretée de terre dans une rue nouvelle qui, depuis, s'est appelée la rue de Musset.

P. M.

Si l'affection d'un chien ne prouve rien, puisqu'on voit ce vertueux animal s'attacher à des êtres malfaisants et détestables, le maître du pauvre Marzo a inspiré les mêmes sentiments de tendresse et de dévouement à d'autres personnes moins faciles à conquérir. Dans les diverses maisons qu'il a habitées, dans les endroits qu'il fréquentait régulièrement, on l'aimait avec une sorte d'adoration; et ce n'était pas toujours pour ses poésies et pour sa gloire, car plusieurs de ces amis-là ne savaient pas lire. Quelques-uns se seraient mis au feu pour lui. Leur zèle et leurs témoignages d'intérêt lui rappelaient ce garçon de café de la Porte-Maillot qui s'était pris d'une amitié instinctive pour J.-J. Rousseau, le protégeait et le servait avec une préférence marquée, sans se douter que son ami fût un écrivain et un philosophe. Alfred de Musset faisait grand cas de ces affections naïves, et souvent il y répondit en rendant aux bonnes gens des services réels et en s'occupant de leurs affaires.

Au cercle des Échecs, au café de la *Régence*, il a laissé de vifs regrets. Mais le plus tendre et le plus dévoué de ses amis était son oncle Desherbiers. Il n'était point de sacrifice dont ce bon oncle n'eût été capable pour son neveu. C'était à la fois un camarade et un père. Alfred l'aimait d'une tendresse filiale; aussi ne pouvaient-ils se passer l'un de l'autre. Sur quelques points leurs opinions différaient; en littérature, en politique, en philosophie, ils n'étaient pas toujours d'accord. Au jeu des échecs ou au piquet, ils se querellaient parfois et se séparaient fâchés. Le lendemain, Alfred écrivait une lettre d'excuses, et, le soir, on s'abordait sans dire mot de la discussion de la veille. Souvent, à l'instant même où la lettre d'excuses allait partir, le bon oncle arrivait, pensant que les torts étaient de son côté. Henri IV et d'Aubigné n'en faisaient pas d'autres. Leurs brouilles et leurs raccommodements, dit Sully, étaient comme d'amant à maîtresse. Cette amitié passionnée dura jusqu'à la mort.

Dans son discours de réception à l'Académie, Alfred de Musset a dit : « Je ne me suis jamais brouillé qu'avec moi-même. » La rancune, en effet, lui était impossible. Quand des dissentiments littéraires l'eurent éloigné du *Cénacle*, il se crut en froid avec M. Victor Hugo, et c'était pour lui un vrai chagrin. Un jour, au printemps de 1843, les deux poètes se rencontrèrent à un déjeuner chez M. Guttinguer. Ils s'avancèrent l'un vers l'autre en se tendant la main, et causèrent gaiement ensemble, comme s'ils se fussent quittés de la veille. Alfred fut si touché de ce bon accueil qu'il écrivit le beau sonnet qui en a rendu le souvenir immortel : *Il faut dans ce bas monde aimer beaucoup de choses.*

Parmi les femmes de Paris les plus distinguées par l'esprit, le goût, la beauté, l'élégance, j'en pourrais citer vingt qui lui ont donné des témoignages d'amitié. Celles auxquelles il a adressé des vers, en les désignant par des initiales, madame T..., madame O..., madame G..., sont aisément reconnaissables pour les gens du monde. Madame Menessier-Nodier ayant été nommée par le poète, il n'y a pas aujourd'hui d'indiscrétion à dire que le sonnet *Je vous ai vue enfant* et les deux suivants ont été faits pour elle. Le rondeau *Il est aisé de plaire à qui veut plaire* est adressé à la femme d'un ministre. Mais on ne trouve pas dans le recueil des poésies de vers à une personne que je veux et dois nommer : madame Ancelot aimait beaucoup Alfred de Musset; elle lui fut très utile en appuyant sa candidature à l'Académie, en l'aidant à faire la conquête de M. Ancelot, en disant du bien de lui avec cette préméditation constante dont les femmes de cœur sont seules capables; aussi a-t-il toujours parlé de madame Ancelot avec respect et reconnaissance; il se disait hautement son obligé. Ceux qui ont représenté Alfred de Musset enclin à la médisance et à la raillerie ont prouvé qu'ils ne le connaissaient point. Il n'a jamais médit de personne; jamais il n'a sacrifié un absent au plaisir de faire un bon mot, et même il ne prêtait pas volontiers l'oreille aux médisances des autres, de peur de s'en rendre complice en les écoutant. Il faudrait aimer bien peu la vérité pour ne pas vouloir reconnaître que les auteurs des méchants bons mots qu'on lui a attribués sont ceux-là mêmes qui prétendent les avoir entendus, et qu'ils ont pris ce détour pour satisfaire leurs propres rancunes. Quand on l'offensait, quand on se hasardait à l'attaquer en face, Alfred de Musset avait la repartie prompte et terrible; mais l'idée ne lui vint jamais de commencer les hostilités. Quelquefois même il lui arriva de ne comprendre le sens d'un mot désobligeant pour lui qu'après réflexion, tant il croyait difficilement à une intention malveillante.

Non seulement il n'abusa jamais de la supériorité de son esprit, mais, dans la conversation, il se mettait à la portée de ses interlocuteurs, autant par modestie que par savoir-vivre, et les laissait, en les quittant, aussi satisfaits d'eux-mêmes que de lui. Cette complaisance ne l'empêchait point de soutenir ses opinions avec une entière franchise; mais l'attention qu'il prêtait à celles des autres, et les formes polies qu'il savait garder, rendaient la discussion facile et intéressante. Il y avait plaisir à se trouver en désaccord avec lui. Peu de gens ont le courage de leurs opinions vis-à-vis des hommes puissants, et même ce doit être une chose fort ennuyeuse pour les princes que cet éternel assentiment par lequel on répond à toutes leurs paroles; Alfred de Musset leur plaisait, en osant se prononcer d'un avis contraire au leur, et avec autant de tact que d'indépendance.

Par une juste réciprocité, il aimait qu'on lui tînt

tête, qu'on défendît sa cause tant qu'on avait une raison à donner, un argument à faire valoir, et surtout qu'on exprimât sa pensée nettement. Dès son plus jeune âge, il témoigna son antipathie pour les hésitations. Un soir, en 1828, notre père nous emmène tous deux au ministère de la guerre, chez le général de Caux, pour assister à la lecture d'un éloge du feu duc de Rivière par M. Alissan de Chazet. L'auditoire se composait de royalistes éprouvés. Avant d'entrer dans le salon du ministre, notre père nous recommanda de prendre garde à ne point heurter l'amour-propre de l'auteur. M. Alissan de Chazet lut son panégyrique sans trop d'emphase, et quand il eut fini, les admirateurs du feu duc le félicitèrent. Pour montrer qu'il ne se laissait point enivrer par le nectar des compliments, l'auteur demanda des avis; il insista même pour obtenir quelques critiques, disant que c'était le moment de lui signaler ses fautes, avant que la brochure fût chez l'imprimeur. Alfred prend alors la parole, et déclare qu'il a une critique à faire. On forme un cercle autour de ce petit blondin parfaitement inconnu; le ministre et l'auteur le regardent en souriant, tandis que son père, un peu inquiet, fronce le sourcil. « Monsieur, dit le jeune garçon, dans le morceau que nous venons d'entendre, toutes les fois que vous faites une comparaison ou que vous cherchez à rendre votre pensée par une image, vous semblez en demander pardon au lecteur, en ajoutant : *pour ainsi dire*, ou *si j'ose m'exprimer ainsi*. Selon moi, il faut avoir la hardiesse d'exprimer les choses comme on les sent; c'est pourquoi je vous conseillerais de supprimer ces précautions oratoires, et j'aimerais mieux trop de hardiesse que l'apparence de la timidité. »

L'assurance du jeune blondin amusa les assistants, et sa critique ne déplut pas au panégyriste de M. de Rivière. Deux ans plus tard, il publiait des poésies auxquelles on ne pouvait pas reprocher la timidité.

Quand la circonstance l'exigeait, Musset ne dédaignait pourtant pas les précautions oratoires. Chez madame la duchesse de Castries, où venait souvent le vieux duc de Fitz-James, qui aimait fort et racontait à merveille les historiettes gauloises; chez la marraine, où le bon ton n'excluait point la gaieté; chez d'autres femmes du monde, et jusque dans le salon d'une prude, Alfred savait tout dire sans blesser les oreilles les plus délicates.

Ce qui prouve qu'il avait un grand fonds de bonne humeur, c'est qu'il ne négligeait jamais l'occasion de faire une plaisanterie lorsqu'il la rencontrait sur son chemin; mais ses plaisanteries, toujours innocentes, n'avaient d'autre but que celui de divertir les gens, car il détestait particulièrement les mystifications. Un soir, je ne sais quel grief eut à lui reprocher la princesse Belgiojoso, qui lui témoignait beaucoup d'amitié. Au moment où il prenait congé d'elle, la princesse lui dit avec sévérité qu'elle lui gardait rancune. En rentrant chez lui, décidé à écrire une lettre bien soumise pour demander sa grâce, il trouve sous sa main une feuille de papier timbré. Il la choisit de préférence et compose une lettre d'excuses, pleine de badinages comiques, qu'il termine en disant que le papier timbré attestera la solennité de ses paroles et la profondeur de son repentir. La première fois qu'il revit la dame offensée, elle lui tendit la main en riant de si bon cœur que les personnes présentes, étonnées de cet accueil, en demandèrent l'explication ; — et on la leur donna.

Même entre gens qui se conviennent parfaitement, il y a des moments, à la campagne, en été, où le temps semble long. C'était alors qu'Alfred de Musset prenait plaisir à donner une impulsion nouvelle à la conversation. Quand il voyait approcher ces moments d'ennui ou de langueur, son esprit inventif avait mille ressources. Un matin, dans un château, la compagnie fort nombreuse s'abandonnait au *far niente*. Le châtelain vaquait à ses occupations de propriétaire ; les hommes fumaient sur le perron ou lisaient les journaux ; le besoin d'un amusement quelconque se faisait sentir. Quelques dames prirent leurs ouvrages ; une autre se mit au piano et joua un air de mazoúrke. En écoutant le motif, Alfred crut distinguer dans la première phrase une intention mélancolique et dans la seconde une pensée gaie. La même opposition se poursuit, selon lui, dans les développements. Il fait part de sa remarque à la personne qui tient le piano, et, afin de l'engager à bien marquer les nuances indiquées, il chante sur la ritournelle :

> Hélas! hélas!
> Que de maux sur terre!
> Ah! ah! ah! ah!
> Que de plaisirs ici-bas!

Pour montrer qu'elle a bien compris, la dame chante à son tour, et puis elle demande d'autres paroles. « Allons, dit-elle tout en jouant, soufflez-moi deux vers tristes et deux vers gais. »

Ce n'était pas facile : la musique exigeait alternativement un vers de sept syllabes et un de cinq; mais le poète s'entendait à cet exercice, bien qu'à cette époque il ne l'eût pas encore pratiqué avec le père Hermann. Quand la musicienne avait chanté un couplet elle revenait à la ritournelle, *hélas! hélas!* etc.; pendant ce temps-là l'improvisateur soufflait le couplet suivant. Il en composa ainsi autant qu'on lui en demanda, et toujours dans le double sentiment exigé par le programme. C'était tout un petit poème, en manière de complainte; je n'en saurais plus dire le sujet. Voici seulement trois de ces couplets que, par grand hasard, je retrouve dans un coin de ma mémoire :

> — Ah! portons mon désespoir
>   Loin de ma patrie...
> Je vais enfin te revoir,
>   O belle Italie!
>
> — J'ai perdu l'objet charmant
>   Qui fut ma maîtresse...
> Entrez chez nous un moment,
>   Dit la belle hôtesse.
>
> — Plaignez le mal amoureux
>   Qui me désespère...
> Et toi, la fille aux doux yeux,
>   Remplis-moi mon verre.

Si je me suis rappelé ces trois couplets, c'est que, pendant un jour entier, les voix des femmes, que la complainte avait amusées, les ont répétés cent fois, et qu'on entendait résonner dans tout le château, sur le refrain de la mazourke: *Que de maux sur terre! — Que de plaisirs ici-bas!* Je les donne au lecteur, comme ces reliques oubliées dans un tiroir, et que le poète de *la Nuit de décembre* appelle « débris des jours heureux ».

Voici encore une de ces reliques qu'il faut ranger parmi les improvisations: Alfred de Musset, qui a chanté la grâce et la beauté jusque dans les marches d'un escalier de Versailles, était à plus forte raison disposé à leur rendre hommage lorsqu'il les rencontrait dans une femme. Un soir, chez sa marraine, il voit arriver une jeune et charmante personne qui apportait à la maîtresse de la maison un petit présent. C'était une boîte à aiguilles en écaille noire, avec des ornements d'argent. Alfred se met dans la tête de se faire donner cette boîte. L'entreprise était folle; la marraine ne pouvait pas donner ce qu'on venait de lui offrir, et son amie répondait que la boîte ne lui appartenait plus. Il s'obstine pourtant, et revient à la charge, mais sans succès. La soirée se passe ainsi jusqu'à minuit. Pour rentrer chez elle, la jeune femme s'enveloppa, dans l'antichambre, d'un capuchon blanc qui seyait à merveille à son visage rose. Alfred la compara, en badinant, à un moinillon, et puis on se sépara. Le lendemain de grand matin, notre *groom*, habitué aux commissions de ce genre, arpentait les rues de Paris portant une grosse enveloppe où se trouvaient les sixains suivants :

> Charmant petit moinillon blanc,
> Je suis un pauvre mendiant.
> Charmant petit moinillon rose,
> Je vous demande peu de chose.
> Accordez-le moi poliment,
> Charmant petit moinillon blanc.

> Charmant petit moinillon rose,
> En vous tout mon espoir repose.
> Charmant petit moinillon blanc;
> Parfois, l'espoir est décevant.
> Je voudrais parler, mais je n'ose,
> Charmant petit moinillon rose.

> Charmant petit moinillon blanc,
> Je voudrais parler franchement.
> Charmant petit moinillon rose,

J'ai peur que le monde n'en glose.
Il me faut donc être prudent,
Charmant petit moinillon blanc.

Charmant petit moinillon rose,
Je ne sais quel démon s'oppose,
Charmant petit moinillon blanc,
A ce qu'on dorme en vous quittant.
N'en pourriez-vous dire la cause,
Charmant petit moinillon rose?

Charmant petit moinillon blanc,
Il faut que votre œil, en passant,
Charmant petit moinillon rose,
Ait fait une métamorphose,
Car je ronfle ordinairement,
Charmant petit moinillon blanc.

Charmant petit moinillon rose,
L'homme propose et Dieu dispose;
Charmant petit moinillon blanc,
Jamais un proverbe ne ment;
Permettez donc que je propose,
Charmant petit moinillon rose.

Charmant petit moinillon blanc,
Quand l'un donne et que l'autre rend,
Charmant petit moinillon rose,
Personne à perdre ne s'expose;
Et c'est le cas précisément,
Charmant petit moinillon blanc.

Charmant petit moinillon rose,
Si vous me donniez, je suppose,
Charmant petit moinillon blanc,
Votre étui noir brodé d'argent,
Je vous rendrais bien quelque chose,
Charmant petit moinillon rose.

Charmant petit moinillon blanc,
Je vous rendrais, argent comptant,
Charmant petit moinillon rose,
Ce que mes vers, ce que ma prose,
Pourraient trouver de plus galant,
Charmant petit moinillon blanc.

Charmant petit moinillon rose,
Jamais la fleur à peine éclose,
Charmant petit moinillon blanc,
N'aurait eu pareil compliment.
Je ferais votre apothéose,
Charmant petit moinillon rose.

Méchant petit moinillon blanc,
Vous direz « non » certainement,
Méchant petit moinillon rose,
Vous trouverez qu'à cette clause,
Vous perdez infailliblement,
Méchant petit moinillon blanc!

Hélas! petit moinillon rose,
Mon cœur est pour vous lettre close.
Hélas! petit moinillon blanc,
Il pourrait vous dire pourtant...
Mais, sur ce, je fais une pause.
Hélas! petit moinillon rose!

Quoique fort jeune, la dame avait déjà reçu bien des compliments, mais pas de cette qualité-là. Elle avait d'ailleurs un faible pour la poésie. Cet impromptu, écrit et expédié entre l'heure du coucher et celle du lever, fut pour elle une douce surprise; elle y répondit en envoyant à l'auteur une petite boîte en bois de sandal contenant non des aiguilles, mais une plume qui depuis a servi à écrire quantité de vers et de prose. Je ne saurais dire combien d'autres gracieux hommages la poste aux lettres ou le *groom* matineux ont ainsi distribués dans Paris, combien d'autres fleurs ont été semées par la muse prodigue. Quant à ces longues causeries, tantôt légères, tantôt profondes, toujours poétiques, originales, pleines d'aperçus curieux, qui nous retenaient, le soir, dans le salon de la marraine jusqu'à des heures approchant du matin, à moins d'avoir un sténographe à gages et de passer les jours et les nuits à en faire des in-folios, il fallait bien les laisser s'évanouir avec l'occasion et l'à-propos qui les avaient fait naître.

Cette prodigalité ne se bornait pas aux choses de l'esprit; elle se retrouvait dans le caractère de l'homme. Riche ou pauvre, il ne pouvait vivre qu'en grand seigneur. Lorsqu'il donnait sa dernière pièce de cinq francs pour soulager une misère quelconque, c'était d'aussi bon cœur que s'il eût eu les poches pleines. Au Croisic, sur le bord de la mer, il vit, un jour, devant la cabane délabrée d'un pauvre saulnier, une petite fille en haillons qui dormait au soleil, la tête sur une poignée de paille. Il s'approche d'elle, lui pose doucement un louis d'or entre les lèvres, et s'éloigne sur la pointe du pied, tout joyeux de cette espièglerie et du plaisir qui attend l'enfant à son réveil. J'ai lu dans les Mémoires de Lord Byron, si tristement mutilés par Thomas Moore, qu'au moment où les gens d'affaires du noble lord eurent vendu son domaine de Newstead, ils lui écrivirent pour lui demander ce qu'il voulait faire du produit de cette vente. « Ne vous embarrassez pas du placement, répondit lord Byron; je compte employer cet argent pour mon plaisir. »

Il s'agissait d'une somme énorme : cent mille livres sterling. Alfred de Musset eût été parfaitement capable de faire la même réponse. Il ne lui a manqué pour cela que d'avoir à toucher les deux millions et demi de francs. A défaut du domaine de Newstead, nous vendîmes, en 1846, une petite propriété de famille provenant de l'héritage de notre père. Alfred reçut, un matin, pour sa part du premier payement, cinq mille francs en monnaie d'argent. C'était la plus grosse somme qu'il eût encore possédée de sa vie. Je lui conseillai de la placer sur l'État; mais il me répondit, en regardant avec admiration les sacs alignés sur sa table : « Qui, moi ? j'irais changer de bons gros écus contre des chiffons de papier ? Pas si sot, ma foi ! Ce n'est pas sur l'État que je veux placer cet argent, mais dans mon armoire. »

Il range, en effet, les sacs dans un placard, et, pour faire preuve de sagesse et de prudence, comme s'il se défiait de lui-même, il me donne la clef à garder, en me disant que je pourrais la lui rendre le matin, mais non le soir, aux heures périlleuses de la dissipation et du jeu.

Cette convention faite, je mets la clef dans ma

poche, et je m'en vais. Dans notre salle à manger, je rencontre M. le général de Berthois, un de nos meilleurs et de nos plus anciens amis; j'entre avec lui au salon. Au moment où je prends un siège pour m'asseoir à côté du général, quelqu'un me tire par la manche de mon habit. Je me retourne, et je vois mon frère qui me suivait pas à pas, d'un air sérieux et affairé. Il se penche à mon oreille et me dit tout bas : « La clef; donne-moi la clef. »

Je la lui rendis, et je ne la revis plus. La grande mesure de prudence avait duré un peu moins d'une minute. Les cinq mille livres ne furent point placées sur l'État. Jamais Alfred de Musset n'eut entre les mains ni une inscription de rente, ni une action de chemin de fer. Sur cet article, il n'y avait pas de conseil à lui donner. C'était, d'ailleurs, en toutes choses, l'homme le plus indépendant, tout entier à ses impressions et gouverné par sa fantaisie. Perpétuellement il lui arrivait de sortir avec l'intention d'aller dans un endroit, et de changer d'idée à moitié du chemin. Du quai Voltaire, où il demeurait en 1840, la distance n'était pas grande pour aller rue des Beaux-Arts, à la *Revue des Deux-Mondes*. Un soir, il y devait retrouver à dîner plusieurs de ses collaborateurs, et il avait accepté une invitation avec plaisir. En descendant son escalier, il se demande quels seront les convives, et près de qui sa place sera marquée. Tel voisin lui plairait fort; mais le lui donnera-t-on?

Tel autre l'ennuiera peut-être. Lerminier mettra la conversation sur la politique. On ne pourra parler que *discussion de l'adresse* ou *attitude du ministère*. A cette idée la peur le prend. Il change de route, et s'en va dîner seul au Palais-Royal, d'où il envoie une lettre d'excuse par un exprès.

Toute espèce d'engagement l'inquiétait; mais nul engagement ne lui faisait plus d'horreur que celui d'un travail obligé. Ce qu'il en a dit dans *le Poète déchu*, il l'a senti avec tant d'amertume que je considère ce moment de sa vie comme une de ses épreuves les plus cruelles et un des plus grands dangers qu'il ait jamais courus. Et cependant, ce poète qui redoutait le moindre lien, se laissait lier sans cesse par entraînement, par faiblesse vis-à-vis de l'insistance, par imprudence, par mauvaise administration de ses affaires. Il a donné beaucoup trop de signatures, et souvent à des gens moins accommodants que le directeur de la *Revue*. De soi-disant amis lui ont fait passer plus d'une nuit blanche.

Ce sont là des contradictions dont tous les caractères sont pleins. Lorsque Musset consentit à prendre une gouvernante pour mener son ménage de garçon, ce fut en lui disant qu'il ne la garderait pas plus de trois mois; elle resta chez lui jusqu'à sa mort. A peine installé dans son appartement de la rue du Mont-Thabor, obéré par des achats de meubles, on lui propose une belle copie par Carle Vanloo du Giorgione qui est au musée du Louvre, *le Concert champêtre*. Le tableau ne coûte pas cher; c'est une occasion précieuse. Il le prend à condition de le payer en quatre mois, le fait apporter chez lui en triomphe, et le suspend au mur de sa salle à manger, en disant à la gouvernante peu satisfaite de cette acquisition : « Mettez mon couvert en face de ce tableau, et retranchez un plat de mon ordinaire. Le dîner me semblera toujours assez bon. »

La duchesse de Castries eut deux fois l'envie de le marier. La première femme à laquelle elle pensa était une personne d'un grand mérite; mais Alfred, beaucoup trop jeune alors, montra peu d'empressement. Le second parti lui plaisait extrêmement; il eut pourtant le courage de surmonter son inclination et d'élever des objections qui furent trouvées justes et raisonnables. Une autre fois, — je ne sais plus en quelle année, — entre deux parties d'échecs, Chenavard lui dit négligemment : « Si, par hasard, vous vouliez prendre femme, adressez-vous à moi; je vous indiquerai celle qui vous convient.

— Pourquoi pas? répond Alfred; indiquez toujours.

— Depuis peu de temps, reprend Chenavard, j'ai fait la connaissance de M. Mélesville. Ce matin, je vais chez lui; on m'introduit dans le salon. Une jeune fille charmante m'invite à m'asseoir, en attendant que son père arrive. C'était la première fois que je la voyais. Je suis frappé de sa beauté, de son air aimable et intelligent. Elle est brune; elle a de grands yeux noirs. Le père est le meilleur homme du monde. C'est une famille de gens d'esprit et de goût. A l'instant l'idée me vient que ce parti est votre affaire, et je me promets de vous en parler. Voilà ma proposition. Vous devriez y songer. » .

Ils y songèrent séance tenante, et si bien que ce fut un projet de mariage arrêté entre eux. Alfred aimait particulièrement les yeux noirs et les beautés brunes. Il avait eu peu de relations avec M. Mélesville depuis le temps du séjour d'Auteuil, mais toujours amicales et basées sur une estime réciproque. Il se souvint d'avoir vu la jeune fille jouer avec une rare intelligence un petit rôle dans une comédie de société. Il la savait pleine d'esprit et bien élevée. Son imagination de poète s'enflamme aussitôt. Chenavard, en qui il a confiance, lui répète que M. Mélesville est l'homme le meilleur et le plus simple du monde, de mœurs patriarcales, et qui, ne devant sa fortune qu'à son talent, attache plus de prix au talent qu'à la fortune. On se marierait seulement pour avoir un tel beau-père. Toutes les convenances possibles se trouvent réunies. Il ne reste plus qu'à déterminer la marche qu'on doit suivre. Alfred, déjà dévoré d'impatience, cherche un prétexte pour renouveler connaissance avec M. Mélesville, et se présenter dans la maison, car on ne le croirait pas s'il disait qu'il aime la jeune fille sans la connaître, et il ne veut pas débuter, comme un notaire, par une question de chiffres. Chenavard trouve incontinent le prétexte souhaité. « Vous irez, dit-il, proposer à M. Mélesville votre collaboration pour une pièce de théâtre. Imaginer un plan de comédie n'est pas une difficulté pour vous. Armé de votre plan, vous vous présentez; vous travaillez avec le père, vous causez avec la jeune fille. Quand vous avez eu le temps de remarquer ses grâces et son esprit, vous me lancez en ambassadeur; j'arrive porteur de la demande; on m'accueille favorablement, et vous faites un vrai mariage d'opéra-comique. »

Alfred, enchanté de ce projet, l'adopte sur-le-champ. Le sujet de pièce qui se présente à son esprit est le conte arabe du généreux Noureddin; il en veut faire un opéra-comique. Mademoiselle Mélesville s'appelle Laure; elle a un album de dessins; Chenavard, rêvant de son côté au projet de mariage, se propose d'offrir un dessin au crayon à la jeune fille. Il puise son sujet dans les sonnets de Pétrarque, et représente la première rencontre entre le poète et Laure de Noves; en donnant aux deux figures de Pétrarque et de Laure quelque ressemblance avec les traits d'Alfred de Musset et de mademoiselle Mélesville. Son croquis terminé, il engage le prétendant à y mettre une traduction en français des quatre vers qui lui ont inspiré son sujet. Alfred écrit au bas du dessin le quatrain suivant, imité du douzième sonnet de Pétrarque :

> Bénis soient le moment, et l'heure, et la journée,
> Et le temps et les lieux, et le mois et l'année,
> Et la place chérie où, dans mon triste cœur,
> Pénétra de ses yeux la charmante douceur!

Cela fait, Chenavard se rend chez M. Mélesville en éclaireur, pour sonder le terrain et offrir son dessin enrichi d'un autographe. Au premier mot qu'il dit de la jeune fille, on lui apprend qu'elle est promise à M. Van der Vleet, et que le mariage doit se faire bientôt. Ainsi finit ce complot d'un jour. Alfred n'y renonça pas sans chagrin. Les gens sérieux peuvent sourire de ce roman à peine ébauché ; on ne m'ôtera pas de l'esprit que, si ce projet eût tourné autrement, le poète vivrait encore. Une fois soumis à la toute-puissante influence d'une femme belle, intelligente, aimée et digne de lui, Alfred aurait été le plus fidèle, le plus sage et le plus heureux des maris. Il avait le respect de la foi jurée ; son indépendance se serait parfaitement arrangée des devoirs qui assurent le bonheur. Un mariage selon ses goûts l'aurait sauvé.

L'expérience et les années n'ont pas eu le pouvoir de refroidir le cœur d'Alfred de Musset. Bien au contraire, jusqu'à son dernier moment, sa sensibilité ne fit que s'exalter davantage. C'étaient des agitations, des inquiétudes, des émotions perpétuelles, un besoin incessant de confidences, de conversations expansives, soit avec son oncle Desherbiers, soit avec son frère. Il nous retenait au coin de son feu, et nous ne pouvions pas plus nous en arracher qu'il ne pouvait se résoudre à nous laisser partir. Dans ces moments de fièvre, il fallait s'inquiéter avec lui, se désoler, s'attendrir, s'indigner tour à tour. Cet exercice violent, ces mouvements extrêmes d'une âme singulièrement active et sensible, devenaient parfois une fatigue pour son entourage; mais à cette fatigue se mêlait un charme inexprimable. La passion et l'exagération sont contagieuses. On était entraîné malgré soi ; on se tourmentait, on s'exaltait ; on y revenait comme à un excès dont on ne peut plus se passer, pour s'exalter et se tourmenter encore. Qui me rendra cette vie agitée et ces heures de délicieuses souffrances? Ah! du moins, pendant quarante ans, j'ai bien joui du commerce intime de ce grand esprit et de ce cœur si bon et si riche !

On dit qu'il a existé des génies qui s'ignoraient eux-mêmes. On le dit; mais je n'en crois rien. Le Corrége lui-même, qui avait un cœur simple, n'est pas resté longtemps dans cette ignorance. Alfred de Musset, le plus modeste des poètes, savait mieux que personne le fort et le faible de chacun de ses ouvrages, et il les jugeait aussi sainement que s'ils eussent été d'un autre. Ceux de ses écrits qu'il estimait le plus sont le second volume de ses poésies, *le Fils du Titien*, *Lorenzaccio* et *Carmosine*.

Il est fâcheux qu'en France le génie poétique ne puisse pas donner la fortune. La seule pièce du *Caprice* a plus contribué à l'aisance de son auteur que tous ses autres ouvrages ensemble. Stendhal, qui aimait beaucoup Alfred de Musset, s'amusa un jour à compter avec lui ce que lui rapportait un vers. Ils prirent la livraison de la *Revue* qui contenait *Rolla*, et le résultat de leur calcul donna le chiffre modique de soixante centimes. Stendhal ouvrit ensuite les poésies de lord Byron, et, prenant pour point de comparaison *la Lamentation du Tasse* que M. Murray avait payée trois cents guinées, il trouva que le libraire anglais avait donné pour chaque vers près d'une guinée et demie. Stendhal s'écria que cette différence était scandaleuse et humiliante pour la France. « Avant de vous emporter, lui dit Alfred, il faut savoir si la même différence n'existe pas entre la qualité des vers de lord Byron et celle des miens. Peut-être suis-je assez payé.

— C'est ce dont je ne conviens pas, » répondit Stendhal.

Si lord Byron, avec le caractère qu'on lui connaît, n'eût été ni pair d'Angleterre, ni plus riche que le poète français, et qu'il n'eût obtenu de ses poèmes que cinq cents francs au lieu de sept mille cinq cents, la vie, dans de telles conditions, lui eût été impossible.

Comme il l'a dit en vers à madame Ristori, Alfred de Musset eut toujours le cœur prompt à l'appel du génie. On sait quel immortel hommage il a rendu à M. de Lamartine. Il admirait aussi Béranger; mais il ne concevait pas qu'un poëte de talent se renfermât de parti pris dans le cadre étroit de la chanson. Il le plaignait de s'être imposé l'entrave souvent pénible du refrain, et d'avoir traîné toute sa vie le *boulet de la faridondaine*. Mais il n'était pas de ceux qui, pour se dispenser de rendre justice au noble caractère de Béranger, ont appelé son désintéressement une coquetterie.

Ce n'est pas sans dessein que l'auteur des *Pensées de Raphaël* a parlé de la rencontre, sur sa table, de Shakspeare et de Racine. Il professait une égale admiration pour ces deux génies si différents. Dans la fougue de la jeunesse, il préféra le premier; la réflexion et la maturité lui apprirent tout ce que valait le second. Lorsqu'il rencontrait dans Racine un sentiment énergique et passionné, il s'écriait que cela était beau comme Shakspeare, et s'il trouvait dans le poëte anglais une grande pensée revêtue d'une forme pure et irréprochable, il la comparait à la poésie de Racine. Une des choses qu'il aimait le plus au monde était une certaine exclamation de Phèdre, qui exprime par sa bizarrerie le trouble profond de ce cœur malade :

> Ariane, ma sœur! de quel amour blessée,
> Vous mourûtes aux bords où vous fûtes laissée.

Quand Rachel exhalait cette plainte singulière et imprévue, Alfred prenait sa tête dans ses deux mains et pâlissait d'émotion.

Je ne dirai pas que le naturel était la qualité qui le charmait le plus; il serait plus exact de dire que, pour lui, cette qualité était indispensable, et que si elle n'empêchait pas qu'un ouvrage où elle se trouvait ne pût être médiocre, et même mauvais, en revanche il n'y avait point de beauté qui en pût racheter l'absence. Pour cette raison, les lettres de madame de Sévigné ne lui plaisaient point; il y sentait, par moments, l'apprêt, l'affectation, l'arrière-pensée que ces lettres seraient communiquées à d'autres personnes que celles à qui elles étaient adressées.

L'abus des adjectifs, qu'il a si comiquement frondé dans ses lettres de la Ferté-sous-Jouarre, était encore une de ses antipathies. Un jour, en 1833, un beau roman, dont tout le monde parlait et qui venait de révéler un talent nouveau, lui passa par les mains avant qu'il eût fait la connaissance de l'auteur. Il goûta ce roman, mais non sans y trouver des sujets de critique. Frappé de l'abus des adjectifs, il prit un crayon, et, tout en lisant, il effaça des épithètes inutiles, des membres de phrases parasites et d'autres superfluités. Le premier chapitre du roman, ainsi châtié et corrigé, est infiniment plus naturel et plus agréable à lire que l'original, et cette lecture est une excellente leçon *.

Dans aucun de ses ouvrages, en vers ou en prose, même dans ses articles de critique, Alfred de Musset ne porte la parole à la première personne du pluriel. Cette manière de parler, qui passe pour modeste, lui semblait, au contraire, une prétention. Hormis dans les journaux, où l'écrivain qui tient la plume peut être considéré comme exprimant les doctrines et les opinions des autres rédacteurs en même temps que les siennes, il n'aimait pas qu'on dît *nous* au lieu de *je*, et, lorsqu'il rencontrait cette locution, si usitée pourtant, il s'amusait à dire : « Je ne savais pas que l'auteur fût roi de France et de Navarre. »

L'auteur des *Contes d'Espagne* et de *Namouna* a souri plus d'une fois des vains efforts de ses imitateurs, car jamais poésie ne fut autant imitée que celle-là. « Ils ne savent pas, les imprudents, disait-il, tout ce qu'il faut de bon sens pour oser n'avoir pas le sens commun. Mais le bon sens, le tact, l'esprit et l'imagination ne servent de rien si l'on n'a pas surtout et avant tout beaucoup de cœur. La fantaisie est l'épreuve la plus périlleuse du talent; les plus habiles s'y fourvoient comme des écoliers, parce que leur tête est seule de la partie. Ceux qui sentent

---

* Je possède ce curieux exemplaire d'*Indiana*.   P. M.

juste et vivement peuvent se livrer au dangereux plaisir de laisser leur pensée courir au hasard, sûrs que le cœur est là qui la suit pas à pas. Mais les gens qui manquent de cœur se noient infailliblement s'ils ont une fantaisie; une fois lancés à l'aventure, ils ne peuvent plus se rattacher à rien, parce qu'ils n'ont pas de point fixe dans l'âme. »

Jusqu'à son dernier jour, Alfred de Musset lut tout ce qui paraissait, et voulut tout connaître et tout apprécier. Il s'arrêtait avec plaisir sur une idée neuve, si petite qu'elle fût. Il retenait dans sa mémoire un joli vers, une page contenant un sentiment vrai, une réflexion ingénieuse, une expression originale, et, sans s'inquiéter si l'auteur avait ou non de la réputation, il citait volontiers ce qu'il avait remarqué. Il se défiait des livres faits avec d'autres livres, et il aimait mieux remonter aux sources que de s'en rapporter à des interprétations...

Mais je m'aperçois que je me laisse entraîner au delà des bornes de mon sujet. S'il s'agissait de recueillir les jugements littéraires, les opinions d'Alfred de Musset sur les hommes et les choses de ce siècle et des siècles passés, ce serait tout un nouveau livre à entreprendre[*]. Il est temps de m'ar-

---

[*] Quant aux ouvrages qui sont restés inédits jusqu'à ce jour, j'en ai livré au lecteur tout ce qu'il m'était permis de lui donner. Alfred de Musset n'ayant jamais employé de secrétaire, toute publication posthume dont on ne pourra pas produire l'autographe, sera évidemment apocryphe et mensongère.   P. M.

rêter, malgré les souvenirs qui se pressent encore en foule dans mon esprit. Puissent les admirateurs passionnés du poète trouver que j'ai atteint le but proposé, celui de leur faire connaître l'homme! C'est à eux seuls que cette notice est dédiée. Je l'ai écrite sans autre parti pris que l'envie d'être exact, sans autre guide que mes regrets, sans autre *point fixe dans l'âme* que mon affection pour ce frère dont la mort prématurée a laissé dans mon existence un vide que rien ne peut plus combler.

FIN

TABLE

	Pages.
Introduction..	1
Première partie (1810-1828)............................	23
Deuxième partie (1829-1836)...........................	87
Troisième partie (1837-1842)...........................	185
Quatrième partie (1843-1857)..........................	285

www.ingramcontent.com/pod-product-compliance
Lightning Source LLC
Chambersburg PA
CBHW050534170426
43201CB00011B/1419